이문화 학습 이문화 훈련

Interkulturells Lernen / Interkulturells Training

7판 개정판

Interkulturelles Lernen / Interkulturelles Training
Klaus Götz (Hg.)
Rainer Hamp Verlag (München und Mering)
www.Hampp-Verlag.de
2010
이 책은 독일 라이너 함프 출판사의 번역 허가를 받아
김순임 교수에 의해 번역되었습니다.

이문화 학습 이문화 훈련

Interkulturells Lernen / Interkulturells Training

7판 개정판

클라우스 괴츠 외 16인 지음

김순임 옮김

전남대학교출판부

7판 서문

글로벌 세계 속의 경쟁에서 생존하기 위해 이문화 학습과 이문화 의사소통에 중요한 의미가 부여되고 있습니다. 그 때문에 세계화가 진행 중인 기업은 점점 더 많이 이문화 지향적인 기업 관리의 필요성 앞에 서게 되었습니다. 훈련을 통한 "이문화 능력"의 강화는 조직에 있는 직원들의 새로운 도전을 올바르게 판단할 수 있는 아주 중요한 전제조건입니다. 세계화는 모든 관계자들이 참여하는 새로운 도전입니다.

이 책은 편저자인 저와 나디네 블레어의 기본 논문에 이어 세 부분으로 구성되었습니다. 첫 장은 위르겐 볼텐과 우도 콘라트 그리고 알렉산더 토마스와 에바-울리케 키나스트 및 실비아 슈롤-마흘의 기고에 의해 주제화된 '이문화 경영 훈련'입니다. 이는 "이문화 훈련의 필요성", "하이퍼미디어 학습체계", "이문화 행위능력의 개발" 관점에서 구성되었습니다.

두 번째 부분은 이문화 학습과 이문화 훈련의 '방법, 과정, 개념'과 관련됩니다. 미하엘 야겐라우프가 "야외-훈련을 통한 이문화 학습"과 관련된 경험을 기술하였습니다. 우테 클레멘트와 울리히 클레멘트는 "이문화 코칭"에 대해 보고하였고, 데트레프 크란은 MBA-교육의 중요성에 대해 관심을 기울였습니다. 뤼디거 트림포프와 티모 마인하르트는 이문화 작업의 효과에 대한 평가를 서술하였습니다.

세 번째 부분에는 '문화와 교육'이라는 표제를 붙였습니다. 여기서의 주제는 "현재의 이문화 학습방법"(율리아나 로트), "다른 문화와 접촉에서"의 학습(도밍고 딜), "문화와 갈등"(마르틴 오트) 그리고 "글로벌 상황에서의 계속교육"(에른스트 프로코프)입니다.

2010년 여름, 란다우에서

클라우스 괴츠

역자의 글

'이문화간 의사소통Interkulturelle Kommunikation'이라는 '언어문화' 관련 연구 분야에 제가 발을 들이게 된 계기는 2002년 한국학술진흥재단(현 한국연구재단)의 기초학문 인문학 분야 공모입니다. 그때나 지금이나 꽤 낯선 이 분야에 몇몇 대학의 동료들과 의기투합하여 연구비를 신청하였습니다. 우리 팀은 연구비 혜택을 받게 되었고, 3년간 4개 대학의 실질적인 연구참여자 7명과 더불어, 비판적 견해를 통해 많은 도움을 준 여러 대학의 동료들과 즐거운 시간을 보낼 수 있었습니다. 연구가 끝난 후에도 연구 내용을 실제 교육현장에 적용해 보고자 하는 노력이 계속되었고, 그 결과 동 재단의 지원을 받아 연구성과를 교과과정으로 적용시키는 작업도 수행할 수 있었습니다. 현재는 이를 토대로 개발된 교과목 안에서 우리 학생들과 함께 이문화간 의사소통 영역에 대한 생각들을 나누고 있습니다. 그러고 보니 저는 그동안 10년 이상을 이 영역에 관심을 가지고 몰두해 온 것 같습니다.

그러나 이 영역은 우리 인문학의 관점에서는 아직도 불모지라 할 정도로 많은 연구가 필요한 분야입니다. 또한 외국 학문의 영향을 많이 받는 영역이기도 합니다. 외국 학문을 접하고 연구한 선배로서 이 분야에 관심 있는 후학을 위해 이 학문영역을 여러 관점에서 소개할 수 있는 책을 우리말로 옮기는 것도 중요한 연구의 일환이라고 생각해 왔습니다. 이제 뒤늦게 그 생각을 실천하게 되었습니다. 이문화간 의사소통의 전제는 효과적이고 적합한 의사소통을 위해 자문화는 물론이며, 타문화의 배경도 안다는 것입니다. 그러나 그게 어디 쉬운 일이겠습니까? 이런 어려움은 이 책을 번역하는 과정에서도 수없이 부딪힌 문제였습니다. 더구나 이 책은 한 사람이 집필한 것이 아니라, 많은 사람들이 각각의 세부영역에 자신의 생각을 한정된 지면에 압축해서 대부분 논문형식으로 작성하였습니다. 그 때문에 번역자 자신이 그 내용을 제대로 다 이해했다고 말하기 부끄러운 입장입니다. 그렇지만 누구의 걸음이든 다음 걸음을 위한 한 걸음이라고 스스로에게 용기를 불어넣어 이렇게라도 시작할 수 있었습니다.

이 책은 편집자인 괴츠 교수(코블렌츠-란다우 대학교)에 의해 1999년 최초로 빛을 보았습니다. 이후 많은 이들의 관심으로 해를 거듭하여 개정판이 출간되어 2006년에는 개정 6판이 나왔고, 2010년에 나온 7판을 이 번역서의 원본으로 선택하였습니다. 편집자인 괴츠 교수의 서문에서 알 수 있듯이, 이 책은 이문화간 의사소통 교육의 핵심이라 할 수 있는 이문화 학습과 이문화 훈련에 대해 여러 집필자가 다양한 관점으로 쓴 일종의 선집이라 할 수 있습니다. 지금까지 이렇게 호평을 받았다는 것은 이 선집이 이 분야에서는 학술적으로 하나의 결정판이라 할 수 있기 때문일 것입니다. 이 분야의 기준이 될 만한 학술 서적을 우리말로 제대로 옮겼는지에 대한 두려움이 앞서기는 하지만, 이 분야를 연구하고자 하는 독자들에게 조금이라도 도움이 되기를 바라는 마음입니다.

이 책의 우리말 번역에 계기를 마련해 준 전남대학교의 학술연구비 지원 사업팀에 우선 감사를 드립니다. 또한 같은 영역을 공부하고 있는 동료이면서 후배인 민춘기 교수와 박사과정 제자인 서명희 선생과 이수자 선생에게도 고마운 마음을 전합니다. 민춘기 교수와 서명희 선생은 처음과 끝 부분의 초벌 번역을 맡아 주었고, 함께 읽어 주었습니다. 이수자 선생은 마지막 번역본을 꼼꼼히 읽어 주었습니다. 물론 번역의 모든 책임은 저에게 있음은 주지의 사실입니다. 한편 전남대학교 기초교육원의 박현호 선생이 멋지게 만들어 준 도표들은 이 책을 더 돋보이게 할 것으로 생각합니다.

끝으로 번역을 흔쾌히 허락해 주신 함프 출판사의 대표 Hampp씨에게 감사드립니다.

2014년 4월 성주간에

김순임

목차

이문화 경영 훈련

방법 · 과정 · 개념

문화와 교육

도입

클라우스 괴츠/나디네 블레어

기업문화와 이문화 훈련 _17

기업문화와 이문화 훈련

클라우스 괴츠 / 나디네 블레어 (Klaus Götz / Nadine Bleher)

1. 도입

노동과 경제활동에서의 재배치를 촉진시키고, 국경을 초월한 기업 활동과 분업을 가능하게 하는 기술혁신과 가치의 변화는 노동자의 자격조건도 변화시킨다(Mann & Götz 2006, Thomas 2003 참조). 특히 이러한 기술혁신과 가치변화는 독일처럼 자원이 빈곤하고 수출이 중심인 국가에 의미가 있다. 장차 독일 노동시장의 고용 잠재력은 자격을 갖춘 인력의 존속 여부에 더욱 의존하게 될 것이다. 자동화가 발달되면서 인간의 노동 투입의 변화는 특정 인력만 시장 접근이 가능한 서비스업을 발생시켰다. 그 결과 조직 활동 및 경영 활동이 점점 더 중요한 자리를 차지하게 되었다. 자격 획득에 대한 요구가 증가하고, 이에 따라 소위 "인간자본"이 경제성장과 고용의 정점을 이루는 데 가장 중요한 결정요소로 발전하였다.

기업 활동의 국제화와 국경을 초월한 분업이 증가함에 따라 특정 자격에 대한 요구가 나타났다(Götz & Bleher 2007, 2006; Peuker & Schmal &

Götz 2002; House & Hanges & Javidan & Dorfman & Gupta 2004; Porter 2004a, b 참조). 공교육기관은 노동자에 요구되는 자격조건의 급격한 변화를 따라잡지 못한다. 때문에 많은 대기업들은 적자를 상쇄하기 위해 직원들을 자체 직업 교육시스템 내에서 지속적으로 교육하는 노력을 기울인다. 이러한 이유에서 인사 관리자는 국제적 위상에 맞는 사람을 임명하기 위해 한편으로는 지식과 능력을 갖추어야 하고, 다른 한편으로는 직원들의 성공적인 해외파견을 위한 도구를 개발하고 제공하여야 한다.

본고를 개관하는 첫 부분에서는 먼저 문화와 기업경영 사이의 관련성을 파악한다. 중반부에서는 외국의 사회집단을 보다 잘 이해하기 위해, 해외파견 직원이 국가문화와 기업문화에 어떻게 접근할 수 있는지 다양한 가능성들을 기술한다.

두 번째 부분은 직업 교육시스템이 해외파견을 위해 마련한 준비방법에 대해 요약하여 기술한다. 국제적이며, 국가 특유의 무역 및 노동 조건을 둘러싼 지식과 언어능력을 확장하는 것 외에 직원의 사회적응 역시 지속적인 교육을 행함에 있어 중요한 역할을 차지하고 있음을 여기서 보이고자 한다.

2. 문화개념과 기업문화

우리는 다음의 의견에 동조하기 때문에 우선 개요에서 문화의 이론적 개념에 대한 문제를 다룬다.

> … 이론에 기초된 훈련은 다른 종류의 이문화 훈련보다 더 효과적이다(Bhawuk & Triandis 1996, 17).

이론적 근거는 세 가지 기능을 충족시켜야 한다. 첫째, 이것은 설명하는 작용을 해야 하며, 그로인해 문화에 의해 결정된 차이를 이해하는 과정을 가속화한다. 둘째, 이론적 근거는 특정 문화권에서 행동패턴을 예고할 수 있어야 한다. 셋째, 이것은 학습자에게, 문화적 양식을 이해하는 어려움을 어떻게 체계적으로 접근하는지에 대한 방법을 강구할 수 있게 하고, 또 스스로 생성할 수 있게 해야 한다(Götz & Diel-Khalil 1999 참조).

2.1 "국가특유 문화"란 무엇을 의미하는가?

> 인간이 특별한 사회를 결성할 때마다 인간들 사이에는 명예도 형성된다. 즉 이는 칭찬하거나 비난하는 것에 대한 인간에게 적절한 이해의 총합이다. 이 특별한 규칙은 항상 특별한 습관과 일치라는 고유한 관심에서 비롯된다(de Tocqueville 1959, 254).

> 집단에게 문화는 개인에게 개성과 같은 것이다(Laurent 1991, 1).

> 어떤 관리자가 문화적 특성과 외국어에 대한 연구에 의해 충분하게 혜택을 받기에 앞서 문화와 그 특성에 대한 개념을 이해해야 한다(Harris & Moran 1991, 219).

2.1.1 문화개념

어원에 의하면 문화개념은 '내용상 한 사회집단을 육성하는 것'이 무엇인지를 이해하는 모든 것을 포함한다. 그러나 오늘날 개념은 과

거보다 훨씬 넓은 의미를 포함한다. 인간은 개인적 삶의 의미와 공동체적 삶의 의미 그리고 그것 자체가 따로 분리되어 있는 객관세계를 문화개념에 두었다.

> 문화는 지식에서 발생한 모든 사회적 유산, 믿음, 풍속, 관습 등을 포함한다. 개별적 개성은 특정 문화의 토대 위에서 발전한다. 개인차는 있으나, 같은 문화 구성원들의 개성구조 사이에는 유사점이 있다(Kammerl & Teichelmann 1994, 35).

문화개념에는 (Asgary & Walle 2002; House & Javidan & Hanges & Dorfmann 2002 참조) 각각의 기대도 반영되어 있다. 이 기대란 사회집단이 공동체 안에서 개인들에게 거는 것이고, 이는 공동체 안에 존재하는 생각-, 감정-, 행위의 패턴을 설명한다. 문화라는 낱말의 내용을 이해한 후에 자문화적인 관점에서 사회집단의 공동체 삶을 조사해 본다면, 분석목표는 이국의 관찰자에게 -고유한 문화와는 다르기 때문에- 눈에 띄는 것을 강조하도록 할 수 있다. 이로써 이것은 조사된 문화권에서 낯선 이로 처신하는 사람은 새로운 환경에 잘 적응 할 수 있는 것이다.

2.1.2 문화적 제약에 의한 의사소통 차단

상이한 문화권 출신의 의사소통 파트너 사이에서 정확한 정보교환을 방해할 수 있는 것은 언어의 차이만이 아니다. 왜냐하면 성공적인 의사소통을 위해서 대화 파트너는 단어 안에 공통적으로 내재된 뜻을 잘 다루어야 할 뿐만 아니라, 개개 단어들에 같은 의미를 부여해야만 하기 때문이다(Pausenberger 1994, 102 참조). 따라서 의사소통과정은 주관적이고 선택적인 현실의 인지라는 외부경계에 부딪힌다. 인지과정 역시 교육의 산물이며 문화권의 제한을 받는 사회화의 산물이다. 즉 무엇을 인지할 것인가 그리고 인지된 것을 어떻게 해석할 것인가에서 차이점이 발생한다. 이러한 이유에서 정치적이거나 사회적인 요소들이 종종 충돌을 일으킨다.

- *범주화 - "고정관념 형성":* 우리는 사람들 사이의 의사소통을 단순화하기 위해, 우리의 의사소통 파트너를 범주로 나누고, 그 파트너에게 개별적 특징을 바탕으로 특정한 행위를 한다고 보는 경향이 있다.
- *국가적 오만:* 자신의 고유 가치를 우수하다고 보는 한 국가 안의 경향 역시 이문화 의사소통에 장애가 된다. 학습되고 익숙한 기업조직과 훈련된 경영개념을 고수하는 것이 때로는 긴장의 출발점이 된다.

의사소통 장벽의 결과는 오해, 고의가 아닌 모욕, 문화에 따른 금기위반이다. 그러한 장해는 대화 상대방을 당황하게 만들고, 불확실성과 대화 해석의 무능력을 야기한다. 그 결과 종래에는 의사소통 상대를 감정적으로 거부하는 것으로, 최악의 경우에는 모든 문화권에 대한 감정적인 거부로 나타난다(Kammel & Teichelmann 1994, 50 참조).

법체계 내에서뿐만 아니라 일반적인 행위규범에 공표된 명백한 "협정" 외에도 "불문의" 공동법규가 존재한다. 일반적으로 수용된 가치와 규범은 일상적인 실천을 통해 경험에 영향을 주는 행위가 되어서, 상호간 의사소통하는 방식은 자주 더 이상 성찰하거나 질문하지 않는 관습적 행위의 결과를 낳는다. 행위는 종종 무의식적인 "문화조건화cultural conditioning" (특정 기본 가치, 상징, 전례 등에 관한 문화권 내의 정신적 프로그램화)의 결과이며, 외국에 있는 방문객에게는 그것에 다가가는 일이 어렵다. 다양한 국가들에서 뿐만 아니라, 한 사회집단 내에서도 구두표현과 행동양식은 더 나아가 다양한 문화적 환경에서 상이한 의미를 가질 수 있는 생각과 감정에 대한 표현으로까지 발전될 수 있다. 이러한 과정은 개별 구성원들에게 보다는 공동체에게 특정한 태도의 기대에 대한 개발도 함께 포함한다(관습).

사회집단에 영향을 미치는 역사적 과정에서 한편으로 문화공동체 자체가, 다른 한편으로 문화공동체 안에서 개인이 사회화 된다. 이방인이 이러한 자기에게 낯선 사회집단에 통합되려고 하면, 보통 난관에 부딪히게 된다. 이러한 이유에서 이방인과 낯선 환경 사이의 의사소통은 우선적으로 제한된다. 이러한 효과가 강화되는 것은 "문화 충격"이라는 말로 바꿔 쓰이는 감정을 통해서이다. 파견된 자는 자신에게 알려진, 일상적으로 이루어지는 사람들 사이의 의사소통방식을 더 이상 사용할 수 없거나, 자신에게 익숙한 "코드"가 새로운 환경에 의해서 해독되지 않기 때문에, 불확실한 감정에 시달린다. 따라서 문화는 외국에 파견된 매니저에게 다음의 실제적인 영향을 끼친다.

> 경영이란 일이 다른 사람들에 의해 수행되도록 하는 것을 말한다. …… 이것이 이루어지기 위해 당연히 이루어질 "일"과 그 일을 행할 사람을 알아야 한다. 사람을 이해한다는 것은, 그로부터 현재와 미래의 행동을 예견할 수 있게 하는 배경 내지는 과거를 이해한다는 것을 의미한다(Hofstede 1992, 304).

2.2 문화 분석 및 기업문화

다양한 문화의 분석과 비교는 그 문화가 낯선 사람에게 –보편적인 이론을 포함하는 그러한 한계 내에서, 또 인간의 행위가 전적으로 예견될 수 있는 한에서– 특정한 문화권에 속한 사람의 생각과 행동양식을 위한 예측을 할 수 있도록 해야 한다. 그것을 넘어서 문화 분석은 외부인과 그룹구성원의 감정과 같은 현상을 설명해야 하고, 자기인식을 개선해야 한다.

> … 자기 자신과 역할의 이미지에 포함된 것을 인지한다는 것, 또는 개인적 욕구, 가치, 표준, 기대 등 이 모든 것은 문화에 의한 것이다(Harris & Moran 1991, 10).

이러한 배경지식에 의해 국제적으로 활동하는 매니저가 잘못된 행동을 피할 수 있는 것이 가능해졌다는 것이다.

2.2.1 문화 분석의 영역

트롬페나스Trompenaars의 논의(1993, 46)에 따르면 모든 문화에 해당하는 인간 존재의 5가지 기본적인 문제해결 영역이 있다.

1. 개인의 다른 사람과의 관계는 어떠한가?
   (관계 설정)
2. 인간의 삶은 어떤 시간관념에 의해 고려되는가?
   (시간 설정)
3. 인간의 노동에 대한 생각은 어떠한가?
   (활동 방향)

4. 인간과 자연과의 관계는 어떠한가?
   (인간-자연-정립)
5. 인간 스스로의 품성은 어떠한가?
   (인간 정립)

사회집단(국가와 같은 보다 큰 것, 조직, 이해집단, 가족과 같은 보다 작은 것)이 이러한 문제들에 몰두하여 해답을 얻으려 한다면, 다양한 그로부터 발생하는 문제해결 실마리는 "서로 다른 문화들" 이라는 개념으로 이해될 수 있는 것을 반영한다.

> 문화는 사람들에게 그들이 누구이며, 어디에 속하며, 어떻게 행동해야 하며, 무엇을 해야 하는지 대한 감각을 준다(Harris & Moran 1991, 12).

어떤 특정 국가에서는 기업의 기업문화 분석을 위해 1, 2, 3의 영역이 우선적으로 중요하다.

2.2.2 (기업)문화를 구분하는 기준

경영연구 분야에서 보편적인 최선의 관리스타일은 존재하지 않는다는 것이 오늘날에도 광범위하게 일치하고 있다. 왜냐하면

> 경영은 단순한 기교들의 집합이 아니기 때문이다. 경영은 예술이며, 예술이란 특별한 문화의 산물이기 때문이다(Laurent 1991, 1).

어떤 낯선 문화를 밝히기 위해서는 기준이 필요하다. 이 기준에 의해 우리는 공통점과 차이점을 설명하고, 분석하며 마침내는 이해할 수 있다. 문화 분석과 자료정보수집의 가장 잘 알려진 출발은 호프스

테드Hofstede에서 유래한다(1993, 1397-1406; 1992, 306-314). 호프스테드는 그의 연구에서 노동과 관련된 가치와 개념을 설명하는 데 민족문화가 가장 중요한 영향 요소임을 입증하였다.

> 호프스테드는 경영 실무에 있어서 서로 다른 문화 양식의 교차를 통한 리더십 스타일의 융합은 기대해서는 안 된다고 결론지었다. 왜냐하면 문화 양식은 일반적으로 특별한 문화 안에서 조직적으로 기능하는 유행의 암시적 모델에 따라 달라지기 때문이다(Pugh 1993, 92).

호프스테드는 검증을 위하여 평가기준을 개발하였는데, 이 평가기준에 의해 다양한 문화가 조사되었다.

> 이러한 척도가 하는 것은 문화의 중심 요소의 공통 가치를 기술하는 것이다. 이것은 동일한 생활경험과 동일한 교육의 조건을 갖춘 수많은 사람들의 집단적 정신의 프로그래밍을 통해 드러났다(Pugh 1993, 38).

권력거리

권력거리는 한 사회 내에서 일반적으로 수용된 권력 분배를 말한다. 평가척도가 높게 나타나는 특징의 권력거리는 권위적 행동양식과 동등하지 않은 권력분배를 폭넓게 승인하는 것으로 이해할 수 있으며, 이는 권위에 의해 문화-차이의 개념이 존재한다는 것이다. 직업세계와 관련하면 기업 노동자의 참여 정도에 따라 권력거리의 측정기준이 존재한다는 것이다. *낮은* 권력거리의 의미는 불평등한 역할이 실무적인 이유에서 종종 수용되기는 하나, 부하직원은 기업경영에 포함된다고 하는 것이다.

개인주의 대 집단주의

이 범주는 한 사회 내부의 사람 사이의 결합의 강도를 의미한다. 즉 인생의 행로를 규정하는 집단으로 편입되는 것에 맞선 개인적 삶의 계획과 생활설계의 정도를 의미한다. 직장과 관련하면 *집단주의적* 사회에서 동료는 그룹의 구성원으로서 바라보게 되며, 사람 사이의 관계가 업무를 지배하며, 고용주-고용자 관계는 도덕적 차원에 이르게 됨을 의미한다. 우세한 가치는 집단소속성과 충성심, 협력과 조화 그리고 그룹 내의 친밀하고 장기적인 관계이다. 행동은 일치된 규정과 관습에 따르며, 불평등한 권력분배와 역할분배를 수용한다. 집단주의자들은 이 외에도 집단주의자 개인에게 가해지는 비판을 개인과 분리하지 못하고, 개인으로부터 비판이 유래한다고 보는 경향이 있다. 반대의 경우 즉 강한 *개인주의적* 사회에서 동료는 이득과 능력에 따라 평가되고, 업무가 사람 사이의 관계를 지배하며, 고용주-고용자 관계는 우선적으로 목표 지향적이다. 개인주의적 가치와 행동양식이 발전되고, 개인적인 목적이 추구된다.

불안전성, 불확실성의 회피

불확실성 회피의 정도는 한 문화의 구성원이 새롭고 잘 모르며, 깜짝 놀랄만한 상황에서 좋거나 불쾌하게 느끼는 경향을 말한다. 불안전에 대한 회피의 정도가 높은 문화는 명확한 기준, 확실한 가치, 규범, 행동 지침의 도움으로 매번 올바른 상황 대처를 미리 앞서서 정확하게 결정짓는다. 불확실성이 높은 정도로 수용될 수 있는 문화는 전체적으로 보다 *덜* 규정화하는 경향이 있고, 다양한 생각과 신념의 흐름에 개방적이고, 보다 덜 감정적으로 행동한다. 직업에 있어서도 규정, 형식화, 표준화는 꼭 필요한 것으로 한정시킨다. 반면에 불확실성의 회피가 *강한* 경향을 보이는 문화는 정확하고 광범위한 규제화에 대한 요구가 있고, 상징, 의식, 형식을 집중적으로 관리한다.

평가척도는 넓게 차별화될 수 있다.

개인주의적 물질주의 대 이타주의 : 이 범주는 한 사회 내에서 물질적 재산과 상호 지원을 통한 사람들 간의 사회적 결합보다 개인의 재산축적 가치에 얼마만큼 무게를 두느냐로 평가해야 한다.

의사소통방식 : 이 범주는 "고맥락 문화와 저맥락 문화"를 지배적인 의사소통의 기술로 문화권을 구분하는 데 도움이 된다. *고맥락* 문화는 함축적인(대화 주제를 우회하여 표현하거나 암시하는 것) 차원의 언어로 의사소통이 이루어진다. 메시지의 내용을 이해하기 위해서는 맥락에 대한 상세한 인식과 상징과 몸짓언어의 의미에 대한 지식이 필요하다. *저맥락* 문화에서는 바로 직접적으로 알려주거나 정보를 전달함으로써 의사소통이 이루어진다.

2.3 회사의 유형화

직업세계는 바로 인간의 삶과 문화적 사회화의 단지 하나의 영역이다. 따라서

> …… 조직이라고 하는 것은 주관적 구조이며, 조직의 구성원은 조직에서 자신이 자기 고유의 문화적 특징으로 사전에 프로그래

밍 한 의미를 찾는다. …… 구성원은 자신의 조직에 대해 공통된 이미지가 있으며, 그것에 대한 이해는 조직과 회사의 문화 발전에 실제적인 영향을 끼친다(Trompenaars 1993, 199).

회사유형을 구분하는 것에는 고정관념화 하는 위험이 따른다. 그러나 관찰자가 여기서는 실제에 존재하지 않는 모델만 문제가 된다는 것을 주지하고 있으면, 유형화는 유용한 도구가 될 수 있으며, 파견 후보자에게는 낯선 회사문화를 이해하는 데 있어 당장의 개략적인 방향을 제공할 수 있다. 또한 모든 기업은 자율적인 역사와 개인적인 사회화 배경을 가진 개인들로 이루어진다는 점을 무시해서는 안 된다. 각각의 유형화의 모델 특징을 고려하여 회사문화를 주요그룹으로 구분해 보면, 다음의 표로 개괄할 수 있다.

국가	위계질서	평등	업무지향	사람지향	지배적인 회사유형
프랑스	강함		강함		가족문화
독일	보통		강함		성과문화
영국	보통		강함		성과문화
스웨덴		강함	보통	강함	창조문화
이탈리아	강함		보통	강함	가족문화
스페인	강함		약함	강함	가족문화
체코	강함		약함	강함	가족문화

설명 1: 각 국가에서의 지배적인 회사 문화[1]

[1] 이 범주는 Trompenaars(1993, 200-226) 설명에서 내용을 차용한 것이다. 그러나 이 작업을 위해 부분적으로 회사유형의 명칭을 변경하였다. 국가 내에 지배적인 회사유형을 가진 국가 구분도 Trompenaars의 조사를 바탕으로 하였다.

이 밖에도 특정 국가에서 지배적인 경영스타일을 찾는 데 기여한 조사도 있다.

국가	참여를 확장하는 경영스타일 경영스타일 특징
스웨덴	결정기관과 관리기관에 대한 공식적인 규범이 광범위한 권력남용을 막는다. 자기책임의 작업그룹, 직원의 높은 참여
영국	부하직원의 안전요구가 낮으며, 광범위하고 독립적으로 자기책임 하에 일을 수행한다.
프랑스	경영은 직원의 견해와 조언에 맞춰져 있다.
스페인, 독일, 이탈리아	부하직원은 높은 수준의 자율적 결정을 기대하지 않는다.

설명 2: 다양한 문화권에서의 경영 특징[2]

개별적 유형화

회사유형 구분은 "사람 사이의 관계", "기업구조", "업무분장", "고용주와 노동자 사이의 교류 상황" 영역이라는 회사문화에서 나타나는 전형적인 특징들 위에 바탕을 두고 있으며, 이것은 또한 기업에서 사람들 사이의 의사소통방식으로도 이루어진다.

[2] Rosenstiel은 각 국가에서의 경영스타일 평가에 있어 Keller의 조사(1992, 830-831)에 기반 하였다.

a) 가족지향문화

<u>대인관계</u>

강하게 감정적일 수 있는 친밀하고 직접적인 직원-직원 관계, 직원-상사 관계가 지배적이다. 회사에서 발전된 관계가 종종 회사생활을 넘어선다. 나이든 직원은 "자연적인" 우선권을 누린다(연장자우선원칙).

<u>기업구조</u>

책임권한과 결정권이 명백히 구분되어 있고, 갈등은 상사의 권위에 의해 해결되며, 최고직급에게는 "아버지 상"이 존재해야 한다.

<u>업무할당</u>

업무할당은 인물본위로 이루어진다. 즉 직원과 상사 사이의 개인적 관계의 상태에 따라 배분된다.

<u>교환관계</u>

기업은 "가족적 보호", 안전, 소속감, 적절한 봉급을 제공하고, 직원에 대한 책임을 사생활까지 떠맡는다. 대가로 회사원의 "애착" 또는 충성심, 최고직급의 수용, 주어진 "회사의 가치와 회사의 규범" 수용을 포함한다. 직원은 업무할당과 업무편제에 대한 배경을 묻지 않고 자신에게 부여된 역할을 수행한다.

<u>의사소통</u>

기업 내에서의 의사소통은 고맥락적 관계이다. 의사소통 내용을 최

대한 "해독"하기 위해서는 공통의 기업역사, 기업내부의 전통과 풍습을 알아야 한다. 가족문화 모델과 유사한 성격의 회사로 파견후보자가 올 경우, 의사소통이 맥락의존적일수록 융합은 더 어려워진다. 다른 측면에서, 중앙에서 파견된 관리자가 직원들에 의해 "아버지" 또는 "권위자" 로 인정되고 수용되면, 가족문화가 관리책임을 완화시킬 수 있다. 또 다른 문제는 하위 단계의 업무를 맡은 각 사람에게 책임을 위임하는 것이다. 여기서는 자기책임의 이동이 발전 과정 안에서 이루어진다. 관리자는 중요한 업무분야에 있어서 개개인의 자율책임을 계속해서 뒷받침해 주어야 한다. "가족 지향적" 기업에서는 대부분 상사에 의한 갈등 해결을 고대한다. 파견후보자가 파견회사에서 공동의 문제해결을 함께 하려는 경우, 이런 업무의 수용은 좋은 준비가 필요하다.

b) 성과지향문화

대인관계

상사와 직원 사이의 관계는 우선적으로 업무수행에 집중되고, 업무관계로 축소된다.

기업구조

책임과 업무는 개별적인 관리 위치에 명백하게 부여된다. 의사결정차원의 확실한 등급이 있는 명백히 정의된 좁은 폭의 권력집중이 있다. 갈등해결은 권위적으로 소수의 의사결정권의 도움으로 이루어진다.

업무할당

업무할당은 성과원칙에 따른다. 결정적인 것은 업무수행 능력과 업무준비이다.

교환관계

직원의 성과는 책임감 있고 올바른 업무수행에 대한 보상으로서 객관적인 기준에 의해 평가된다. 그 외에도 기업의 직원은 입증된 업무능력에 따라 승진기회를 얻는다.

의사소통

지배적인 명백한 규칙이 있다. 즉 의사소통은 역할과 위아래의 서열을 뛰어 넘어 이루어지며, 상당히 합리적 차원에서 진행된다. 호프스테드(1992, 318-321)는 업무 지향적 문화를 더 나아가 과정 지향적 및 결과 지향적 조직문화로 세분화 하였다. 전자의 경우 기술적이고 관료주의적인 메커니즘(형식성과 표준성이 보다 강한 업무조직)에 중심을 두는 반면, 결과 지향적 문화에서는 주어진 목표의 도달이 우선이다. 시장의 변화에 신속하게 적응하려 한 것이 문제가 될 때, 과정지향의 성과문화 성격의 회사는 난관에 봉착할 수 있다. 이 때 필요한 것은 특정문화의 환경에 따른 생산요구와 공정조건에 맞게 전환해야 하는 점이다.

새로운 목표설정(국가특유의 시장전략)이 지금까지의 업무분배방식과 맞지 않고, 업무와 역할을 새로 규정해야 한다면 문제가 발생할 수 있다. 이러한 갈등에는 예를 들어 해외파견 직원의 경우가 해당하는 데, 그가 외국기업에서 생산혁신과 과정혁신을 관철시켜야 하는 경우이다. 다른 측면에서는 합리적 관계구조, 위계적 업무분배, 명백히 규정된 사교매너 등이 "신참자"의 빠른 통합에 기여할 수 있다. 이를 위한 전제조건은 파견 직원의 업무능력과 업무준비이다. 이 경우에 업무세계로의 통합은 미미한 문제인 반면, 그러나 다른 한편 생활세계로의 사회적이고 감정적 통합은 난관이 야기될 수 있다. 그래서 해외파견을 위한 준비훈련은 파견후보자에게 새로운 환경에서 사람사이의 관계 구축과 의미 있는 여가활동의 구성에 대한 개관과 가능성을 제시하는 조치에 훨씬 집중되어야 한다.

c) 성과지향문화의 "첨부"로서 전문가문화

대인관계

전문가 팀에서는 팀 구성원 간의 합리적 관계를 우선시 하는 데, 이 관계는 때로는 팀 구성을 자주 변경하는 결과가 될 수 있다. 이 관계는 기능적이며, 업무는 협력과 전문지식의 교류를 통해 목적한 대로 성취되어야 한다. 상사의 기능은 중요하고 전문적인 결과를 묶어내는 것이다.

기업구조

위계구조는 단지 수평적으로 확대되어 있고, 단순하게 기능적 업무를 수행한다. 업무조직은 업무 지향적이며 팀 작업, 프로젝트작업, 그룹작업을 수행한다. 문제는 팀이 자율적으로 해결하며, 그 결과 결정권이 광범위하게 개별 전문분야에 있다.

업무할당

업무분배는 업무목표 지향적이며, 성과원칙과 전문가원칙을 따른다.

교환관계

높은 보수와 자율적, 목표 지향적 업무의 가능성에 대한 대가로 직원들은 양질의 특별성과를 제출한다.

의사소통

전문가들 사이의 의사소통은 매번 전문용어를 사용하며, 맥락의존적인 의사소통은 단지 미미하게 이루어질 뿐이다. 프로젝트 또는 팀 참여자는 국가문화나 회사문화와는 별도로 높은 수준의 전문지식을 요구한다. 그룹은 하나의 목표에 맞추어 자율책임 하에 업무를 수행하며, 따라서 전문지식의 교류와 통합이 참여자의 주요업무이다. 이때 참여자는 공통의 의사소통 수단인 전문언어를 구사한다. 파견 직원에게 고도의 자질을 요구하는 것 외에도 높은 유연성의 자세를 요구한다. 왜냐하면 사회적 유대는 종종 업무 관계에 국한되고, 그것 외에도 시간적으로 제한되기 때문에, 유연성의 자세는 무엇보다도 감정적인 균형을 위한 조처를 통해서 촉진될 수 있다. 여기에 속하는 것이 단기적으로 현장에서 사교적 접촉으로 들어가게 하는 여가활동의 제안이나 배우자를 해외에 동반하는 가능성이다.

d) 창조문화

대인관계

조직은 직원이 창조적 자기표현과 활동을 하는 틀이다. 즉 직원 사이의 친밀한 관계는 상대방에게 혁신을 위한 영감과 동기를 북돋운다. 조직구성원은 기업에서 자신의 개발을 위해 사회적 접촉을 이용하려고 한다.

기업구조

위계질서는 부적절하며, 상대방에 대한 유익한 비평이 합당하다. 고착된 업무구조는 결코 존재하지 않는다.

업무할당

업무분배는 직원의 혁신 능력에 따른다. 개인적 아이디어가 자동적으로 혁신으로 변환된다.

교환관계

기업은 직원들에게 개인적 발전을 위한 공간과 인프라를 제공한다. 이에 대해 직원들은 자율적으로 일하고, 생산혁신과 공정혁신을 통해 생산결과를 개선하기 위해 노력한다.

의사소통

직원 간 의사소통은 경험, 비판, 영감을 교류하는 데 이용된다. 따라서 의사소통은 객관적인 차원에서도 감정적인 차원에서도 이루어질 수도 있다. 자기 관심이 있는 한, 직원의 강한 개인주의적이면서 독자적인 생각은 유연성을 낳는다. 이러한 이유에서 창의적인 조직은 상대적으로 빨리 발전하기는 하나 자주 높은 직원의 이직률이 발생하여, 통합적인 회사의 역사나 전통이 만들어지는 것은 드물다. 경험교류가 개인주의적인 직원의 자기이익에 이용되기 때문에 지정되지 않은 규칙에 따라 진행되는 높은 수준의 의사소통의 자세가 필요하다. 창조적 의지는 사교적-감정적으로 결합한다.

파견후보자가 창조의지, 비판능력, 변환능력, 일반적인 의사소통 준비자세와 같은 필수적인 특성과 동기가 있다면, 창조문화로 파견된 참여자에게는 융합과 이해의 어려움이 전혀 없을 수도 있다. 직업세계에서 긴밀한 사회적 유대는 개인적 풍요로 간주될 수 있다.

2.4 결론

일반적으로 대기업은 성과문화의 경향을 띤다. 즉, 대기업은 더 분명한 구조, 의사소통코드, 직원에 대한 객관적인 평가를 요구한다. 보다 작은 기업의 경우에는 반대로 가족문화 경향이 확인될 수 있다. 고도의 전문가 기업과 혁신기업은 대부분 중소기업에서 만들어진다.

강한 성과 지향적 기업문화의 직원이 가족 기업문화(역으로도)에 파견되면, 상당한 정도로 오해와 의사소통의 어려움이 발생할 수 있다. 더 나아가 가족기업문화 간의 상호 파견 경우에도 마찬가지로 갈등이 생길 수 있다. 가족문화의 정확한 특징은 국가특유의 환경으로부터 강한 영향을 받으며, 그 결과 가족문화는 서로 다른 나라에서 완전히 정반대로 특징이 나타날 수 있다. 전문가 또는 혁신적인 개인주의자가 가족문화기업으로 파견되면, 역시 의사소통의 부족이 있을 수 있다. 이러한 경우에 파견하는 기업과 파견후보자에게 있어서 먼저 가족기업문화의 직원과 공통의 의사소통 층을 형성해야 한다는 것에 대한 이해 부족이 흔하다.

그러나 의사소통 부족에 대해 기술된 모든 변화의 가능성은 목표된 이문화 훈련을 통해 영향 받을 수 있다. 준비한 조처의 목표는 우선적으로 다음의 교육이다.

> …… 외국 문화가 동일시하는, 그 문화의 근본적인 사고방식과 이상적인 생각에 대한 존중(Trompenaars 1993, 246).

그러므로 이것은 인간과 지역시장의 요구가 기업문화, 가치개념, 세계관에서 반영되기 때문에 기업 생존에 필수적이다. 문화적으로 다양한 기업경영에 대한 편견 없는 개방성과 호기심은 파견 직원의 인격적 풍요에 기여할 수 있다.

서로 다른 문화에서 다양한 가치의 우선순위를 연구함에 있어 어떻게 하면 자신의 업무를 더 잘 성취할 수 있을까에 대한 매우 중요한 인식에 이르렀다(Trompenaars 1993, 249).

3. 선택기준, 선발방법, 이문화 훈련

EU의 점진적인 통합과 그로 인한 유럽 공동 내수시장 형성은 지난 수년 동안 계속 있어온 경계를 뛰어넘어 투입할 수 있는 관리자를 위한 자질향상 교육 부족에 주의를 기울였다. 이런 이유에서 세계적으로 운영하는 기업은 구조조정과 기업의 인적개발과 직원교육의 확장을 통해 기존의 결함에 대응하려고 노력하고 있다.

3.1 국제적인 파견에서 성공을 예측할 수 있는 요구기준은 무엇인가?

3.1.1 선택기준의 중요도

외국에 투입할 수 있는 관리자가 갖추어야 할 기준과 능력은 수행할 과업에 따라 그 가중치에 있어 상이하게 평가되어야 한다. 관리자와 목표국가를 겨냥한 특별한 선택기준을 세우기 전에, 해외에서의 과업과 지위, 또 그리고 파견될 본사관리자의 기간과 목표가 정확히 설명될 수 있어야 한다. 해외파견의 목표는 기업설립, 통일적인 기업정책의 전달, 협력과 통제, 노하우 전수 혹은 관리자의 글로벌한 경영능력의 개발일 것이다. 이와 같은 기본데이터에 의해 해외파견 응모신청자의 자격요건과 비교되는, 국가특유의 또 업무상 특수한 요구사항요건이 만들어질 수 있다. 특수한 해외파견을 위해 중요도에 따라 만들어진 이런 식의 선택기준은 어쩌면 해외파견을 성공적으로 이룰 수 있는 인물이 가진 잠재력을 파악하는 데 도움이 되어야 한다.

하스Hawes와 킬리Kealey(1981, 239-258)에 의하면 이러한 파견은 다음과 같이 바뀔 수 있다. 즉, 파견 직원은 목표국가에서 효과적으로 생활하고 일할 수 있다. 다시 말해 직원은 (가족과 함께) 새로운 환경에 적응하고 편안하게 느낀다. 직원은 자신에게 할당된 업무를 처리할 수 있는 직업적-전문적 능력을 발휘하여 동료와 함께 협력 작업을 수행한다. 결국 "해외주재원"은 이문화적으로 활발하고 부담 없이 낯선 문화의 사회생활에 참여한다.

3.1.2 선발기준과 이론적 배경

해외파견에 알맞은 후보자를 찾아내는 인사책임자를 도와야 하는 선발기준은 최적의 이론적인 틀에 기초하는 것이 최선이다. 여기서 제기되는 것은 어떤 근거에서 나온 어떤 선발기준이 한 사람을 해외에서 성공적으로 활동할 수 있게 하는지에 대한 의문이다. 이 의문은 파견된 직원이 낯선 환경에 잘 적응할 수 있는 경우, 파견이 성공적이라는 가정에서 출발한다면, 선택기준의 결정은 어떤 전문적, 사회적 능력이, 또 어떤 개인적 자질이 새로운 세계에 적응하는 데 도움이 되는지(기능발휘) 또는 방해가 되는지(기능장애)에 대한 물음에 기인한다.

다른 한편으로 성공적인 해외파견을 위한 지침을 만드는 출발점은 어떤 능력과 개인의 자질이 이문화간 의사소통을 향상시키는지 혹은 방해가 되는지에 대한 물음에 바탕을 둔다. 더 나아가 성공은 대부분 상황(정치적, 경제적, 제도적 여건)에 달려 있지, 관리자가 성취해야하는 과업과는 거의 무관하다는 전제에 기초한 이론도 있다. 이러한 이론을 따른다면, 개인의 전문적 기술적 지식을 보여주는 바로 그 선발기준이 선택과정에서 중요하다. 반면에 사회적 의사소통능력과 개인의 자질(자기인식 및 세계인식, 개인적인 동기, 외부에 대한 영향)이 선발과정에 중요한 역할을 한다는 대표적인 반대이론도 있다. 이런 경우에는 인성검사, 심리적인 면에 중심을 둔 인터뷰, 태도 중심의 평가 절차 등에 보다 많은 가치를 둘 것이다.

선발기준의 목록을 작성하는 것도, 다음에 열거될 훈련 방법들도 열거된 가정을 병합 한 것에 지나지 않는다. 이것은 상황 및 업무관련 요소도, 사회적 능력 및 의사소통능력과 개인의 자질도 해외파견을 성공적으로 이끄는 데 영향을 미친다는 명제의 가정이다.

3.1.3 선택기준의 분화

잠재적으로 요구할 수 있는 선택기준을 일목요연하게 설명하기 위해서는 4가지 주요 유형으로 항목을 세분하는 것도 의미 있는 일이다(Götz & Häfner 2010).[3]

a) 전문적인 자질 (지식기술)

전문적인 자질은 직위와 관련된 특별한 전문지식, 일반적인 학제적 지식, 학술적 능력, 본사와 해외파견 기업에 대한 인식(생산, 관리, 판매, 고객층, 회사철학, 경영스타일), 외국어능력과 해외경험 등의 종합을 의미한다.

b) 방법적 자질

여기에는 개인별 업무스킬, 의사결정기술, 문제해결능력, 창의력 기술, 그룹작업 기술 그리고 정보획득 방법과 의사소통 방법 등이 속한다.

---

[3] 선택기준을 다양한 유형으로 분류하는 것은 베스트(Best), 브래트너(Blättner), 크노츠(Knotz) 등 1993, 11-18쪽, 그리고 캘리(Kealey), 1996, 86-87쪽의 사고체계를 따른 것이다. 자격요건에 대한 구체적인 실현은 엥엘하르트(Engelhard)와 보니가이트(Wonigeit) 1991, 49쪽의 개요 표를 포함한다.

c) 개념적 자질

이러한 개념은 불확실성을 다루는 능력과 준비성을 포함하여 혁신능력, 분석적, 전체적, 비전 있는 사고력, 예견하는 상상력과 창조력으로 이해된다.

d) 개인적 자질

개성과 관련된 자질은, 이 자질이 개인을 특징짓는 순수한 인지적 과정을 넘어서, 개인의 감정적, 정서적 영역에 이르는 능력과 성격특성을 기술한다는 점에서 전문지식과 구분된다. 개성과 관련된 자질의 범주 내에서 세 개의 그룹으로 구분할 수 있다.

성격특성은 성격자체와 관련되며(개인적 능력),
문화적으로 낯선 환경에 적응하는 데 유익하다:

여행을 아주 좋아하는 사람은 소외와 고립의 감정을 빨리 느끼는 경우가 거의 없다(혹은 상대적으로 빠르게 극복한다). 일반적으로 신체적인 부담을 감당하는 능력은 해외파견에 대한 긍정적인 기본사고, 감정적 안정감, 자신감, 낯선 환경에 대한 개방성, 가치척도와 행동방식과 같은 관점을 포함한다. 그러나 부담감당 능력에는 스트레스에 대한 강한 저항과 좌절을 참아내는 것과 같은 속성 역시 포함한다. 이 속성은 파견 직원에게 실패와 악화 그리고 채워지지 않은 기대를 건설적으로 다룰 수 있게 한다. 중요한 역할을 할 수 있는 개성과 관련된 또 다른 자질은 유연성, 적응능력, 학습능력 그리고 독자적인 결정능력이다(종종 본사와 해외관리자 사이의 피드백이 시간적으로 지연되어, 자립적이고 자기 책임의 "기업가적인" 교섭이 강하게 요구된다).

다른 사람과의 관계를 규정하는 성격특성:

새로운 사람과의 관계를 발전시키기 위한 능력이 이에 해당한다. 즉 해외파견 후보자는 기존의 관계 네트워크를 이용할 수 있기 위해 높은 수준의 의사소통 준비가 필요하다. 그밖에도 본사파견 직원은 기업철학과 기업업무구조와 관련하여 본사와 해외지사에서 계속해서 차이와 모순에 직면하게 된다. 그의 임무는 본사와 해외지사 사이의 원만한 균형을 찾는 것이다. 파견된 직원은 해외지사에게는 본부의 결정을 이해시킬 수 있어야 하거나, 본부의 책임자들에게는 "자회사"가 그 테두리에서 일처리 한 그때그때의 조건을 전달할 수 있어야 한다. 여기서 필수적인 것은 편견 없는 기본사고, 개인적인 마음의 평정 또 다양한 역할, 입장, 임무, 사람을 생각하고 "공감하는" 고도의 감정이입 능력이다.

특정문화의 특수성 인지를 가능하게 하는 사회·의사소통적 성격특성(환경관련 능력)

이러한 속성은 감수성, 동기부여 능력, 팀 능력, 타협 능력, 협력 능력, 설득력 그리고 인간본성에 대한 지식과 같은 개념으로 바꿔 쓸 수 있다. 무엇보다도 사람에 대한 관심, 낯선 국가의 자연환경과 문화적 환경에 대한 개방성 그리고 낯선 지역의 제약조건에서, 인간의 언어적, 비언어적인 행동 속에서, 본질적인 사회정치적 연계 속에서, 직장동료의 가치관과 행동방식을 공감할 수 있는 능력 등이 여기에 속한다. 이문화적 사회·의사소통 차원에서 성공하기 위해서 필요한 낯선 문화에 대한 감수성에는 특수성에 대한 해석능력이 뒤따라야 한다. 이상한 행동을 인지하거나 받아들일 뿐만이 아니라(수동적 적응), 낯선 의사소통방식과 행동방식이 받아들여지면(적극적 적응) 비로소 적응에 성공한다.

3.2 어떤 선택방식이 적합한가?

인물선정방법에 있어 먼저 해외파견에 알맞은 자격요건들이 확정되어야 한다. 덧붙여서 적성이라는 관점에서 신체적 정신적인 부담을 감당하는 능력은 인지적, 사회·의사소통 전문능력 및 실행능력을 의미하며, 또한 가족의 상황도 중요하다. 작성된 과업과 상황에 따른 자격요건에 의거한 선택기준을 정하는 것 외에 그 밖의 어려움은 가능한 파견후보자의 능력과 개성특성을 정확하게 평가하는 데 있다. 이 점에서 잠재력 평가를 자격요건에 따라 선발하는 방식에 대한 물음이 제기된다. 기술적인 전문지식 혹은 해당 파견국가의 문화에 대한 일반적인 지식이 있는지는 상대적으로 쉽게 검증할 수 있는 반면, 감정이입, 역할에 대한 유연성, 모순에 대한 관용 등과 같은 능력은 평가하기가 훨씬 더 어렵다.

3.2.1 일반적 과정[4]

선발은 국제적인 구성과 다양한 국가의 협력업체의 지원으로 -국제적인 파견을 위한 개인인터뷰, 평가기관, 심리테스트, 시뮬레이션

[4] 선발방식에 대한 일반적인 제안들은 Wirth 1992; Clackworthy 1992, 809-825에 제시되었다.

게임, 집단기획과제에 의거하여– 지원서 그리고 지금까지의 직원 업무성과와 발전가능성에 대한 평가에 의해 이루어진다. 내부모집의 장점으로는 비용절감과 시간절약, 이미 증명된 성과업적을 바탕으로 전문적, 사회적 능력의 평가가능성, 기업에 대한 지식을 들 수 있다. 외부모집을 위해서는 전문잡지와 전국 신문에 구직광고가 적절하다.

선발은 원칙적으로 우선적인 목적에 따른다. 지식전달과 기술이전의 경우에 전문적인 적성에 무게를 둔다. 반면 기업문화, 조직의 틀, 본사와 해외지사 사이의 작업절차와 작업정신의 교류를 위해서는 개인의 적성과 이문화 능력(국가, 언어, 기업문화, 또한 교육 특성에 대한 신뢰)이 보다 더 중요한 역할을 한다.

기업 내부 선발 도구:

- 해외파견에 대한 기존의 관심 혹은 정체의 이유에 따른 기업에서의 등용.
- 기업 내부의 일자리 정보시장과 "게시판": 직원들을 위해 특정 국가에 파견에 대한 현재의 관심을 그렇게 표명하는 가능성이 있다.
- 파견에 대한 특별한 요구사항을 포함한 노동조건과 생활조건과 관련된 상세한 일자리 설명하기. 일자리 설명은 내부적으로 경영자들과 부서의 장들에게 넘겨진다.
- 예컨대 나이 혹은 가족관계와 같은 선발과정을 위한 기준 편성. 가족이나 집에 묶여 있지 않은 (비용 면) 직원이나, 이미 성장한

자녀가 있어 축적한 경험을 다룰 수 있는 나이든 직원을 선발하는 것은 장점일 수 있다.

- "이해관계의 일치": 특정 후보자를 뽑는 의사결정은 원칙적으로 선발과정에서 진행되는 데, 이 과정에는 본사인사부, 해외인사부, 세미나 트레이너와 가능한 해외파견 후보자도 공동으로 참여한다.
- 후보자의 자기평가에 바탕을 둔 방법(개별인물평가): 이 방식은 개방형 및 폐쇄형 문항으로 구성된 전기적 설문지가 적당하다. 답변자가 경험, 생각, 행동 특성과 관련하여 스스로 설명할 수 있도록 질문이 구성되어야 한다. 게다가 답변은 업무에 제한된 요구조건(이상적 조건)과 각 체류국가를 비교해야 한다.
- 다른 사람(또 집단)의 평가에 의거한 방법. 이에 대한 범례는 평가센터이다. 이 도구를 이용하여 소규모 참여자 그룹은 각각의 업무에 필요한 행동을 파악하기 위해 여러 날에 걸쳐 개인과제와 집단과제로 테스트를 받게 된다. 평가자에 의한 평가는 규정된 기준목록에 따라 평가한다. 이 기준목록은 상황과 관련한 방법(역할, 시뮬레이션, 논쟁, 사례연구분석, 프레젠테이션 방법)에서 검증된 것이다. 임무, 목표, 이상적 행동은 다문화적으로 구성된 평가그룹에 의해 먼저 규정되어야 한다.

해외지사의 직책에 맞는 사람을 선발할 때는 전문적인 것뿐만 아니라 지역에서의 경영과 지역의 인사부를 중요하게 고려하는 행동 지향적 요구기준도 결정에 포함시켜야 한다. 해외책임자는 준비하는 동안 트레이너로서의 역할을 할 수 있으며, 인터뷰와 평가센터에 관여할 수 있다.

3.2.2 모델 선택 방법의 예

- 자격목록 작성. 이러한 과제는, 그때그때의 파견국가와 관련하여 기술적·전문적이며 사회적 요구기준의 동일성뿐 아니라 주위와 관련된 환경조건(생활조건과 노동조건)의 동일성도 포함한다.
- 응모자와 그의 가족들에게 일자리 요구조건 목록이 전달된다. 이해당사자는 이용할 수 있는 특정 기간을 얻게 되고, 그 기간 안에 그 밖의 개인적인 질문에 답변을 하게 된다.
- 후보자는 응모서류에 기술한 자신의 관심표명과 기재된 개인적 능력을 근거로 평가센터에 참여하도록 초대된다.
- 회사는 가능한 한 본사와 해당 해외지사의 책임자들로 구성된 평가자집단을 조직한다.
- 후보자는 사회적 역할에 맞는 태도, 사례연구, 그룹토론, 자기평가 인터뷰, 자기평가 설문(개방형 질문), 갈등해소 연습, 타협 연습, 의사결정 연습과 같은 언어와 행동에 근거한, 이 모두 요구조건 목록을 지향하는 평가방식에서 자신의 적성을 판단한다.
- 평가자는 중요한 위치에 최적의 인물을 선발한다. 그밖에도 평가자는 기업의 훈련 프로그램을 위한 "요구 평가"의 작성 임무를 떠맡아서, 파견후보자에게 직접적으로 필요한 훈련조치가

만들어 질 수 있다.

3.3 이문화 훈련

다른 문화는 낯설고 익숙하지 않으며, 심지어 충격적이기도 하다. 우리는 일상에서 실수를 범하기도 하고, 종종 당황하거나 혼란에 빠지는 것을 피할 수 없다. 문제는 실수에서 배우는 것을 얼마나 빨리 준비 하는가 이며, '얼마나 진지하게 경기를 이해하는 노력을 하는가 이다(자문화 이외의).' 다른 문화를 접하고자 하는 사람은 어느 정도 겸손과 유머 감각이 필요하다(Trompenaars 1993, 251).

계속교육 조치로 해외파견을 준비할 때 중심은 이문화 능력의 증대이다(Govindarajan & Gupta 2001). 이러한 이유에서 여기서 다루는 기업의 훈련 프로그램은 무엇보다도 참여자 개인의 생각에 영향을 끼칠 수 있는 인지적, 사회·의사소통능력에 집중된다.

기업의 교육은 이미 선발과정에서 중요한 역할을 했던 그러한 기준에서 시작한다. 바라는 모든 자격을 갖춘 사람을 채용하는 것은 비현실적이다. 임무, 대상국가, 참여자가 가지고 있는 잠재력 역시 훈련 디자인의 기초가 된다.

3.3.1 이문화 훈련의 목표

낯선 문화 환경 출신의 직원과의 의사소통능력이 기술이전과 지식 전달, 또 기업철학과 기업문화의 전달을 위한 전제조건이라는 것에 동의한다면, 이문화 훈련의 임무는 다음과 같이 바꿔 쓸 수 있다. 먼저 우리는 훈련참가자들에게 사고와 행동이 문화에 달려있음을 교육해야하며, 이어서 참가자들이 낯선 사고방식과 경험방식을 "파악하는" 것을 학습하고 결국에는 낯선 상황에 적응하도록 하는 행동방식과 갈등해결의 작용원리를 배우는 데 기여해야 한다. 그러나 특별한 의미는 낯선 문화에 관여하는 참가자의 준비자세에 있다. 우선 낯선 것은 "틀린" 것으로 설명하는 그러한 개인의 생각이 이문화 훈련에 방해가 된다는 것이 더 중요하다. 낯선 의사소통방식을 "이해"하면 어떤 문화권의 사회적인 상호작용 틀에 적응한다. 일련의 특정 훈련방식을 결정하기 전에 사전에 정확히 목표를 규정할 것(선행된 "요구평가" 참조)과 훈련참가자를 그룹으로 나누는 것을 권장한다. 이러한 방식은 한편으로 특정한 훈련조치에 대한 결정을 쉽게 하고, 다른 한편으로 참가자들이 가진 요구와 부족함에 훈련이 바로 직접 투입될 수 있다.

다음의 범주화는 이문화 훈련 목표를 세 주요 그룹으로 구분한 예이다.

a) 인지적 이문화 훈련의 목표

훈련참가자는 자신의 문화적 기원과 낯선 문화에 대한 개인의 생각이 낯선 문화 출신의 사람과의 상호작용 하는 데 중대한 영향을 미친다는 점을 배워야 한다. 그래서 인지적 훈련의 목표는 각각의 상대문화에 대한 전문적 지식을 제공하고, 또한 문화의 의미를 일반적으로 다루게 하는 것이다.

b) 정서적 이문화 훈련의 목표

목표는 낯선 문화 출신의 사람과 상호작용할 때 감정을 스스로 조절하는 능력을 기르는 것이다.

c) 행위 지향적 훈련의 목표

참가자는 자기고유의 행동을 각 문화의 행동패턴에 맞추기 위해 어떻게 방법들을 터득하고 자율적으로 발전시킬 수 있는지를 배워야 한다.

3.3.2 훈련기술

훈련기술은 출발점에 따라 구분되어야 한다. 첫 번째 방법은 사실에 중심을 둔 지식전달에 근거해야 하고, 두 번째 방법은 "개인 체험을 통한 학습" 원칙에 근거해야 한다.

a) 교수의 방법

이 교수법의 지지자는 낯선 문화에서 업무를 효과적으로 처리하기 위해서는 낯선 문화에 대한 인지적 지식전달이 전제된다는 데서 출발한다. 문화개념의 의미를 다루고, 다양한 문화의 공통점과 차이점을 부각시키는 강연과 그룹 토론(가능하면 다문화와 관련하여)이 이러한 지식기술 관련 학식을 교육하는 데 적당하다. 동시에 낯선 문화에 대한 적응과정을 위해 이론적인 개념들이 논의될 수 있다. 문헌에 나타난 지배적인 의견에 의하면 꽤 오랜 기간 해외로 이주하는 모든 사람은 다소간에 심각한 문화적 충격을 체험한다. 문화충격 현상과 문화적응

모델에 대한 논쟁은 문화라는 개념 이외에 그 자체 교수법적 준비훈련을 위한 지식기술의 교육 내용일 수 있다.[5]

b) 체험학습

체험과 경험의 원칙에 기초를 둔 지식전달의 방법은 추가적인 지식이란 개인적인 경험을 통해 가장 효과적으로 자기 것이 된다는 가정에 의거한다. 이러한 학습법의 특징적인 수단들은 시뮬레이션, 역할극, 그리고 파견국가에서 국외자로서 직면하게 될 수도 있는 상황을 모방하는 것이다. 경험에 기초한 이러한 학습의 훈련법은 참가자로 하여금 인지적 지식, 감정적 자원, 행동전략 등 그들의 모든 자원을 투입하도록 요구한다.

3.3.3 훈련유형

두 가지 학습법(교수적/체험바탕의) 분류 이외에도 추가적으로 문화일반 훈련과 특정문화 훈련을 구분하는 것도 있다. 문화일반 훈련의 참여자들이 문화적 특수성에 대한 감수성을 키워야하고, 인간 행동의 문화종속성을 다루는 반면, 특정문화 훈련은 어떤 특정한 문화에서의 행위에 대한 정보와 상호작용에 대한 조언을 전달하는 데 목표가 있다. 교수하는 학습, 체험에 바탕을 둔 학습의 분류, 그리고 문화일반 훈련과 특정문화 훈련으로 분리하는 것을 따른다면, 기업의 준비교육은 결국 네 가지 상이한 훈련형식으로 나눌 수 있다.[6]

---

5 Torbiörn (1982)은 그의 저서 "해외생활. 해외정착에 있어서의 개인적응 및 인사정책"에서 U-곡선 모델을 설명하였다. U-곡선 모델은 문화적응과정을 (실례를 들어) 구체적으로 설명한 것이다.

- 교수적 문화일반 훈련
- 교수적 특정문화 훈련
- 체험적 문화일반 훈련
- 체험적 특정문화 훈련

3.4 훈련

3.4.1 교수적 문화일반 훈련

문화일반의 내용을 담은 교수적인 훈련은 문화와 문화 활동의 작동원리에 대한 일반적 지식을 전달하는 데 기여한다. 그 수단은 강연, 토론, 비디오, 문화동화의 방법이 있다.

a) 강연, 토론

강연과 토론은 내용적으로 사람 사이의 의사소통방식과 행동패턴에 의한 문화구속성을 다룬다. 다른 한편으로 그와 같은 연습은 특별한 특성범주(주관적 범주: 개인주의적-집단주의적, 권력거리, 불확실성; 객관적 범주: 정치적, 사회적, 관료체제, 법체계 …)의 도움으로 다양한 문화권의 구분을 말 할 수 있는 가능성을 제공한다.

b) 비디오카세트

예컨대 문제의식을 가지게 하고 이문화적 의사소통과정과 적응과정을 구체적으로 설명하는 비디오카세트들이 있다.[7]

---

6 이러한 분류는 본질적으로 Gudykunst & Guzley & Hammer의 작업을 따른 것이다. 1966, 66-72.

c) 문화동화

행동의 문화종속성을 구체적으로 보여 주는 예시적 단편 이야기에 마주하여 이를 공동으로 분석한다. 이러한 단편 사례의 내용은 공포, 기대, 불확실, 애매모호함, 편견, 노동의식, 시간감각과 공간감각, 의례, 위계질서, 가치와 집단역동적인 과정 일 수 있다.[8]

3.4.2 교수적 특정문화 훈련

특정문화 내용의 교수적인 훈련은 특정 문화권에 대한 지식전달을 다룬다. 그 수단은 지역관련 또는 국가특유의 주제, 언어, 특수한 표준문화, 문화권과 관련된 문화동화 작업과 또한 목표국가에 넓게 퍼져 있고 일반적으로 호평 받는 그러한 문학작품들이다.

a) 국가특유의 실재사실 소개

국가특유의 실재사실은 참가자의 의사소통 조건을 개선시키고 국가적 특수성에 쉽게 적응하도록 한다. 국가의 역사와 성향, 가족개념, 사회구조, 주된 신앙, 철학, 교육, 예술, 경제 질서, 산업화 정도, 정치제도, 정부체제, 건강수준, 지식수준, 스포츠 및 여가 기회 등에 대한 정보가 전달되어야 한다. 이때 입문강좌에서 한 국가에 대한 소위 "고정된 사실정보"에는 집중이 덜 되어야한다. 왜냐하면 이것은 참여자가 독자적으로 얻을 수 있기 때문이다. 오히려 특정 문화권의 태도,

---

7 Copeland와 Grigg의 다음의 비디오카세트 시리즈는 일반적으로 알려져 있으며, 굉장히 널리 퍼져있다. "국제화 Going International(1983)와 다양성의 가치화 Valuing Diversity(1987)." 이 비디오카세트 시리즈는 샌프란시스코 302 23가 CA 94121 Copeland Grigg의 프로덕션에서 구입할 수 있다.

8 Brislin & Cushner & Cherrie & Yong (1986)의 100개의 단편 이야기를 보라.

가치, 행동규칙을 소개하는 것에 중점을 두어야 한다. 입문강의 후에 훈련참가자들과 함께 분명한 성향차이를 바탕으로 있을 수 있는 문제에 대해 이야기 하는 것도 원칙적으로 의미가 있다.

b) 언어훈련

먼저 지역 언어에 대한 지식은 외국인에게 그 문화에 대한 보다 깊은 조망을 할 수 있게 한다. 지역 언어는 그 지역의 의식도 반영하고 있다. 한 국가의 언어를 말하는 것은 사회적 삶의 모든 영역에 참여하기 위한 전제조건이며, 동시에 파견자의 건재함과 자신감 강화에 직접적으로 기여한다. 더 나아가 그 지역의 언어를 안다는 것은 그 지역사람들로부터 받은 평판과 인정을 높여준다. 언어훈련은 대부분 순수하게 강의의 특성을 지니는 언어교육이라는 일상적인 방법 외에도 훈련대상자들의 적극적인 참여를 요구하는 방법도 이용할 수 있다. 예로는 외국어로 하는 의사소통극과 역할극을 들 수 있다.

c) 특정문화의 동화작업

특정문화에 대한 동화는 특정 국가에 대한 지식전달에 기여한다. 기업 밖의 전문가들의 경험에 근거한 다중선택형 설문을 만들 수 있다. 질문에는 기업의 직원이 외국 경험으로부터 체험한 갈등상황도 반영될 수 있다. 선다형 테스트에서 참가자는 비현실적인 상황에서 상호작용하거나 또는 답변할 수 있는 선택의 가능성을 가진다. 각각의 상황에 적합한 행동에 대한 평가는 가능한 한 그 나라 사람의 안내로 공동으로 이루어진다.

d) 국가와 관련한 감독작품

낯선 문화로의 감정이입을 위해 특별히 유익한 것은 국가에서 선호되는 작가, 일간지 또는 잡지에 대한 "문헌연구"이다. 300개 이상의 문화집단의 민족지학적인 정보에 있어서 인정받은 데이터베이스는 "인간관계 지역파일Human Relations Area Files"[9] 이다.

3.4.3 체험적 문화일반 훈련

체험을 바탕으로 한 훈련의 도움으로 문화일반의 지식과 능력을 전달하기 위해, 어떻게 자문화 또는 타문화가 생각과 행동 패러다임에 작용하는지 참가자들이 적극적으로 경험할 수 있도록 이 범주의 훈련방법을 고안해야 한다. 주로 적용되는 것은 의사소통 워크숍, 동화방법, 자기평가 연습이다.

a) 이문화 의사소통 워크숍

다양한 문화에서 온 참가자의 생각의 흐름, 행동방향, 행동을 이끄는 가치와 규범은 공통적으로 분석된다. 참가자는 각자 문화권을 대

---

[9] 문화적 주제의 범주화 목록은 *Murdock, G.*이 제공한다. "문화자료 개요, The Outline of cultural materials", 4판, New Haven, CT: 인간관계 지역파일, 1971; 특정 문화그룹에 대한 기술 포함: "세계 문화의 주요 특색, The outline of world cultures", 4판, New Haven, CT: 인간관계 지역파일, 1972.

* **인간관계 지역파일(Human Relations Area Files)**: 주식회사 (HRAF)는 문화 인류학의 분야에서 국제적으로 인정받는 조직이다. HRAF의 임무는 과거와 현재의 인간의 문화, 사회, 행동의 비교 문화 연구를 장려하고 촉진한다. 예일 대학에서 1949년에 설립 된 HRAF는 예일대의 재정적 자율 연구 기관이다. HRAF은 교육 및 연구에 대한 두 가지 주요 전체 텍스트 데이터베이스 (eHRAF 세계 문화 및 eHRAF고고학), 백과사전 및 기타 리소스를 생성한다. http://www.yale.edu/hraf/ (*이하 *표시는 역자 주를 나타냄*)

표하는 임무를 받는다. 집단은 구체적인 임무나 그 집단이 공동의 상호작용 안에서 해결해야할 갈등상황 앞에서 역할극을 수행한다. 임무가 종료되면, 참가자들은 공동의 팀 작업에 대한 경험을 토론한다. 여기에 해당하는 것이 문제해결의 상이한 절차, 작업방식, 의사소통 습관에 대한 토론이며, 또한 그룹 내의 의사소통장애와 상이하고 감정적인 반응패턴, 또한 의사결정과정도 이에 해당한다.

b) 문화일반 시뮬레이션

이는 체험중심적인 훈련으로 그 훈련에서 참가자들은 서로 다른 문화권의 대조적인 특징이 만들어내는 내용의 상황과 상호작용을 추적하는 것이다. 한 문화권의 가치, 사회적 행동, 동기부여의 양식과 같은 영역도 다루어질 수 있다. 또한 주변의 객관적 세계에 대한 개념 차원과 의미부여도 훈련의 기본 주제로 적절하다. 역할극은 문화의 특징을 드러내는 패턴들이 의도적으로 아주 대립되도록 해야 하고, 참가자들은 감정적인 균형과 또한 두 집단이 수용할 수 있는 균형에 도달해야 하도록 구성 된다.[10]

c) 자기평가훈련

이 훈련은 참가자들에게 자신과 남에게 미치는 고유한 개인의 영향이 언제나 다시 새롭게 평가되는 것이 얼마나 중요한지 전달해야한다. 참가자는 개인적인 입장, 동기, 의사소통방식, 행동방식을 의식

10 Batchelder & Warner(1977)의 소책자는 문화일반 시뮬레이션 훈련을 상세하게 설명한 것으로 추천할 만하다. Hoopes & Ventura의 책(1979)은 그와 같은 문화일반 시뮬레이션을 발전을 위한 방법에 중점을 두고 있다.

적으로 인지하는 법을 배우고, 검증해야 한다. 이를 위해서는 설문조사가 적절하다. 예컨대 다른 문화권 출신의 사람들과 소통하는 중에 공감하는 (불)확신의 정도를 측정할 때 설문조사가 적절하다. 다른 설문조사는 낯선 문화에 대해 가지는 이면의 억압된 편견을 열게 하는데 그 목표가 있다. 그밖에도 설문조사는 응답자가 어떤 비언어적 의사소통능력을 사용하는지, 다른 문화에 대한 응답자의 이해가 얼마나 큰지를 평가해야 한다. 응답자가 자기 문화의 것으로 간주할 있는 뛰어난 특징들에 대한 응답자의 대답들도 유익하다.[11]

3.4.4 체험적 특정문화 훈련

문화일반 훈련에 상응하게 특정문화 훈련 또한 활발한 경험학습에 바탕을 둔다. 체험에 바탕을 둔 특정문화 훈련은 어떤 특정한 문화를 지향하고 있다는 점에서만 구별된다. 이를 위해 두 문화의 의사소통 워크숍, 특정국가 관련 시뮬레이션, 역할극이 제공된다.

a) 두 문화 의사소통 워크숍

문화일반 워크숍과 달리 참가자는 두 문화 공간 –파견하는 국가와 파견 목표국가의 대표자들– 으로 제한된다. 문화일반 훈련에서와 같이 동일한 연습이 진행될 수 있다. 그러나 이때 코스의 한 부분은 파견하는 국가의 언어로, 다른 부분은 파견목표국가의 언어로 진행할 것을 추천한다. 언어를 바꾸는 것은 대인 커뮤니케이션에서 언어의 영향에 대한 인상을 전해준다.

11 적절한 설문조사는 Gudykunst (1994), Brislin & Yoshida (1994)가 발전시켰다.

b) 특정문화 시뮬레이션과 역할극

시뮬레이션과 역할극은 접하게 되는 두 문화 사이의 상호작용과 관련되도록 구상되어야 한다. 여기서 참가자들은 역할을 바꿔 자문화와 타문화를 대표하는 행위를 떠맡을 수 있으며, 그렇게 함으로써 이들이 자신의 행위를 대표해야할 문화의 역할로 바꾸는 것이다. 문화 시뮬레이션의 도입에서 참가자는 먼저 각 낯선 문화의 인사의 형태, 예의바른 행동양식과 같은 일상생활의 의례, 행동습관을 연습할 수 있다.

훈련 프로그램 구성[12]

1 출발점. 모든 훈련 프로그램은 이론적 틀에 기초되어야 한다. 그 결과 개별훈련과 그 순서는 한편으로 의미 있게 편성되고, 다른 한편으로는 정의된 목표에 부합하여 참가자가 이해할 수 있는 맥락 안에 있게 된다. 이러한 예가 불확실성경영의 이론으로부터 시작된다. 이 이론은, 이문화 적응이란 불확실성과 두려움과 마주하여 대처할 수 있는 능력을 요구한다는 기본가정에 기초하고 있다.

2 소개 모임에서 다양한 문화권에서 온 참가자들은 자기소개를 하고 이론개념과 훈련방법의 목표를 안내받는다. 참가자들에게 이문화의 불확실성/두려움과 적응 사이의 종속관계가 설명된다. 이러한 전제에서 시작된 훈련 프로그램의 목표는 어떻게 하면 성공적으로 불확실성과 두려움을 조정할 수 있는가이다.[13]

---

12 Gudykunst & Guzley & Hammer 1996, 73-77쪽. 불확실성 매니지먼트 이론에 근간한 훈련 프로그램의 실행 참조.

3 첫 번째 목표 달성을 위한 –즉 참가자에게 개인의 불확실성과 두려움이 이문화 적응과정에 미치는 영향을 분명하게 하는 것– 연습은 체험 지향적인 교수방법에 기초한다. 여기에는 문화일반 시뮬레이션이 적합하다. 이어서 어떤 문화적 차이가 불확실하고 두려운 감정을 참가자에게서 발생하는지에 대해 그룹 토론을 한다. 마지막으로 한 문화권의 대표자는 다른 문화 대표자의 행동을 기술하고 해석하는 과제를 부여받는다.

Ⅰ) 시작단계

문화의식화 단계와 정보습득 단계

1. 출발점: 이론
2. 훈련집단의 그룹의 소개모임
3. 훈련: 체험기반의/ 문화일반의
4. 피드백: 평가
5 강의: 교수의 방법

Ⅱ) 연습단계

다문화적 대면을 통한 감정의 대면

6. 훈련: 체험기반 방법
7. 프로젝트 작업

---

13 저자에 의한 단계 모델의 설명은 훈련이 진행되는 동안 전망을 유지하도록 훈련참가자들에게 연습 맥락을 보여주고 도와주어야 한다.

Ⅲ) 마무리단계

행동적응

8. 훈련: 체험기반의 방법에 의거한 학습 성과 검증
9. 피드백: 훈련의 확인 또는 새 방향

설명 3: 적응과정의 단계가 진행되는 동안의 이문화 훈련 프로그램의 모델

4 각각의 문화권에 속하는 구성원은 교대로 다른 문화집단을 올바르게 해석해보는 임무를 부여받는다. 참가자가 낯선 행동방식을 자문화의 잣대를 가지고 평가하는 것은 성공적이지 않을 수 있음을 인지한다. 대인 커뮤니케이션에서 문화적 차이는 그 의사소통의 모든 차원(사고, 감정, 표현, 행동)에서 분명하다.

5 뒤따르는 훈련은 가능한 평가기준의 개로을 위한 기초 교육을 해야 하며, 이 기초의 도움으로 문화를 "평가"할 것을 시도하는 것이다. 여기에는 강연, 간결한 설명과 또 문화를 구분하고(개인주의-집단주의, 권력거리, 불확실성 회피) 행동을 예측하는 수단으로 작용하는 학문적인 특징범주에 대한 토론이 적합하다.

6 훈련참가자가 불확실성과 두려움에 대처하는 것을 배움으로써, 역할극의 도움으로 한편으로 편견과 고정관념이 개인의 감정과 행위에 강하게 영향을 끼친다는 것에 주의를 기울이고, 다른 한편으로 행동에 대한 예측과 평가가 최적화됨으로써 불확실성은 감소될 수 있다. 게다가 훈련은, 집단 참가자들이 중요한 사실, 상황, 대인관계와 관련하여 노력하여 배우는 공통점과 차이점에 집중되어야 한다.

7 이어지는 프로젝트 작업에서 참가자는 공동의 평가기준의 도움으로 기획에 참여한 문화권의 생각, 감정, 행동이 최상으로 평가되고 예측될 수 있는 그러한 공통적인 판단기준을 개발하는 과제를 받는다.

8 역할극에서 참가자는 스스로 발전시킨 평가기준과 수집한 정보의 도움으로 낯선 문화를 능수능란하게 다뤄야하는 새로운 임무와 상황 앞에 서게 된다.

9 역할극의 평가를 통해 참가자는 새롭게 배운 것이 얼마나 성공적으로 해석도구가 되는지에 대한 인상을 받는다. 실수를 진단한 다음에는 아마도 해석도구에 대한 새로운 방향설정과 개발이 따른다.

이문화 적응이 포괄적으로 타문화의 사람들과 소통할 수 있는 능력에 기인한다는 데서 출발하는 의사소통능력 이론을 위해 비슷한 훈련 프로그램이 개발될 수 있다.

3.5 준비조치의 구성

이 부분에서 우리는 훈련과 준비조치에 있어 파견후보자를 위한 기업의 교육 차원에서 제공할 수 있는 다양한 가능성을 구성하고 계속 확대하였다. 그러나 우선은 계속교육과 직원개발에서의 현재의 접근방식에 덧붙이는 것이다. 준비조치의 구조적 개요를 만들기 위해 외국파견을 위한 준비 수단으로 다섯 가지 영역을 나눈다.

- 인지중심의 지식전달

- 감성·감정 바탕의 학습훈련
- 개별적 해석 및 의사소통능력을 강화하는 훈련
- 국가특유의 정보를 포함한 기업의 데이터뱅크
- 인지중심의 지식전달: 국가특유의 "고정 사실정보" 전달

먼저 도입된 준비조치는 특정문화에서 출발하고, 소위 "고정 사실정보"의 전달, 즉 지식기술의 기초로 쓰인다.

> 그래서 사우디아라비아에 가는 사람은 왼 손으로 물건을 건네지 않는 법을 배우게 될 것이다. 혹은 지역민에게 자신의 발바닥을 보이는 법을 배우게 될 것이다. 중국으로 가는 사람은 식사 말미에 그들의 접시 혹은 그릇에 일부 음식을 남기는 법을 배울 것이다. 스페인으로 가는 사람은 예의 바름은 모임 시간 혹은 특정한 종료 시간에 정확하게 도착하는 것이 필요하지 않는다는 것을 배우게 될 것이다(Brewster 1995, 65).

준비조치	훈련 내용	도 구
언어훈련	표준문화와 관련한 학습 내용의 언어훈련. 외국어 학습은 인사말, 환영의 말, 또 언제, 무엇을, 어떻게 말하고, 어떤 금기가 있는지에 대한 지식을 포함한다.	특히 언어코스는 외국의 파견장소(경우에 따라 배우자 또는 가족도 포함하여)에서 조직하는 것이 적합하다. 그래서 외국어 학습은 일상적인 사용과 외국 국가의 구성원과의 가능한 접촉으로 보완된다.[14] … 비공식적인 토론에서 배제, 의사소통에서의 제한, 문화적 공감의 제한, 일반적인 예절 교환의 무능함 등 언어스킬의 부족은 외국인에게 큰 문제를 일으킬 수 있다(Brewster 1995, 65).

준비조치	훈련 내용	도 구
정보 전달	행동 규칙, 국가특유의 "고객 요구사항", 특별한 제품개발, 작업조직, 특별한 마케팅 전략 등에 대한 정보. 이 밖에도 파견후보자는 대상국가의 일반적인 법률구조와 기관구조에 대한 통찰력이 있어야 한다.	예컨대 관광사무소, 대사관, 지역 노동 단체 그리고 국내의 목표국가 대표 등 일반적인 정보가 주어진다. 여기에 국가 특유의 비디오, 영화, 슬라이드 필름, 강연과 전시회 등이 있다. 새로운 환경에서 여가를 즐기는 것을 고려하면 통합의 동기로서 이용할 수 있다.
	대상국가의 정치적, 제도적, 사회적 구조에 대한 연구를 위해 …	… 해당 전문서적이 이용되어야 한다.[15]
	실용적인 정보와 체험이 …	… 이미 특정 외국에서 활동했던 인물들에 의해 전달되어야 한다.[16]

14 유럽 밖의 국가의 노동계에서 영어를 공용어로 받아들이고, 널리 퍼져있는 반면, 유럽 국가에서는 각각의 그 나라 언어를 습득하는 것이 피할 수 없는 것으로 보인다. 그래서 예컨대 프랑스어를 모국어로 사용하는 사람들과 스페인어 국가에서는 영어를 비즈니스 언어로 사용하는 것을 상당히 거부하고 있음이 문헌에 나타나고 있다(Dülfer 1991, 468 참조).

15 Dülfer는 1991, 465~466에서 적합한 정보 원천으로서 다음을 지적했다. 연방 외국정보 사무소(die Bundesstelle für Auslandsinformationen, Köln), 연방통계청(das *Statistische Bundesamt*, Wiesbaden), 연방 관리청(das *Bundesverwaltungsamt*, Köln), 연방 산업경제 사무소(das *Bundesamt für gewerbliche Wirtschaft*, Eschborn), OECD-출판 및 정보 센터(*OECD Publikations- und Informationszentrum*, Bonn), 상공회의소(die *Industrie- und Handelskammern*) *DIHT*, 대외 상업 은행(*Außenhandelsbanken*), BDI 무역협회(die *Fachverbände des BDI*), 경제 협력 독일 연합(die *Deutsche Gesellschaft für wirtschaftliche Zusammenarbeit*, Köln), 38개 국가 독일 상공회의소 지사(die *deutschen Auslandshandelskammern* vor Ort in 38 Ländern), 외국 주재 독일 대표부(die *Amtlichen Deutschen Auslandsvertretungen*).

16 외부 공급자는 Carl Duisberg-Gesellschaft Köln, 국제 개발을 위한 독일의 재단

준비조치	훈련 내용	도 구
정보 전달	파견할 기업 안에서 접촉과 네트워크 구축을 위해, 또 기업구조, 기업역사, 작업 조직, 의사결정, 문제해결, 경영스타일에 관한 정보를 위해	…한편으로는 "문화통역자"(외국기업에서의 멘토)로 파견될 수 있고, 다른 한편으로는 귀환한 사람, 고향으로 휴가 온 사람, 전임자 또 수출부의 특정국가 관련 책임자들의 경험을 활용할 수 있다.

설명 4: 준비 조치에 대한 도표 개관은 직원들의 해외파견을 위한 것이다.

3.5.2 정서적-감성적 학습과정

지금까지 열거한 훈련조치들이 타문화에 대한 정보를 수집하고, 파견후보자에게 어떻게 하면 국가, 사람, 역사와 습관에 대한 지식을 인지적·합리적으로 습득할 수 있는지를 전달하는 데 집중했다면, 다음의 훈련방법들은 파견후보자의 감성적이고 쉽게 제어할 수 없는 감성 심리과정에 영향을 주는 것이라 하겠다. 목표는 타문화에 대한 생각을 개선하는 것이다. 이는 먼저 부정적으로 감지되는 문화차이를 목표 중심적으로 다루는 것이 훈련의 목표임을 의미한다. 학습방법과 관련하여 준비조치 중 이 부분은 강의식의 성격을 넘어서야 할 것이며, 파견후보자들을 적극적으로 학습 및 체험과정 안으로 끌어들여야 할 것이다.

그리고 외국 고객을 위한 문화 연구 센터이다.

체험 학습:	개념, 내용	도 구
직업 훈련	목표는 직원, 작업방식, "업무 내" 기술수준을 더 잘 배울 수 있고, 장기적인 파견을 위해 개인적인 적합성을 평가하고, 결국 타문화를 이해하는 자기 동기를 높이는 것이다.	실습, "맛보기 여행", 훈련 프로그램에 참여하기 위한 외국 자회사로의 단기파견, 외국 회사의 개별 부서에서의 보다 작은 임무를 수행 하거나 보조하기 위해 또는 외국에서 활동하는 동료의 보조나 이 동료의 휴가 시 업무대리.
프로젝트 작업	파견후보자는 각각의 목표국가에서 도달할 수 있는 정보의 도움으로 "연구해" 보고, 이어서 자신의 동료에게 제시해본다. 또한 "해외기관의 정밀조사"는 반드시 지식전달의 방법과 특별한 조직적인 학습과정을 포함해야 할 것이다. 이러한 조직특성에 대한 지식은, 파견대상자로서 종종 정보와 지식을 전송하는 임무를 받은 훈련참여자의 교육적인 수완을 위한 전제이다.	프레젠테이션에서 다음의 논의는 목표국가의 문화사적이며 공동체 종속적인 공통점과 차이점의 보다 나은 이해를 위해 적합하다. 이 밖에도 논의는 낯선 관습에 대해 편견 없는 접근을 필연적으로 요구한다. 이러한 이유에서 대상 국가에 대한 소개는, 우선적으로 문화적 상태에 대한 기술이지 개인의 가치를 반영하지 않도록 구성되어야 한다. 바람직한 것은 그러한 직원을 확대하기 위해서는 지금까지 외국기업과 지속적으로 접촉해온 기획집단이다(수출, 판매).
문화의식: 자문화 인식 타문화 인식	일반적으로 타문화에 대한 감수성은 높아질 수 있다. 이에 적합한 것은, 자문화의 가치, 사고방식과 행동패턴과 또 문화종속적인 상호작용방식에	적합한 것은 자기 성격의 "학습과 경험"에 중점을 두는 훈련이다. 부합되는 전제는 다른 사람을 이해할 수 있기 전에 자기 자신을 알아야 한다는 것

체험 학습:	개념, 내용	도 구
문화의식: 자문화 인식 타문화 인식	대한 일반적인 영향 요소들을 다루는 강좌이다. 이러한 훈련은 그때그때의 상대국가에서 낯선 행동패턴에 대처하는 능력을 향상시켜서 대상국 사람의 사고방식과 지각방식에로의 추론이 끌어내질 수 있다(문화적 타자인식). 다른 측면에서 보면 자기 문화와의 대면은 자문화적 정체성의 강화에 기여한다는 것이다. 이를 통해 불안해함과 방향상실을 막을 수 있게 된다. 개인이 자신의 일에 있어서 행위에 영향을 끼치는 그 힘을 의식하면 할수록 그는 자신의 삶의 공간을 더 잘 조절할 수 있다(Harris & Moran, 1991, 30).	이다. 그와 같은 강좌는 개인의 위치고정에 대한 질문과 답, 개인의 가치, 목표, 매너 형식과 대면을 포함한다. 전체 집단과 관련된 강좌는 공동의 가치, 집단역학적인 과정이나 상황종속적인 역할극에 대한 논의들을 도구로 사용한다. 대단히 큰 장점은 참여자들을 다양한 세대가 서로 만나도록 편성할 수 있는 것이다. 이것을 통해 분명해지는 것은 어떻게 시간의 흐름 속에서 이상, 판단의 척도, 관습, 행동패턴이 한 사회 내에서 변모되는가이다.

설명 5: 정서적·감성적으로 설정된 학습과정의 표에 의한 개괄

3.5.3 해석능력과 의사소통능력의 구축 훈련

정서적·감성적 중심의 훈련이 한 공동체 내에서 사람에게 문화가 무엇을 의미하는지에 대한 폭넓은 이해를 만들어 내는 것에 목표를 두는 반면, 다음의 훈련은 낯선 문화에 대한 이해를 폭넓게 구축하여, 파견후보자가 자신의 행동을 새로운 환경에 적응할 수 있게 하는 것

이다.

내용

관찰능력과 해석능력을 강화하기 위해, 그래서 현장에서 특정문화의 특수성을 보다 잘 알고, 상황에 맞는 의사소통형식으로 바꿀 수 있기 위해, 해석과 의사소통의 장벽을 알아야만 한다. 특히 주의할 점은 비언어적 표현의 해석에도 관심을 두어야 할 것이다. 훈련이 파견후보자로 하여금 (문화적으로 또 기업과 관련하여) "아웃사이더" 로서 해석 및 의사소통의 차이와 대면한다는 것을 의식시킬수록, 파견후보자가 의사소통장애를 극복하려는 가능성이 더 높아진다. 적합한 것은 기대와 입장에 대한 경청, 관찰, 평가 및 "자기 전달"과 협업능력을 촉진시키는 세미나, 역할극, 시뮬레이션, 의사소통 연습이다. 종종 경청하는 능력이 과소평가 되곤 한다. 적극적인 경청은 단지 정보의 습득뿐만 아니라 정보전달의 "방법"도 포함하며, 동시에 어떤 국가나 기업의 의사소통코드에 대한 지식에 기여한다. 전달되어야 할 소식의 내용은 임무와 관련되고, 또 전문가나 관리자의 전문지식을 대부분 분명히 하고 공고히 한다. 반대로 정보전달의 기술과 방식은 불충분하게 교육된다. 따라서 훈련 목표는 한편으로 언어적 의사소통을 개선하는 것이고, 다른 한편으로 비언어적 의사소통을 민감하게 하는 것이다. 모방, 제스처, 소리의 톤, 총체적인 외적 현상(역시 문화 종속적으로)은 다방면에서 해석할 수 있고, 해석이 필요하다.

의사소통 연습의 모든 유형에서 필수 구성요소에 대한 공통적 분석이 있다. 어떤 사태를 어휘로 재생하여 그 사태를 대화상대자가 분명히 이해할 수 있도록 하는 것이 단순하지 않다는 것이 훈련에서 의식되면, 왜 무엇인가가 잘못 이해되거나, 왜 특정한 비언어적 의사소통 표현이 그렇게 잘못 이해되는지를 피드백에서 경험하는 것이 얼마나 중요한지 분명해진다. 이문화 의사소통을 위한 이 훈련은 특별한 의미가 있다. 따라서 제시된 훈련은 특히 다문화적으로 구성된 참여그룹의 연습에 적합하다.

방법

- 사례 방법: 다국적으로 구성된 여러 문화 공간에 걸쳐있는 기획집단이 과제를 수행하는 기획과제를 예로 들 수 있다. 국제적인 집단구성이 바라는 팀 작업에 도달하기 위해서는 고도의 감수성과 타협능력을 요구하고, 필요한 경우 지금까지의 행동방식을 변경할 것을 요구하기도 한다. 참여자는 팀 작업에서 또 전 집단의 지식을 새롭게 이해하는 데서 경험한 일을 적극적으로 해결해야 한다.[17] 그래서 다문화적으로 구성된 기획집단은 예컨대 다음의 문제제기와 직면할 수 있다. 어떤 일로 특정 해외지사와의 협력이 문제되는가? 왜 어떤 특정 업무조직은 특수한 국가에서 더 효과적인가? 왜 특정 관리스타일은 직원과의 갈등을 해결하는가? 평가방식에서는 인터뷰, 그룹 토의, 평가 설문지의 도움으로 분석되고, 또한 (이문화) 장애와 갈등이 처리되어야 할 것이다.
- 역할극과 시뮬레이션: 적절한 역할극과 시뮬레이션은 내용상 특

17 Dülfer의 "사례 방법 case method" 해석 참조, 1991, 463.

수한 해외파견 동안 생긴 갈등상황에 집중시킨다. 예컨대 한 예로 본사임원과 해외지사의 임원들 사이에 비즈니스게임과 관련하여 상호코칭이 있을 수 있다. 참가자는 각각 해외에서의 기업의 운영을 시뮬레이션 한다. 문화적인 문외한(문화 아웃사이더)이 상황을 결정해야하는 동안, 해외지사의 대표는 노동조건, 시장조건, 환경조건의 과제를 현실적으로 재현할 임무를 부여 받는다. 뒤이어 문화에 정통한 사람(문화 인사이더)이 어떤 행동이 적절한지를 설명한다. 이어서 그 문화구성원은 프레젠테이션 방법, 협상, 리더십, 동기부여기술, 비판표현기술과 같은 행동양식을 소개한다. 간단히 말해 문화구성원은 그룹대화에서 아웃사이더와 함께 분석된 자기 출신국가의 기업문화, 의사소통문화, 경영문화에 대한 소개를 하는 것이다. 다양한 문화 출신의 그룹구성원에 의해 영향을 받은 견해, 생각 또한 비판과의 대면은 문제인식과 문제해결 가능성을 개선하고 획일적인 사고를 극복하는 데 도움을 줄 수 있다. 관련 공동 프로젝트는 서로 다른 경영스타일의 시너지 효과를 내는 결합을 나타내고, 폭넓은 이해와 수용을 접하게 하는 경영개념을 발전시킬 수 있다.

> 협력을 통한 문화의 시너지 효과는 유사성, 공통의 관심사, 인간의 활동과 시스템을 풍부하게 만드는 차이의 통합을 강조한다. 다양한 문화들에서 최상의 것을 결합시킴으로써 그리고 가장 넓은 입력을 추구함으로써 다양한 효과와 복합적인 해결책이 나타날 수 있다(Harris & Moran 1991, 11).

프로젝트 참여자는 그들의 경영스타일과 매너형식 및 그 밖의 프로젝트 참여자들이 선호하는 개념에 대한 직원에게 동기를 부여하는 도구들을 조사할 수 있어야 하고, 필요한 경우 파견 목표국가에 적응할 수 있어야 한다. 상호훈련이라는 틀에서 이어지는 훈련은 소위 문화동화방법의 투입일 것이다. 즉, 어떤 문화권에 속한 사람이 다양한 대인적 관계와 상황을 기술하는 설문지를 개발하여, 해당 타문화 사람에게 행위의 대안적 선택(선다형)을 하도록 제시한다. 뒤이어 질문들은 공동으로 작업되며, 문화 인사이더, 즉 그 문화에 소속된 사람의 보충 설명으로 제시 된다.[18]

"문화통역사"로서 역할기능: 해외 자회사의 방문자를 위해 파견후보자로 하여금 "문화통역사기능"을 맡게 하는 것이다. 외국손님을 파견후보자에게 돌보게 하는 것은 단지 기업 내의 업무와 생활에만 국한시킬 것이 아니라, 여가활동과 문화활동도 포함되어야 한다. 기업의 교육제도는 후보자들을 프로그램 기획 때부터 지원해야 하고, 나중에 "문화통역사"의 경험을 강좌에서 이용할 수 있도록 도와야 한다.

3.5.4 기업의 데이터뱅크

개선된 정보제공의 조치로서 "직업교육훈련" 이라는 부서는 회사 내에 다양한 해외파견지와 상이한 업무영역으로 나뉜 데이터뱅크를 준비할 수 있다. 이 데이터뱅크는 이미 위에 언급된 정보매체 뿐 만 아니라 이미 귀국한 파견자로부터 설문 조사의 도움으로 만들어지고

---

18 "문화동화"의 고전적 모델을 Stiefel(1978, 도처)이 설명하였다.

실행될 수 있다.[19]

주민 데이터

작업정신, 생활습관, 교육 및 지식수준, 작업태도, 동기요소, 생활수준, 크기와 지배적인 가치와 행동규칙.

정치적 상황, 정부의 시스템의 안정성에 대한 데이터

권력분배, 정부시스템, 안정성, 자유와 구속, 법체계, 개발동향, 정책목표와 우선순위, "… 정치가 경제를 형성하기" 때문이다(Baliga & Baker 1985, 30). 또한 노동조합, 조직의 등급, 협회의 권력에 대한 관계.

문화 데이터

우선 식습관, 음주습관, 전통, 언어, 예술과 음악, 여가형성과 종교에서 표현가능성이 반영된다.

지리적 특징

위치, 크기, 자원, 기후 조건, 여행 매력.

건강 시스템과 사회보장에 대한 데이터

파견 직원이 의료보험과 관련하여 어떤 기반시설을 이용할 수 있

19 파견귀국자의 평가로부터 나올 수 있는 가능한 두드러진 범주는 다음과 같다. 즉, "동료 사이의 매너형식은 어떠한가?", "어떤 평가 기준에 따라 직원의 위치가 배정되는가?", "어떤 구조에서 업무가 조직되는가?(위계, 의사결정, 근무시간 배분, 팀 작업 또는 개인작업, 직원의 기술수준정도, 자격수준 등)", "동료는 작업조직에 동의하는가?(동기부여 상태)", "기업구조 어떠한 특징이 있고, 통일적인가?"

고, 어디까지 사회보장이 이루어지는지 설명되어야 한다.

"국가경험이 풍부한 사람"의 관점에서의 특수성

귀환한 직원은 특정 외국에서 자기에게 낯선 것으로 특별한 의미를 지닌 실상과 경험을 확인하거나, 개인적으로 대단히 어려움에 처하게 했던 그 국가의 특별한 속성을 기술한다. 훈련 프로그램에서는 공동으로 그와 같은 문화적 장애 극복에 관심을 기울일 수 있다. 그래서 문화적으로 낯선 환경에서 쉽게 발생하는 불확실성 과정을 사전에 저지할 수 있게 된다.

이러한 "고정 정보" 준비 외에도 파견 직원의 권익수호를 위해 파견 직원의 관심사를 대부모처럼 돌봐주고 외국파견의 종료 후 본사로 재 편입을 위해 위탁된 본사 대리자가 지정되어야 한다. 본사 대리자는 협력관계 상 파견 직원의 관심에 신경써주어야 하며, 해외파견이 종료된 후에는 본사로 재영입을 위탁해야 한다. 본사에 존재하지 않는 시간 동안에도 지속적인 권익수호는 과소평가 되지 않을 관리자의 이동 준비자세를 촉진시킨다.

참고문헌

Asgary, N. & Walle, A. H. (2002). The cultural impact of globalisation: Economic activity and social change. *Cross Cultural Management 9*(3), 58-70.

Baliga, G. M. & Baker, J. C. (1985). Multinational Corporate Policies for Expatriate Managers: Selection, Training, Evaluation. *SAM Advanced Management Journal 50*, (4), p. 30.

Batchelder, D. & Warner, E. (Eds.) (1977). *Beyond experience: The experiential approach to cross-cultural education. Brattleboro,* BT: Experiment in International Living.

Best, O. & Blättner, K. & Knotz, A. u. a. (1993). Der Euro-Manager. In H. Hardes & H. Wächter (Hrsg.), *Personalmanagement in Europa: Anforderungsprofile, Rekrutierung, Auslandsentsendung.* Wiesbaden: DUV

Bhawuk, D. P. S. & Triandis, H. C. (1996). The Role of Culture Theory in the Study of Culture and Intercultural Training. In D. Landis & R. S. Bhagat (Eds.), *Handbook of intercultural training* (2nd edition). London, New Delhi: Sage Publications.

Brewster, Ch. (1995). Effective Expatriate Training. In J. Selmer (Ed.), *Expatriate management: new ideas for international business.* Westport: Quorum Books.

Brislin, R. W. & Cushner, K. & Cherrie, C. & Yong, M. (1986). *Intercultural interactions: A practical guide.* Beverly Hills, CA: Sage Publications.

Brislin, R. W. & Yoshida, T. (1984). *Improving intercultural interactions: Modules for cross-cultural training programs.* Thousand Oaks, CA: Sage Publications.

Clackworthy, D. (1992). Training von Stammhausfach- und -führungskräften für den Auslandseinsatz. In N. Kumar & H. Hussmann (Hrsg.), *Handbuch der Internationalen Unternehmenstätigkeit.* München: Beck.

Copeland & Grigg (Kassetten, 1983, 1987). *Going International* (1983) *und Valuing Diversity* (1987), erhälten bei Copeland Griggs Productions,

302 23rd Avenue, San Francisco, CA 94121.

Djarrahzadeh, M. (1993). *Internationale Personalentwicklung - Ausländische Führungskräfte in deutschen Stammhäusern.* Wiesbaden: Deutscher Universitäts-Verlag.

Dülfer, E. (1991). *Internationales Management in unterschiedlichen Kulturbereichen.* München und Wien: Oldenbourg.

Engelhard, J. & Wonigeit, J. (1991). Euro-Manager: Veränderungen der Qualifikationsanforderungen an Manager durch die EG-Binnenmarktentwicklung. In R. Marr (Hrsg.), *Euro-strategisches Personalmanagement.* München und Mering: Hampp.

Götz, K. & Häfner, P. (2010). *Didaktische Organisation on Lehr- und Lernprozessen. Ein Lerhbuch für Schule und Erwachsenenbildung* (8., überar. Auf.). (Reihe: Grundlagen der Weiterbildung). Augsburg: Ziel Verlag.

Götz, Klaus & Iwai, I. (Hrsg.) (2000). *Entwicklung und Struktur des japanischen Managementsystems.* (Reihe: "Managementkonzepte", hrsg. von K. Götz, Band 14). München und Mering: Hampp.

Götz, K. & Bleher, N. (2006) Toward the Transnationalization of Corporate Culture. In C. Mann & K. Götz (Eds.), *Borderless Business. Managing the Far-Flung Enterprise.* (Chapter 13, pp. 295-311). Westport (USA): Praeger Publishers.

Götz, K. & Bleher, N. (2007). Zur Entwicklung transnationaler Unternehmensindentitäten in einer Weltgesellschaft. *Zeitschrift für Personalforschung,* 21(2), 118-137.

Götz, K. & Diel-Khalil, H. (1999). *Ethnologie und Organisationsentwicklung* (2. Aufl.). München und Mering: Hampp.

Govindarajan, V. & Gupta, A. K. (2001). *The quest for global dominance; Transforming global presence into global competitive advantage.* San Francisco: Jossy-Bass.

Gudykunst, W. B. (1994). *Briding differences: Effective intergroup communi-*

cation. (2nd edition). Thousand Oaks, CA: Sage Publications.

Gudykunst, W. & Guzley, R. M. & Hammer, M. R. (1996). Designing intercultural Training. In D. Landis & R. S. Bhagat (Eds.), *Handbook of intercultural training* (2nd edition). London and New Delhi: Sage Publications.

Harris, Ph. & Moran, R. T. (Eds.). (1991). *Managing Cultural Differences* (3rd edition). Houston, Texas: Gulf Publishing Company.

Hawes, F. & Kealey D. J. (1981). An empirical study of Canadian technical assistance: Adaption and effectiveness on overseas assignment. *International Journal of Intercultural Relations, 5,* pp. 239-258.

Hofstede, G. (1992). Die Bedeutung von Kultur und ihren Dimensionen im Internationalen Management. In N. Kumar & H. Haussmann (Hrsg.), *Handbuch der Internationalen Unternehmenstätigkeit.* München: Beck.

Hofstede, G. (1993). Cultural Dimensions in People Management. In V. Pucik & N. M. Tichy & C. K. Barett (Eds.). *Globalizing Management -Creating and Leading the Competitive Organisation.* New York.

Hoopes, D. & Ventura, P. (Eds.). *Intercultural sourcebook: Cross-cultural training methodologies.* Washington, DC: Society for intercultural Education, Training and Research.

House, R. J. & Hanges, P. W. & Javidan, M. & Dorfman, P. & Gupta, V. (Eds.). (2004). *Culture, Leadership, and Organization: The GLOBE Study of 62 Societies.* New York: SAGE.

House, R. & Javidan, M. & Hanges, P. & Dorfman, P (2002). Understanding cultures and implicit leadership theories across the globe: an introduction to project. *Journal of World Business.*

Kamel, A. & Teichelmann, D. (1994). *Internationaler Personaleinsatz: konzeptionelle und instrumentelle Grundlagen.* München und Wien: Oldenbourg.

Kealey, D. J. (1996). The Challenge of International Personnel Selection. In. D. Landis & R. S. Bhagat (Eds.), *Handbook of intercultural training* (2nd edition). London and New Delhi: Sage Publications.

Keller, E. (1992). Untersuchungen. In N. Kumar & H. Haussmann (Hrsg.), *Handbuch der Internationalen Unternehmenstätigkeit*. München: Beck.

Laurent, A. (1991). Relationship between Culture and Management. *Personalleiter-Gazette, 1*(2), 1.

Mann, C. & Götz, K. (Eds.). (2006). *Borderless Business. Managing the Far-Flung Enterprise*. Westport (USA): Praeger Publishers.

Murdock, G. (1971). *The Outline of cultural materials* (4th edition). New Haven, CT: Human Relationship Area Files.

Passenberger, E. & Glaum, M. (1994). Kommunikationsprobleme bei der Steuerung ausländischer Tochtergesellschaften. In E. Pausenberger (Hrsg.), *Internationalisierung von Unternehmungen - Strategien und Probleme ihrer Umsetzung*. Stuttgart: Schäffer-Poeschel.

Peuker, L. & Schmal, O. & Götz, K (2002). Interkulturelles Coaching für Expatriates im Ausland. *Personalführung, 11*, 40-47.

Porter, M. E. (2004a). *The Global Competitiveness Report 2004-2005*. New York: Palgrave MacMillan.

Porter, M. E. (2004b). *Competitive Advantage. Creating and Sustaining Superior Performance*. New York: Simon & Schuster Inc.

Pugh, D. S. (1933). Cultural differences in attitudes and values. In Th. D. Weinshall (Ed.), *Societal culture and management*. Berlin and New York: de Gruyter.

Rosenstiel, L. von (1994). Motivation durch Mitwirkung: Wege und Ziele des Lernens. In. L. M. Hofmann & E. Regnet (Hrsg.), *Innovative Weiterbildungskonzepte: Trends, Inhalte und Methoden der Personalentwicklung in Unternehmen*. Göttingen: Hofgrefe.

Stahl, G. K. (1998). *Internationaler Einsatz von Führungskräften*. München, Wien: Oldenbourg.

Stiefel, R. Th. (1978). *Internationale Managementschulung und Training für den Einsatz in fremden Ländern*. Frankfurt am Main: RKW, Schriftenreihe: Lernen und Leistung.

Thomas, A. (2003). Interkulturelle Kompetenz - Grundlagen, Probleme und Konzepte. *EWE, 14*, 1, 137-150.

Tocqueville, A. de (1959). *Über die Demokratie in Amerika* (Herausgegeben von J. P. Mayer). Frankfurt a. M., Hamburg: Fischer.

Torbiörn, I. (1982). *Living Abroad: Personal Adjustment and Personnel Policy in the Overseas Setting*. New York: Wiley.

Trompenaars, F. (1993). *Handbuch Globales Managen: Wie man kulturelle Unterschiede im Geschäftsleben versteht*. Düsseldorf, Wien, New York, Moskau: Econ.

Wirth, E. (1992). *Mitarbeiter im Auslandseinsatz: Plaung und Gestaltung*. Wiesbaden: Gabler.

이문화 경영 훈련

파견 관리자의 문제 경험 관점에 의한 이문화 훈련 필요성

위르겐 볼텐 (Jürgen Bolten)

이문화 인적자원 개발에 있어서 현재로서는 독일어권의 가장 큰 "시장"인 이문화 포털(www.interkulturelles-portal.de)의 조사에 의하면, 예측 불가능한 정도로 많은 수의 이문화 교육·훈련 기관을 접하게 된다. 이 기관들은 이문화 감수성 훈련, e-코칭, 인터넷 기반 이문화 비즈니스게임 또는 이문화 훈련, 세계 거의 모든 지역의 특정 문화에 관한 준비강좌를 제공하고 있다. 이문화 주제와 관련된 서비스의 영역은 무한한 성장세에 있는 것 같다.

그런데 분명히 더 놀라운 것은 이 기관의 제공서비스의 내용과 방법의 다양성에 대한 조사가 없다는 점이다. 지난 세기 70년대의 "문화차원"현상에 대한 연구가 여전히 대세처럼 보인다. 대략 같은 시기에 미국에서 –무엇보다도 특히 미합중국의 다문화주의 맥락에서– 개발되었던 훈련유형을 재수용하는 것도 마찬가지이다. 또 대단히 혁신적이고 목표 집단에 맞는 수많은 제공 상품 외에도 비교적 변하지 않고 수년전부터 계속해서 재생산하는 이문화 훈련 레퍼토리도 있다(Konradt & Behr 2002 참조). 트레이너들이 그들의 일상적 업무 이외에 새로운 구상을 위한 작업 시간이 없다고 변명 할 수 있을지라도, 인력개발대책에 대한 여러 면에서 요구되는 개선을 수용하는 차원에서 보면 거의 도움이 되지 않는다. 이는 그러한 재생산 활동은 지금의 목표 집단의 요구를 더 이상 충족할 수 없기 때문이다.

예컨대 관리자라는 목표 집단에 맞는 이문화 훈련을 구상하고 수행할 수 있기 위해서 그때그때의 이문화 행위맥락의 구체적인 요구와 문제와 관련된 상세한 지식이 필수적이다. 각 대책은 고유하며, 이는 참여한 사람과 관련해서만이 아니라, 전체적 구상의 세부사항에서 그렇다. 목표 집단에 대한 설명이 더 상세하게 이루어질수록, 내용과 방법 면에서 개별적인 요구사항이 고려될 수 있는 기회가 더 많아진다.

이러한 의미에서 다음에 제시되는 이문화 훈련 구상의 기틀 마련을 위한 생각은 다만 보완적인 제안으로 내놓을 수 있을 것이다. 세부적으로 다음의 –결국 포괄적인– 문제들이 설명되어야 한다.

- 파견된 관리자가 특히 어떤 문제에 자주 직면한다고 여기는가? 일본과 미국에 파견된 독일인의 사례 (Ⅰ)
- "현장에서" 실제적인 문제들을 극복할 수 있기 위해 통상적으로 "이문화 능력"이라는 개념에 포함된 지식, 역량과 기술로 충분한가? (Ⅱ)
- 현재 통용되는 훈련유형이 이러한 문제양상을 포착하고, 이 유형이 광범위한 의미에서 이문화 능력을 마련하는가? (Ⅲ)

- 다음 몇 가지 것이 계속 충족 되도록 어떻게 이문화 인력개발대책이 마련되어야 하는가? 첫째, 실질적인 이론적 요구수준, 둘째, 국제적으로 활동하는 직원들의 실제적인 요구, 셋째, 인력관리의 조직 수단들 (Ⅳ)

1

파견 관리자의 직업적, 사회적, 개인적 문제들과 관련해서 광범위한 형태의 구체적인 데이터가 아직까지 전혀 없다. 적절한 정보를 참조할 수도 있는 기업 내부의 보고는 보통 표준화되어 있지 않다. 그것이 표준화되었다 하더라도, 공공연하게 알려주지도 않을 것이 당연하다. 다른 한편으로 그 같은 문제에 대한 지식은 목표된 외국파견을 위한 효율적인 준비를 수행할 수 있기 위해서는 꼭 필요하다.

이와 관련하여 관리자의 국제적인 파견에 대한 슈탈Stahl(1998)의 연구가 공헌한 바 있는 데, 그는 처음으로 위기상황critical incident 기법에 근거한 "탐색의 과정"(Franke & Kühlmann 1985, Stahl 1998, 125)이라는 인터뷰 형식의 도움으로, 독일인 파견된 자의 문제 상황에 대한 광범위한 데이터를 조사하였다. 설문대상자는 (a) 2년까지, (b) 2년과 6년 사이, (c) 6년 이상 미국이나 일본에서 활동했던 고위층과 중간층의 관리자들이다.

원칙적으로 확인될 수 있었던 것은 파견의 문제는 위계차원이나 체류기간보다 훨씬 더 파견국가에 달려있다는 것이다(Stahl 1998, 173).

그래서 계속해서 파견된 관리자들의 "그" 문제가 화제에 오른다면 조심스럽다. 예컨대 언어/의사소통, 거래처리, 대상국가와 접촉 등의 문제유형은 미국에서 보다 일본에서 현저하게 중요한 경험으로 나타나고, 미국에서는 법적이고 관료적인 문제들이 일본에서 보다 훨씬 자주 나타난다(위 책, 171 이하). 따라서 해당하는 국가들을 차별화하지 않고 문제 실상을 제시하는 것은 방법적으로 정확하지는 않지만, 실제적인 문제 상황과 관련하여 최소한 방향설정을 위해서는 그런 식의 일반화가 적합하다. 명백한 것은 당연히 외국파견 준비대책은 바로 이런 이유로 국가나 지역 특수하게 –데이터가 있는 한– 그때그때 구체적인 문제 상황을 고려하여 구상되어져야 한다는 것이다.

미국과 일본에서 파견된 사람들의 문제유형의 빈도에 관한 슈탈에 의해 얻어진 결과를 종합하여, 체류기간 별로 그 결과를 차별화하면 다음과 같이 제시된다.

문제유형/ 예	빈도 수전체 (N=116)	2년 이하 (N=24)	2년 - 6년 (N=24)	6년 이상 (N=24)
재통합 (직업-, 개인-, 복귀문제, 미래에 대한 불안)	65%	46%	76% ↗	61% ↘
본사관계 (자율갈등, 후원부족)	60%	50%	61% ↗	63% →
인사/관리 (인력조달, -관리, -조달)	48%	50%	48% →	47% →
언어/의사소통 (이해-/ 정위문제)	47%	58%	54% →	32% ↘
현지국과 접촉 (결핍-/ 불충분한 접촉)	44%	46%	50% →	34% ↘

문제유형/ 예	빈도 수전체 (N=116)	2년 이하 (N=24)	2년 - 6년 (N=24)	6년 이상 (N=24)
작업시간/작업량 (장시간업무, 기한압박, 업무여행)	43%	25%	56% →	37% ↘
파견역할 (이익갈등, 충성도갈등, 중재역할)	39%	29%	35% ↗	50% ↗
배우자 (노동가능성부족, 고립)	38%	58%	44% ↘	16% ↘
생활수준 (여가, 거처관련, 기후)	35%	33%	37% →	34% →
업무내용/ 업무진행 (새 업무, 과다, 내부 진행)	29%	33%	30% →	26% ↘
사업거래 (접촉수립, 어긋난 사업관례)	23%	22%	22% →	26% ↗

슈탈 (1998, 157과 171)

개별적인 문제유형들이 경험되는 강도와 관련하여 두 가지 분명한 예외에 이르기까지 비슷한 순서가 결과로 나타난다. 배우자 문제는 균형에 맞지 않게 자주 특별하게 강도 높은 것으로 경험되는 한편, 현지국과의 접촉은 그 강도에 있어서 대개 참을 만한 것으로 등급이 매겨진다(위 책, 158). 문제유형의 강도에 있어서도, 빈도에 있어서도 분명한 것은 개별문제가 결코 다른 문제유형과 상호의존관계에서 벗어나는 것으로 볼 수 없다는 사실이다. 문제유형이 언어/의사소통에 의해 명백하게 나타나면, 이는 현지국과의 접촉이나 파견역할 등에 영향을 초래한다.

이문화 훈련연구 시각에서 데이터의 해석은 첫 단계로 다음 상태를 시사한다.

전체적인 문제유형은 다소간 외국에서 이문화 행위상황의 특수성과 직접 관련된 측면을 포함한다. 그러므로 파견 요인에 대해 보통 행해지는 "하드"와 "소프트"의 구분은 타당하지도 도움이 되지도 않는다. 이문화 인력개발대책은 오히려 두 영역 간의 공동작용 (그리고 실제로 구분 불가능함)을 의식적으로 주제 삼아야 하며, 이런 방식으로 통합적으로 다뤄야 한다.

- 제시된 문제유형의 소수에만 해당하는 것은 빈도와 강도에 있어 2-6년 이후에 감소되는 것이다. 뚜렷하게 많은 경우에 확인될 수 있는 것은 같은 상태에 있거나 증가하기도 하는 문제의 전염성이다. 이 때문에 파견에 앞서 이뤄지는 업무-외-조치off-the-job-Maßnahmen로서의 이문화 훈련은 충분하지 않다는 결과가 나온다. 대신에 파견기간 동안 지원 대책에 보다 더 많은 관심이 있어야한다. 적절한 수단이 –앞으로 제시될 것처럼– 현장연수Training-on-the-job와 거기에 또한 특별한 형태의 코칭도 제공한다.
- 가장 빈번하고 강도 높게 나타나는 문제유형, 즉 "재통합"과 "본사관계"는 또한 이문화 행위상황에 있어 가장 직접적이지 않은 원인으로 작용하기는 하나, 전적으로 이문화 문제(예컨대 제한된 행위 공간 때문에)를 야기 시킬 수 있는 것이다. 그래서 이문화 인력개발은 포괄적인 이문화 조직발전의 구성요소로 이해될 때만,

성공할 수 있다는 것이 당연하다(Bolten 2000; Brajer 1998; Breuer & Barmeyer 1998).

2

해당 인력개발대책을 요구에 맞게 구상하여 시장에 내놓고 수행할 수 있기 위해, 이문화 훈련연구에서, 그보다는 실습에서 더 많이 일종의 마법의 단어로서 "이문화 능력"이라는 간판을 내건다. 부분적으로는 아주 대단히 차이가 나는 개념과 상관없이 어떤 부분능력들이 이문화 능력에 들어갈 수 있느냐라는 점에서 이문화 행위관련성의 문제제기와 관련하여 일치점은 어쨌든 효과적인 예방책 마련이다. 여기서 일반적으로 두드러진 것은 비교적 명백한 예방대책이라는 생각이고, 그래서 대부분 이문화 능력은 일차적으로 위기상황을 저지하는 데 있지, 잠재적인 시너지 효과를 발전시키는 데 있지 않다는 인상을 불러일으킨다. 이에 대해서는 다음에 다시 자세히 들어가야 할 것이다.

무엇을 이문화 능력으로 제시할 수 있는지에 대한 스펙트럼 경계를 잘 구분하기 위해 결국 대개 직관적으로 설정된 실제적인 문제 상황에서 우선 관련된 대응형태를 아는 것이 필수적이다.

언급된 문제유형과 관련하여 슈탈은 자신의 인터뷰에서 파견된 독일인들이(다시 일본과 미국에서; N=966) 우선적으로 취했던 일련의 그러한 대응형태의 운용을 확인하였다. 이와 함께 문제 극복을 위한 특수한 형태의 개입의 빈도와 그때그때 상황에서 확인된 성과평가 사이의 비교는 시사 하는바가 크다.

대응형태	예	빈도 %	빈도 (등급)	성공적 대처*	성공적 대처 (등급)
문제 재평가	경시	36%	1	2,20	5 ➚
상황 통제	책임 인수	27%	2	1,92	10 ➔
정체성 보존	민족 중심주의	25%	3	0,59	16 ➘
긍정적 비교	상황 평가	24%	4	2,22	4 ➚
관용/수용	단념/감수	22%	5	0,39	17 ➘
부정적 비교	민족 중심주의	21%	6	0,10	18 ➘
도구적 도움	피드백 찾기, 위탁	20%	7	2.19	6 ➚
기대 부응	기대 변화시킴	19%	8	1.45	12 ➔
관계 구축	친목	18%	9	2.38	3 ➚
관점의 변화	감정 이입	18%	10	1,16	13 ➔
충돌 완화	절충 형성	17%	11	2,10	8 ➚
동화	규정 인수	16%	12	2,19	7 ➚
(문화-) 학습	관찰 학습	16%	13	2,76	1 ➚
미래 지향	낙관주의	15%	14	1,77	11 ➔
문제해결 행위	문제 분석	15%	15	1,95	9 ➔
자기 부하 제거	타인 전가	14%	16	0,99	14 ➘
대립	공격적 행동	13%	17	0,92	15 ➘
조직의 조치	규칙 도입	9%	18	2.43	2 ➚

* 중간치: M= 0-4; 성공적 M 〉 2,0 (➚); 불 일치: M 1,0-1,99 (➔);
성공 못함: M 〈 1 (➘)

슈탈 (1998, 183과 201)

국제적인 실무에서 가장 자주 사용되는 대응책이 가장 성공적인 것은 분명히 아니다. 반대로 여섯 가지 가장 자주 적용된 대책 가운데 "정체성 보존", "관용/수용" 그리고 "부정적 비교"라는 세 가지 가장 성공하지 못한 전략이 순위를 차지하고, 반면 가장 성공적인 세 가지 전략, 즉 "(문화)학습", '조직의 조치', "관계구축과 관계관리"는 드물게 실행되었다. 위에서 말한 문제유형과 관련하여 슈탈은 익숙하지 않은 업무내용과 업무진행 만이 실제 효과적으로 해결된다는 것을 확인한다(위 책, 208).

이문화 훈련연구를 위해 이로부터 나오는 결론은 훈련조치들이 긍정적으로 평가될 능력에 맞춰지는 것만으로는 결코 충분하지 않다는 것이다. 부정적인 전략의 결과들도 똑같이 긴급한 일로 취급되어야 한다. 다양한 문제유형 출현의 빈도와 강도에서처럼 대응형태에도 해당하는 것은 대응형태가 지역에 따라 또 파견기간과 상관없이 다양하게 실행되어야 한다는 것이다(위 책 198, 343). 이렇게 하여 파견과 함께 하는 보다 집중적인 지원, 즉 코칭을 옹호하는 것이 강조되어야 한다.

문제들의 빈도와 강도, 그리고 그 문제들의 성공적인 대응형태에 대한 이문화 경영 실무에서 나온 연구 결과를, 훈련연구와 훈련실습에서 학습목표인 "이문화 능력"과 관련시켜보면, 부분적으로 상당히 분명한 차이가 나타난다. 대단히 광범위하고 논쟁을 야기 시키는 "이문화 능력"이라는 개념에 대한 토론은 여기서 충분하게 다룰 수 없기 때문에, 그 설명은 이와 관련하여 가장 근래에 나온 불충분한 (따라서 당연히 조야한) 개요에 제한될 것이 확실하다.

"이문화 능력"의 개념(Dinges & Baldwin 1996, Benseler 2003, Rathje 2006 참조)에 대한 아주 서로 다른 내용의 상세한 설명과 상관없이 게르트센Gertsen(1990)에 의해 제안된 포괄적인 구분, 즉 이문화 능력의 정서적, 인지적, 행위관련 차원의 구분은 아직 광범위하게 수용된다. 부분능력들을 이런 차원으로 가장 자세하게 분류하는 작업을 슈튀트라인Stüdlein(1997, 154 이하)이 수행하였는데, 그러나 이 분류는 연구결과의 애매성 또한 아주 분명하게 지적하고 있으며, 언급된 특징 모두가 모든 상황에서 그리고 특수한 이문화 맥락과는 무관하게 효과가 있는 것은 아니라는 점도 지적하고 있다. 역할거리와 외국어에서의 메타의사소통기량(특히 Bolten 2000) 같은 중요하게 분류될 부분차원들이 보다 더 넓게 확장되어 이문화 능력에 대한 다음의 구조가 생겨났다.

정서적 차원	인지적 차원	행위중심 차원
• 애매함에 대한 인내 • 좌절에 대한 인내 • 스트레스 극복과 복잡성 제한 기량 • 자신감 • 유연성 • 감정이입, 역할 거리 • 편견으로부터 자유, 개방성, 관용 • 가벼운 민족중심주의 • 다른 문화에 대한 수용 / 존중 • 이문화 학습 자세	• 인지, 사고, 상념, 태도방식, 행위양식과 관련된 문화현상의 이해 • 타문화 행위 연관성의 이해 • 자문화 행위 연관성의 이해 • 상호작용 상대의 문화 차이에 대한 이해 • 이문화 의사소통과정의 특수성에 대한 이해 • 메타 의사소통 기량	• 의사소통 의지와 준비자세, 정서적 차원의 부분 특성의 주도적인 실천의 의미 • 의사소통능력 • 사회적 능력 (타문화 상호작용 상대와 관계와 신뢰를 구축할 수 있다)

이문화 능력에 대한 이전의 이해와는 달리 오늘날은 무엇보다도 두 가지 측면이 근본적으로 다른 방식에서 전망된다. *인지적 차원*에서 타문화 지식에 있었던 일방적인 무게중심이 자문화, 타문화, 상호문화 과정에 대한 지식을 동일한 관계로 보도록 바뀌었다. 훈련연구에 있어서도 이것은 여러 시각에서 새로운 방향설정을 내포한다. (a) 사실중심으로 기술하려는 생각이 (자문화 및 타문화와 관련하여) 설명의 방법으로 대체되었다. (b) 비교문화적인 관찰도 상호작용 중심으로 확장되었다, 왜냐하면 문화적 차이에 대한 지식은 이 문화의 구성원들 간에 구체적인 상호작용과정이 어떻게 진행되는지에 대해서는 여전히 아무것도 말하지 않기 때문이다.

*행위중심 차원*에 의한 *정서적인 차원*의 보충과 함께, 이문화적으로 성공적인 대응을 위해 정서적 차원에 속한 특성과 속성도 행동 및 행위에 맞게 바뀌어야 한다는 것이다. 물론 이문화 능력의 그와 같은 기술은 아주 복합적이며, 부분능력이 특히 정서적인 차원의 것이 이문화 행위를 위해 실제로 얼마나 특별한지라는 타당한 질문이 제기된다. 그래서 좌절에 대한 인내, 유연성 또는 자신감은 어디까지나 확실히 성공적인 리더십행동의 기초적인 능력에 속하는 것이다.

이문화 능력을 일반적인 행위능력과는 독립된 영역으로 이해하는 것이 방법적으로 결코 문제가 없지 않다는 것이 여기서 드러난다. 개인적, 사회적, 전문적, 전략적 능력의 상호의존적인 영역으로 이루어진, 그러면서 각각 기술된 이문화 능력의 특징과 관련된 국제적인 행위능력에 대해 말하는 것이 아마 더 의미가 있을 것이다. 그렇지 않으면 예컨대 이 최상의 전문지식이 위에서 이문화 능력으로 지칭된 것과 관련되어 실행되지 않으면, 국제적인 행위맥락에서 별 쓸모가 없다는 사실이 거의 드러나지 않는다. 그 결과는 거의 실속 없고 일상의 실무에서 중요하지 않은, 국제적 행위에서 "소프트"와 "하드" 요소를 대립시키는 것을 더할 뿐이다.

이문화 부분능력들을 국제적 행위의 전체 틀 속으로 통합하기 위해 무엇보다도 거론되는 것은 국제적 경영일상에서 나타난 문제영역과 대응전략에 대한 기술 목록들이다. 왜냐하면 '재통합', '본사와 관계'와 같은 일차적인 문제유형을 위해, 부분능력은 한편으로 현장에 파견된 사람의 상호작용 행위의 성공 또는 실패와 인과적인 관련성이 있고, 다른 한편으로 부분능력이 그 자체 직접적으로 이문화 능력의 영역에 들어갈 수 없어서 훈련으로부터 점차 사라지는 것이 마땅하기 때문이다. 몇몇의 성공적으로 등급이 매겨진 문제의 대처법과 관련해서도 비슷한 것이 해당된다. 수단보조 및 조직의 조치(예: 규칙채택)의 사용은 문헌에서 이문화 능력의 구성요소로 언급되지 않는다. 이는 오히려 일반적인 전략적 역량으로 이해되기 때문이다. 그러나 바로 이 전략들은 (예컨대 문제 재평가, 적극적 비교) 국제적 경영에서 이문화 행위의 성공을 위해 중요하다. 따라서 이것은 이문화 능력과 분리된 것으로 보아서는 안 된다.

이문화 능력의 국제적 경영행위 영역에로 그러한 통합은 전체적으로 다음과 같이 나타내진다.

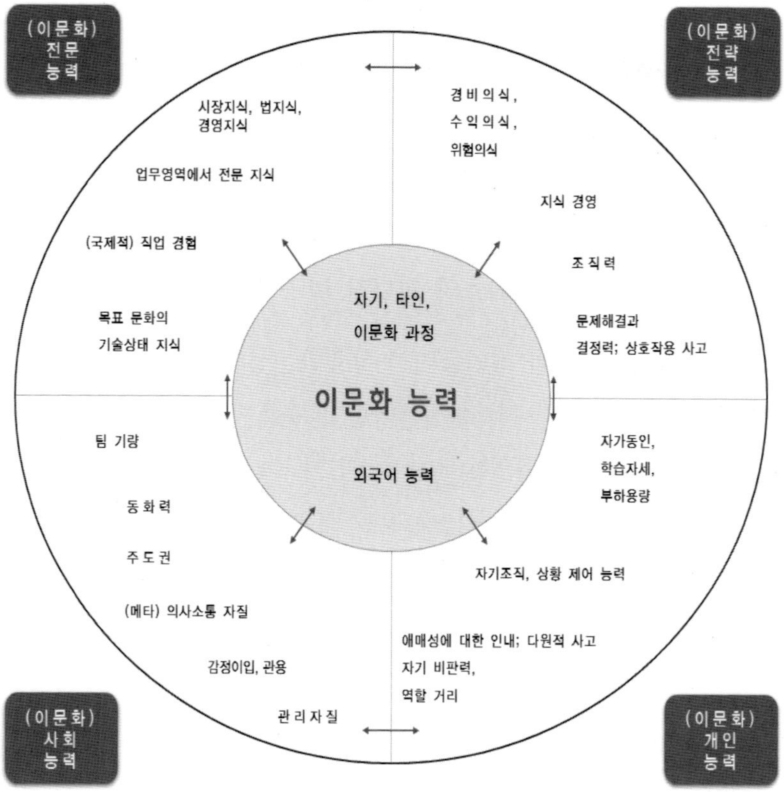

그림 1: 이문화 경영-능력 요소

외적 영역의 네 가지 능력분야가 서로 상호의존적인 것처럼 이문화 능력의 영역도 마찬가지이다. 그래서 예를 들어 전략적 능력의 문제해결은 전문적, 개인적, 사회적 능력과도 또 이문화적 부분능력과도 상호작용 안에서 이루어지고 반대도 마찬가지이다. 이런 의미에서 네 가지 외적 능력분야의 상호작용이 –항상 균형 잡혀 있는 것으로

– 업무행위의 각 형태를 만들며, 반면 본래의 이문화 행위영역으로서 원의 영역과의 역동적인 관계가 이문화 능력이라 불릴 수 있다. 그래서 일반적인 "행위능력"이 개인능력, 사회능력, 전문능력, 방법능력 외에 결코 다섯 번째의 능력으로 제시되지 않는 것처럼(Erpenbeck 2001), 이문화 능력은 아마도 이 네 가지 부분능력이 이문화 행위영역과 관계되는 한, 바로 이들의 시너지 결과이다.

행위의 성공을 위한 개인능력의 상호의존성의 중요성은 외국파견의 실패의 이유를 자세히 분석한다면 분명해진다(Kiechl & Kopper 1992, 112 이하, Warthun 1997, 116 이하, Stüdlein 1997, 91 이하). 여기서 보이는 것은, 새로운 환경에 적응부족, 비현실적 기대태도, 가족/개인의 문제, 지도력 부족이나 불충분한 본사의 이익 상환과 같은 바로 가장 높은 빈도로 나타난 실패의 원인이, 언급된 능력영역 중 어떤 하나의 부족으로 귀결될 수 없다는 것이다. 그러므로 타문화 환경에서 팀 역량은, 누군가가 전문적으로 기초된 의사결정과정을 의사소통에서 잘 이끌어서 국제적인 팀 안에서 최대의 인지적, 감성적인 수용이 이뤄진다는 의미로, 전문적, 전략적, 개인적, 사회적 능력의 성공적 상호작용을 전제한다. 외국어 지식, 지도력, 감정이입이나 타문화에 대한 지식은 특히 여기서 전제되기는 하나 –각각 그 자체– 성공으로 이어지지 않는다.

일종의 역 추론으로 이문화 인력개발대책과 훈련의 구상에 있어서 이 대책과 훈련이 (a) 이문화 능력의 정서적, 인지적, 행위관련 차원을 서로 연결시킬 수 없거나, 이것이 (b) 국제적 능력의 언급된 다른 부분영역과 상호작용을 포함하는 행위관련성에 통합시킬 수 없다면, 이 대책과 훈련은 그 학습목표의 복합성에 맞지 않는다고 여겨진다(Kiechl 1977 참조). 어떤 오해도 생기지 않기 위해, 중요한 것은 예컨대 기본적인 전략적 능력을 이문화 능력으로 교육하는 것이 아니라, 습득된 전략적 능력이 이문화 행위맥락에서 입증되거나 이것이 예컨대 그때그때 개인적, 사회적 행위역량에 효과가 없는지 아니면 얼마나 있는지와 같이, 경험할 수 있고 동시에 이해할 수 있도록 만든다는 것이다. 따라서 이문화 능력의 발전과 개선은 일상적인 국제적 경영에서 그 적용과 관련하여 그 자체로 끝나지 않고 통합적으로 이루어져야 한다.

3

이문화 훈련연구와 훈련실습에서 인지와 행위중심 방법들의 조합이 확대되어 널리 알려지고 있지만(Stüdlein 1997, 323), 훈련구조는 아직 여전히 따로 고립된 목표문화나 이문화의 개별능력의 촉진과 결합해 있다. 구디쿤스트Gudykunst, 거즐리Guzley, 햄머Hammer(1996)에 의해 제안된 이문화 훈련의 유형화에 의거하여 현재는 네 가지 훈련유형이 만들어졌다.[1]

[1] 자세한 개별적인 훈련유형에 대한 실 예들과 출처는 Gudykunst & Guzley & Hammer(1996) 참조.

문화일반 - 정보제공 훈련	특정문화 - 정보제공 훈련
• 문화 일반적 문화적응 • 이문화 의사소통 이론, 문화 인류학, 문화 비교 심리학의 세미나 • 훈련 영상 • 담화 분석에 기초된 훈련 • 사례 작업	• 특정 문화적 문화적응 • 외국어 수업 • 특정 문화권의 역사, 일상사, 가치 변화 특정 문화 세미나 • 사례 작업
긍정적: *이문화 의사소통과정의 이해와 관련된 높은 인지적 학습효과*	***긍정적:*** *단순한 기술만이 아니라, 설명이 진행되면, 특수한 문화 체계의 발전과 관련된 깊은 이해가 가능하다.*
부정적: *대부분 관리자들에 의해 너무 추상적으로 평가된 학술적 접근*	***부정적:*** *기술적이거나 사실 역사적인 진행에서 장려 및 금기로만 축소; 따라서 스테레오 타입의 강화 위험*
• 이문화 워크숍 (다문화 집단) • 시뮬레이션, 이문화 감수성을 위한 역할극 • 자기평가 설문	• 이중 문화 의사소통 워크숍 • 특정 문화의 시뮬레이션 • (법률)심리적 역할극 • 감수성 훈련
긍정적: *상호문화성이 문화적으로 섞인 집단에서 경험 가능하다.*	***긍정적:*** *훈련이 이중 문화적으로 꾸려지면, 경영 관련 이문화 행위에 대한 절반의 신빙성 있는 경험*
부정적: *시뮬레이션 등이 주로 허구이거나 참여자들에게 진지하게 받아들여지지 않는다.*	***부정적:*** *특정문화의 지식은 보통 전달되지 않는다.*

*문화일반 정보제공 훈련*은 기업에서 비교적 드물게 제공되며, 오히려 대학교육의 표준으로 분류될 수 있다. 실례로 말할 수 있는 것은 특히 이문화 의사소통 이론, 문화 인류학, 문화비교 심리학에 대한

세미나와 광범위한 사례 작업이다.

*특정문화 정보제공 훈련*은 인지적으로 방향설정이 되어 있고 독일에서는 현재 인력개발대책 차원에서 가장 자주 수행된다. 이것은 문화비교 경영연구의 성과물 위에 기초하고 있으며, 특히 리더십 스타일 특징과 일상문화의 행동규칙과 관련된 목표국가에 대한 정보들을 포함한다.

만일 이 훈련이 단순히 특정문화의 특징만 기술하면서 그 문화의 복합적인 문화역사적 연관성은 설명하지 않는다면, 이 훈련유형은 문제가 된다. 여기에 해당하는 것이 소위 네 가지 차원 모델(Hofstede 1980)에 따르는, 또 비판적 이문화 상호작용 상황의 분석에서 다항식-선택체계에 따라 우선적 해결에 제한시키는 문화-동화-연습에 따르는 설명 방식이다. 이 두 경우 모두에서 생기는 것은 스테레오 타입을 없애는 것이 아니라, 오히려 만들어내는 작용을 하는 "해야 할 것과 하지 말 것Do's & Taboos"에 설정된 처방지식이 생겨난다.

복잡한 문화적 체계 관련성과 체계 발전을 이해하기 위해 더 적당한 것은 문화를 의사소통 산물로서 이해하고, 따라서 반대로 의사소통 분석에 대해 특수한 문화유형의 특징을 개발하려는 접근이다. 개인특유의 분산 폭을 지속적으로 제외시킬 수 있기 위해 이와 관련하여 구두의 의사소통과정을 조사하는 것보다, (문화로서의) 의사소통 스타일에 대한 문화비교 분석으로 접근하는 것이 의미 있는 것으로 입증된다.

*문화일반 상호작용중심 훈련*에 들어가는 것은 문화 일반적인 문화

감수성 의식화 시뮬레이션과 "Barnga" 또는 "Bafa-Bafa"* 의 모범에 따른 역할극이다. 가상의 또 대개 아주 대립적으로 구성된 문화의 일원으로 참여자들은 이문화적인 "그 사이 끼어들기Dazwischen"를 이뤄내고 실현해야한다. 여기서 중요한 것은 감정이입, 애매함에 대한 인내, 타당성의 결핍과 마주하기 등의 정서적이고 행위중심의 학습목표이다. 그러나 부족한 현실인식과 경제의사소통 측면의 배제로 인해 그와 같은 훈련은 경영자들에 의해 전혀 받아들여지지 않는다.

*특정문화 상호작용중심 훈련*은 업무-외 훈련으로서 거기에는 파견목표국가로부터 온 사람도 있고, 파견하는 국가로부터 온 사람도 있는 참여집단이 전제된다. 이 훈련은 "감수성 훈련" 형식으로 또는 비즈니스게임에 의해 이뤄진다. 일차적 목표는 편견, 스테레오타입, 행동관습을 가지고 반대 논쟁을 하는 데 있다. 그러한 훈련은 목표문화에서 온 참여자의 부족 때문에 자문화 구성원이 해당 "역할"을 맡게 되면 역효과가 나타날 수 있다.

언급된 훈련유형 모두를 연결하는 데 있어 문제는, 그 자체로 "이문화 능력"이라는 학습목표의 복합성을 제대로 판단할 수 있는 사람이 아무도 없다는 데 있다. 앞의 두 훈련유형은 문화지식이나 이문화 행위에 대한 지식을 전달한다. 그러나 이 둘은 이문화성을 경험할 수 있게 하지 못한다. 따라서 이것은 파견될 사람의 일상과 관련해서 추상적이다. 뒤에 말한 두 훈련유형은 적당한 참여자 선택이라는 전제

---

* 'Barnga' 문화 충돌에 대한 시뮬레이션 게임이며, 'Bafa-Bafa'는 문화충격을 경험한 사람의 문제해결을 위한 면-면-학습 시뮬레이션 게임.
(http://www.stsintl.com/business/bafa.html)

에서 이문화성을 실제로 만드는 데 유용하기는 하다. 그러나 특히 파견 직원의 업무 실습과 관련해서 역할극 중심의 문화의식-세미나 여기에는 콘텐츠가 대부분 비어있다.

그에 반해 최근에 다양하게 제안된 방법들의 혼합은 개별적인 훈련 안에서 인지적이고 행위관련 차원이 조합되는 장점을 제공한다(특히 Stüdlein 1997, 323). 그러나 실제로 이런 조합은 오전-계획/ 오후-계획으로 훈련이 이뤄져서 보통 부가적이고 통합적이지 않으며, 무엇보다도 이미 전달되어진 것의 효과를 희생시킨다.

4

다언어적 비즈니스게임 맥락에서 상호작용 중심 차원과 정보전달 차원을 연결하는 통합적 이문화 훈련은 이제 발전하기 시작하였다. 그러나 지속적으로 성장하는 국제적인 합병속도와 그와 연결된 단기적인 파견결정으로 인해 업무-외 준비기간이 더 빠듯하게 할당되어질 것이기 때문에, 장기적으로 그 같은 통합적 형태는 긍정적인 반향과 벌써 충돌하는 것 같다. 기업에서는 여전히 우선순위인 외국어 수업(Scherm 1995, 173; Schrezyögg 외 1995, 86) 외에 위에 언급된 유형의 다양한 훈련을 포함하고 있는 교육을 위해서 지금은 꼭 필요한 예산된 시간도 사용하지 못한다. 통합적 훈련은 반대로 그 개발비용이 많이 들기는 하지만, 이 훈련이 바로 예컨대 다국적인 기업 비즈니스게임으로서 구상되고, 그 때문에 또한 참여자의 실제 업무분야의 전문적이고 전략적 요구에 적합하게 맞춰져 있어, 국제적인 능력의 다양한 부분 영역의 과정 중심의 통합이 가능하다는 장점을 제공한다(Bolten 2000). 중간에 이루어지는 구성원 전체 출석회의 단계는 참여자들과 공동으로 이문화 행위의 특수성과 관련하여 (영상도움으로 유용하게 수행되는) 비즈니스게임의 과정을 개괄하고, 나타난 부정적인 문제 대처전략(정체성 보존, 부정적인 비교 등등)의 의식화에 기여할 수 있다. 그밖에도 이 통합적 훈련은 비즈니스게임과 관련된 투입 면에서 특정문화의 지식과 관련된 정보전달도 들어갈 수 있는 가능성 또한 제공한다. 이 점에 있어서 능력, 방법, 목표 집단, 학습목표, 내용과 관련하여 비교적 높은 수준의 통합이 이루어진다. 높은 수준의 통합은 목표된 효율성이 상승하기 때문에 특히 업무-외 이문화 훈련을 더 잘 수용하는 데도 기여할 수 있다.

업무-외 이문화 훈련이 서술적 의미에서 통합적으로, 과정중심으로 또 직장가까이에 구성된다는 것이 전제되더라도 이 훈련은 파견현실의 복잡성을 다만 제한적으로 예상할 수 있다. 이런 이유로 *직장-내* 이문화 인력개발대책은 오늘날 거의 필수적이다. 위에서 평가된 슈탈(1998)의 연구 성과는 특히 여기서 대단히 분명하게, 직장-내에서의 국제적인 인력개발은 직접적인 관찰여행, 목표국가의 사람이나 본국 복귀자에 의한 브리핑, 이끌어주는 멘토 프로그램에 제한될 수 없다는 것을 인식시킨다(Schreyögg 외 1995, 95). 필요한 것은 오히려 한편으로는 국제적인 팀 구성에 집중되고, 다른 한편으로는 개인적인 문제상황도 인식할 수 있는 지속적인 현장 지원이다. 이것은 특히 –이미 제시된 대로– 그 가장 강한 특징이 시작이 아닌, 지속적인 파견기간

동안의 과정에서야 나타나는 문제유형(재통합, 본사와 관계, 업무시간, 업무량, 파견 역할, 사업거래)과 관련하여 의미가 있다.

이와 관련하여 유망하게 보이는 것은 이문화 코칭의 구상이다(Stüdlein 1997, 328이하; Breuer & Barmeyer 1998, Mönikheim 1998, 이 책의 Thomas & Kinast & Schroll-Machl 참조). "과정상담"이라는 개념에 포함될지도 모르는 그런 코칭에서 두 나라 또는 여러 나라의 업무집단은 이들이 일자리에서 –"이문화적이라서" 바로 그 때문에– 상호작용을 하는 동안 이문화 능력이 있는 코치에 의해 동반되며, 팀 세션의 맥락에서 적극적으로 (예컨대 비디오로 녹화된) 관찰이라는 평가 속에 편입된다.

다임러-벤츠 항공우주산업의 어떤 시범 사업 당시 코치의 아이디어가 다음과 같이 구체화되었다. "내용에 고정되지 않고, 내용에 관한 결과에 대해 책임을 질 필요가 없는 '중립적' 인물로서 이 사람은 과정차원과 이문화 차원에 집중하고, 또 필요한 경우 이런 차원도 주제화하기 위해 머리를 맑게 한다. 동시에 이를 통해 의식과정과 학습과정이 전개된다. 팀은 자기 고유의 실제 문제에서 또 문제에 의해 배우고, 그래서 그들 매일의 업무생활에서 문화적 차이의 영향에 대한 깊은 이해를 발전시킬 수 있는 기회가 있다"(Mönikheim 1998, 117).

그런 코칭방법의 장점은 명백하다. 왜냐하면 한편으로는 별도의 업무-외 이문화 훈련을 위한 시간 소비가 없거나 적어도 아주 감소되기 때문이다. 다른 한편으로는, 예컨대 e-코칭을 통해서도 아주 직접적으로 이문화의 팀 프로세스의 기능장애(Diel-Khalil & Götz 1999, 98 이하 참고)나 개인특유의 문제점에 반응할 수 있다.

이와 관련하여 아직 경험보고가 없더라도, 코치의 "중립적인" 역할은 그러나 반드시 문제가 없는 것으로 증명되지는 않을 것이다. 그래서 분명하게 제기되는 질문은, 외부관찰자가 국제적 팀에 의해 얼마나 수용되고 통합되는지, 또 그의 존재가 상황에 따라 "자연스러운" 집단의 상호작용과정에 어디까지 영향을 주지 않을 것인가라는 것이다.

이런 배경에서, 실질적으로 참여한 팀 구성원이 "이문화 능력자Intercultural Officer"(Schreier 2001)라는 의미로 스스로 이문화 코치의 능력을 달성하게 된다면, 긴 안목으로 분명히 권장할 만하다. 물론 이것은 지속적인 이문화 조직개발을 전제한다. 이 조직개발은 지금의 관리자 세대의 거의가 아직은 대체로 부가적으로만 이문화 교육내용을 접했기 때문에 그 당시에는 대부분 비전으로 간주되었다.

또한 이런 이유로 앞으로는 지금보다는 훨씬 강하게 이문화 능력에 대한 근본적인 대책이 업무 시작 *전*에 경영 후속세대의 중요한 자질 특성에 들어가야 할 것이다.

외국어 강좌, 문화-연구-세미나와 행사를 포함한 경영학 연구과정을 이문화 (경제)의사소통과 결합하거나 "경영학/이문화 경영" 또는 "이문화 경제의사소통"과 같은 독립적인 통합 연구과정을 설계하고 있는 일련의 독일 대학교와 전문대학의 활발한 노력은 이와 관련하여 중요한 기초를 마련한다(Bergmann & Bergmann 2005). 이것은 이상적인 경우 중등교육분야에서 해당 기본지식과 역량 교육이 이루어짐으로써 기초가 마련되어야 했을 것이다. 그런 전제하에서 실제로 생각해 볼 수 있는 것은 이문화 인력개발의 중심이 앞으로는 코칭과 프로세스 컨설팅과 같은 현장교육으로 바뀔 수도 있다는 점이다.

물론 그러한 변화는 단기적으로 점차 실현가능하며, 이문화 코칭 방법의 구축 외에도 더 나아가 업무-외 이문화 훈련을 제공하는 것이 여전히 전적으로 쓸모 있고 중요하게 보인다. 이것은 그러나 파견결정이라는 "불난 경우"에 국한되어서는 안 되며, 자기책임 하의 "평생학습"의 개념으로 이어져야 한다(Achtenhagen & Lempert 1999). 이와 관련하여 인력개발의 유용한 도구로서 기업 내에서 전체 관리자 차원에서 정해진 시간 안에 국제적인 인력개발대책에 참여를 "신용 포인트[=학점 은행]"로 일정한 최소치를 획득하도록 하는 (국제적인) 평생교육 증명서를 도입할 수 있다. 예컨대 목표성취의 방식에 따라 파견에 대한 결정이 좌우 될 수도 있다. 그때그때 부가된 학점 은행 차원에서 대책의 가중치에 있어 점수보다 통합훈련이 훨씬 중요시되어야 할 것이다. 그러나 점수가 적어도 그것이 각 목표 집단유형의 구체적인 문제 경험과 관련되어 구상된다면, 그것은 바로 평생학습의 의미에서 결코 포기되어서는 안 된다.

참고문헌

Achtenhagen/ Lempert 1999 = Frank Achtenhagen & Wolfgang Lempert. *Lebenslanges Lernen*. Ms. Göttingen/ Berlin 1999.

Barmeyer / Stein 1998 = Christoph Barmeyer & Volker Stein. Deutschland denkt's, Frankreich tut's? Die virtuelle Personalabteilung im Kulturvergleich. In. C. Barmeyer & J. Bolten (Hg.). *Interkulturelle Personalorganisation*. Sternenfels/ Berlin 1998, 71-106.

Benseler. u. a. 2003 = Frank Benseler u. a. (Hrsg.) Interkulturelle Kompetenz - Grundlagen, Probleme und Konzepte. In. *Erwägen, Wissen, Ethik 14*, 1, 137-228.

Bolten 1998 = Jürgen Bolten. Integrierte interkulturelle Trainings als Möglichkeit der Effizienzsteigerung und Kostensenkung in der internationalen Personalentwicklung. In. C. Barmeyer & J. Bolten (Hg.). *Interkulturelle Personalorganisation*. Sternenfels/ Berlin 1998, 157-178.

Bolten 1999 = Jürgen Bolten. *InterAct. Ein wirtschaftsbezogenes interkulturelles Planspiel für die Zielkulturen Australien, Deutschland, Frankreich, Großbritannien, Niederlande, Rußland, Spanien und USA*. Sternenfels/ Berlin 1999.

Bolten 2000 = Jürgen Bolten. Internationales Personalmanagement als interkulturelles Prozessmanagement: Perspektiven für die Personalentwicklung internationaler Unternehmungen. In: A. Clermont & W. Schmeisser (Hg.). *Personalführung und Organisation*. München 2000, 841-856.

Bolten 2006 = Jürgen Bolten. Förderung interkultureller Kompetenz durch E-Learning. In: A. Hohenstein & K. Wilbers. *Handbuch E-Learning, 16.*

Brajer 1998 = Jens Brajer. Corporate Identity und soziales Handeln. In. Christoph Barmeyer & Jürgen Bolten (Hg.). *Interkulturelle Personalorganisation*. Sternenfels/ Berlin 1998, 59-70.

Breuer/Barmeyer 1998 = Jochen P. Breuer & Christoph I. Barmeyer. Von der interkulturellen Kompetenz zur Kooperationskompetenz. Beratung und Mediation im deutschfranzösischen Management. In. Christoph Barmeyer & Jürgen Bolten (Hg.). *Interkulturelle Personalorganisation.* Sternenfels/ Berlin 1998, 179-202.

Diel-Khalil/ Götz 1999 = Helga Diel-Khalil & Klaus Götz. Ethnologie und Organisationsentwicklung. In. Dies. (Hg.). *Ethnologie und Organisations-entwicklung.* München/ Mering 1999, 85-114.

Dinges/ Baldwin 1996 = Norman G. Dinges & Kathleen D. Baldwin. Intercultural Competence. A Research Perspective. In: Dan Landis & Rabi S. Bhagat. *Handbook of Intercultural Training.* Thousand Oaks/ London/ New Delhi 1996, 106-123.

Erpenbeck 2001 = John Erpenbeck. Wissensmanagement als Kompetenzmanagement. In. G. Franke (Hg.). *Komplexität und Kompetenz. Ausgewählte Fragen der Kompetenzforschung.*

Franke/ Kühlmann 1985 = J. Franke & T. M. Kühlmann. Erkunden. Zur Handhabung einer variantenreichen Führungsaufgabe. In. *Zeitschrift für Führung und Organisation 54* (1985), 337-341.

Gertsen 1990 = M. C. Gertsen. Intercultural competence and expatriates. In. *The International Journal of Human Resource Management 1* (1990), 3, 341-362.

Gudykunst/ Guzley / Hammer 1996 = William B. Gudykunst & Ruth M. Guzley & Mitchell R. Hammer. Designing Intercultural. In: D. Landis & R. S. Bhagat, *Handbook of Intercultural Training.* Thousand Oaks/ London/ New Dehli 1996, 61-80.

Hasenstab 1998 = Michael Hasenstab. *Interkulturelles Management.* Sternenfels/ Berlin 1998.

Herzog/ Peña 2002 =Julia Herzug & Jorge Peña. Personalentwicklung mittelständischer Unternehmen für internationale Märkte. Ein computergestütztes interkulturelles Assessment Center. In. *www.interculture-online 1* (2001), 2.

Hofstede 1980 = Geert Hofstede. *Culture's Consequences.* Beverly Hills 1980.

Horsch 1996 = Jürgen Horsch. Reif fürs Ausland? In: *Personalwirtschaft 7/*

1996, 22-24.

Kiechl 1997 = Rolf Kiechl. Interkulturelle Kompetenz. In. E. Kopper & R. Kiechl (Hg.). *Globalisierung: von der Vision zur Praxis.* Zürich 1997.

Kiechl/ Kopper 1992 = R. Kiechl & E. Kopper. Führungskräfte in fremden Kulturen. In: Strutz & Wiedemann (Hg.). *Internationales Personalmarketing.* Wiesbaden 1992, 111-123.

Konradt/ Behr 2002 =Udo Konradt & Blanka Behr. Interkulturelle Managementtrainings. Eine Bestandsaufnahme von Konzepten, Methoden und Modalitäten in der Praxis. In. *Zs. für Sozialpsychologie 33* (2002), 197-207.

Kühlmann 2004 = Torsten M. Kühlmann. *Auslandseinsatz von Mitarbeitern.* Göttingen u. a. 2004.

Lüsebrink 2005 = Hans-Jürgen Lüsebrink. *Interkulturelle Kommunikation.* Stuttgart 2005.

Mönikheim 1998 = Sabine Mönikheim. Die Entwicklung des interkulturellen Managements am Beispiel der Dasa. In. C. Barmeyer & J. Bolten (Hg.). *Interkulturelle Personalorganisation.* Sternenfels/ Berlin 1998, 107-122.

Müller-Jacquier 2000 = Bernd Müller-Jacquier. Linguistic Awareness of Cultures. Grundlagen eines Trainingsmoduls. In. J. Bolten (Hg.). *Studien zur internationalen Unternehmenskommunikation.* Waldsteinberg, 30-49.

Podsiadlowski/ Spieß 1996 = Astrid Podiadlowski & Erika Spieß. Zur Evaluation eines interkulturellen Trainings in einem deutschen Großunternehmen. In. *Zeitschrift für Personalwesen 1/96*, 48-66.

Rathje 2006 = Stefanie Rathje. Interkulturelle Kompetenz - Zustand und Zukunft eines umstrittenen Konzepts. In. *Zeitschrift für interkulturellen Fremdsprachenunterricht.* 1, 2006.

Scherm 1995 = Ewald Scherm: *Internationales Personalmanagement.* München/ Wien 1995.

Schmeisser 1999 = Wilhelm Schmeisser. Oualifizierung zur Erreichung interkultureller Kompetenz im Rahmen eines internationalen Management Training Programms. In. Helmut K. Geißner u. a. (Hg.). *Wirt-*

schaftskommunikation in Europa. Tostedt 1999, 227-247.

Schreier 2001 = Claus Schreier. *Kulturelle Integration grenzüberschreitender Akquisitionen*. Osnabrück. 2001

Schreyögg/ Oechsler/ Wächter 1995 = Georg Schreyögg & Walter A. Oechsler & Hartmut Wächter. *Managing in a European Context*. Wiesbaden 1995.

Stahl 1998 = Günter Stahl. *Internationaler Einsatz von Führungskräften*. München/ Wien 1998.

Stüdlein 1997 = Yvonne Stüdlein. *Management von Kulturunterschieden: Phasenkonzept für internationale strategische Allianzen*. Wiesbaden 1997.

Thomas/ Hagemann 1992 = Alexander Thomas & Katja Hagemann. Training interkultureller Kompetenz. In. N. Bergemann & A. L. J. Sourisseaux. *Interkulturelles Management*. Heidelberg 1992, 173-199.

Thomas/ Kinast / Schroll-Machl 2003 = Alexander Thomas & E.-U. Kinast & S. Schroll-Machl (Hrsg.). *Handbuch interkulturelle Kommunikation und Kooperation*. 2 Bände. Göttingen 2003.

Warthun 1997 = Nicole Warthun. *Zur Bedeutung von interkultureller Kommunikation für ein deutsches Industrieunternehmen. Eine Untersuchung zu den Erfahrungen von Mitarbeitern der Thyssen Stahl AG mit interkultureller Kommunikation*. Bochum 1997.

Weber 1997 = Susanne Weber. Zur Notwendigkeit des interkulturellen Lernens in der Wirtschaftspädagogik. In: *Zs. F. Berufs- und Wirtschaftspädagogik 93*, 1997, 30-47.

Winter 1994 = Gerhard Winter. Trainingskonzepte auf dem Prüfstand: Theoriebezug, Ethik, Evaluation. In. Institut für Auslandsbeziehungen (Hg.). *Interkulturelle Kommunikation und interkulturelle Trainings*. Stuttgart 1994.

Wirth 1992 = Ekkehard Wirth. *Mitarbeiter im Auslandseinsatz*. Wiesbaden 1992.

이문화 경영 훈련을 위한 하이퍼미디어 학습체계

우도 콘라트 (Udo Konradt)

1. 글로벌 경영인

현재 시장의 세계화는 많은 기업에게 새로운 과제를 부여한다. 합병과 전략적 연합을 통해 계속해서 더 많은 기업과 세계시장에서 공동으로 연합하여 대응하는 기업연합이 생겨난다. 이러한 경향은 정보기술을 통해 더욱 가속화된다. 기업을 초월하는 잠재적 업무집단과 잠재적 기업의 생성을 위한 조건을 만드는 것이 인터넷이다. 이 잠재적인 업무집단과 기업은 일정기간 함께 일하며, 그 구성원은 대개 다양한 국적의 사람들이다. 전문가와 경영자의 시각에서 이는 다른 문화 출신의 하청업자, 고객, 손님과 협력할 수 있어야한다는 것을 의미한다. 요약하면 글로벌 경영인에게 다음과 같은 요구들이 있다.

- 가장 중요한 세 지역 시장(유럽, 북미, 아시아)에 정통한다.
- 문화를 동일한 인간의 기본경험의 다양한 표현으로 이해한다.
- 자신의 문화유산을 잊지 않고, 다양한 환경에 적응하며 그 안에

서 자기 길을 찾을 수 있다.

- 다른 문화 사람들과 만남에서 차이를 이해하고 고려한다.
- 고유의 가치와 행위방식을 점검하고 경우에 따라 변화시킬 수 있다.
- 자신을 세계시민으로 이해하고 삶의 기회와 출발상태를 개선하는 데 협력한다(Schlick 1989 참조).

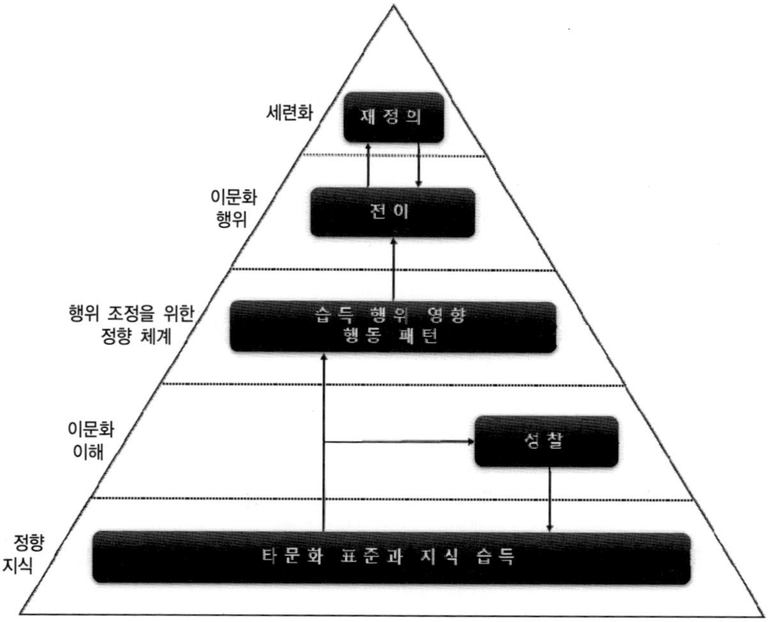

그림 1: 이문화 훈련의 학습 목표 피라미드

이러한 요구를 충족시키기 위해 좁은 의미의 *전문능력* 이외에 우선 *이문화 능력*(Spieß 1997 참조)이 중요하다. 여기에 들어가는 것이 역량과 준비자세이다.

- 낯선 문화에 대한 지식에 정통하기,
- 낯선 문화의 입장에서 생각하기,
- 자기 문화의 특징을 성찰하기.

그러므로 체계적인 인력개발 기획의 맥락에서 국제적인 파견을 위한 매니저를 선택할 때 사회적 환경이 고려된다. 손꼽히는 대기업 인사부의 설문조사가 밝힌 것은 전략적인 의식과 새로운 상황에 적응하는 능력 외에 타문화에 대한 감수성과 국제적인 팀에서 일하는 능력이 매니저를 국제적으로 파견하는 데 필요한 주요한 특징이다(Barham & Oates 1991). 이문화 능력의 진단을 위한 방법들이 이미 주어져 있다(Twisk 1995; Deller 1996).

그러나 동시에 글로벌 팀의 연구가 보여주는 것은 이러한 요구가 실제 일련의 문제와 결합되어 있다(Hofner Saphiere 1996). 글로벌 매니저들이 다문화적 시각을 정확하게 이해하지 못하고, 문화적 차이의 극복을 그들의 임무로 파악하지 않고, 다른 구성원(*bridge people: 중재자*)의 업무로 이해한다는 것이다. 이문화 팀에서 활동하는 사람들이 수용할 수 있는 기능과 역할도 전혀 구별되지 않기도 한다. 그러므로 인물선택 외에 이문화 능력을 갖추는 것이 인력개발의 두 번째 기둥으로 나타난다.

2. 이문화 학습 모델

토마스에 따르면 이문화 학습은 항상 “어떤 사람이 타문화의 사람과 접촉하기 위해 타문화의 인식, 사고, 가치 및 행위의 특별한 정향체계를 이해하며, 자기 고유의 정향체계 안으로 통합하여, 낯선 문화의 행위영역에서 자기의 생각과 행위에 적용하려고 노력할 때”(1994, 3) 이루어진다. 그래서 이문화 학습은 낯선 문화의 인지-, 사고-, 행위의 틀을 얻고자하고, 자기 고유의 정향체계의 성찰을 추구한다. 즉, 행동에 효과적인 행위의 틀을 얻고, 습득된 능력을 새로운 상황으로 바꾸는 데 목표가 있다.

> 정향개념에 대해 통일되고 정확한 정의가 없을지라도(정향개념 논쟁은 Dadder 1987 참조) 그에 관해 이미 중요한 정향의 구조적 특징이 나타난다.

그림 1에서 이문화 학습의 단계모델이 제시되었다. *타문화 지식습득* (1 단계)에 기여하는 첫 단계에서 언어, 표현, 습관 같은 일반적인 정향지식의 습득이 시작된다. 그것은 관리자에게 한편으로 타문화의 환경에 익숙하게 만들고, 다른 한편, 이어지는 *성찰의 단계* (2 단계) 준비에 도움이 된다. 성찰국면의 과제는 기존의 타문화 이해를 새롭게 평가하게 하고, 자문화의 사회화와 자문화의 인식패턴을 상대화시키는 데 있다. 목표는 역사적 발전, 생활방식, 세계관, 인간관의 배경에 앞서 이문화 이해에 도달하는 것이다. 이어지는 국면, 효과적인 행위의 *행동패턴* (3 단계)에서는 구체적인 행동양식의 습득이 매우 중요하다. 이 단계는 낯선 문화 환경에서 행위조정을 위한 정향체계 발

전을 목표하며, 실용 즉 *전이 단계*(4 단계)를 위한 직접적인 준비이다. 이 단계에서는 네 가지 목표가 이뤄져야한다(Stiefel, 1976 참조). 우선 업무현장에서 구체적인 문제들을 해결하는 것이다. 둘째, 업무현장에서 문제해결이 도입되고 처리방식이 시험된다. 세 번째 목표는 부서의 다른 동료직원들에게 문제해결을 전달하는 데 있다. 넷째 목표는 스스로 계획한 학습을 통해 현장의 새로운 문제를 해결하는 데 있다. 다음에 오는 것은 행위양식의 *재정립* (5 단계)의 형태로 실제적인 이문화 행위의 결과로서 점진적인 개선과 변화를 나타내는 적응이다.

이문화 훈련이 이런 이상적인 유형으로 완벽하게 이루어지는 것이 드물다. 세 가지의 제약이 언급되어야 한다. 첫째, 이문화 훈련을 통해 항상 보통 기존 가치체계의 변화가 의도되는 것은 아니다. 모기업은 특정한 시장 및 지리적 위치에서 자문화 이해의 요소를 수출하고, 경우에 따라서 훈련방법을 자민족중심주의로 해석하는 데 관심이 있을 수 있다(표 1 참조). 이것은 학습단계 모델의 맥락에서 첫 번째 국면을 통해 드러날 수 있다.

본국 중심 매니저	… 타문화를 열등한 것으로 본다. 모국에서 성공적으로 사용된 생산품, 직무수행, 절차방식이 세계적으로 수출되어야 한다는 것이다. 지배적인 태도가 특징.
현지 중심 매니저	… 문화적 차이에 예민하지만 그 차이를 극복할 수 없다. 자기나라 사람으로 지사를 만들고자 노력한다. 자유방임주의 태도가 특징.
세계 중심 매니저	… 문화적 차이를 터득했으며 특정문화의 기술과 운영방식을 이용 할 수 있다. 활발하고 중재적인 태도가 특징.

표 1: 매니저의 가치관 유형 (Zucha 1995, 236이하를 변형함)

둘째, 이문화 훈련의 실습은 우선 기존의 업무 및 비용 압력 때문에 프로세스 컨설팅을 예견하는 고급과정의 훈련단계를 포기한다. 결국 계속교육에서 얻은 지식을 업무현장에서 이용하는 것이 항상 보장되는 것은 아니다. 전통적인 계속교육에서 전달된 내용이 실제 문제와 거의 연결되지 않고 너무 일반적으로 제공되기 때문에(Beitinger & Mandl, 1992) 전이가 자주 이루어지지 않는다. 직원의 자기책임이 강화되고, 그래서 업무와 역량과의 분리가 부분적으로 극복됨으로써 이러한 장애를 없애려는 도전은 지속된다.

3. 하이퍼미디어 학습체계

컴퓨터 지원 학습체계는 꽤 오랜 전부터 기업의 계속교육에 투입되었다. 훈련도구로서 컴퓨터의 투입형태는 온라인-지원, 학습 프로그램, 개별지도 체계, 시뮬레이션, 문제해결 체계이다. 컴퓨터 지원 학습체계의 특수한 형식의 하나는 하이퍼미디어 학습체계로 나타난다. 이것은 그 체계의 정보단위들(텍스트, 그림, 애니메이션, 비디오클립)이 선적인 형식이 아니라 하이퍼링크를 통해 서로 결합되어 있는 체계를 말한다.

기업의 계속교육에서 멀티미디어 학습체계를 위한 많은 예들이 있다(Götz & Tschacher 1995; Friedrich 외 1997; Tenbusch & Hohenstein 1997; Schwarzer 1998; Konradt 외 1998). 컴퓨터기반 훈련이라는 이전 형식과 달리 하이퍼미디어 학습체계는 이용자들이 정보들의 비선적인 조직을 통해 학습과정의 개별화와 자기조정을 할 수 있도록 만든다. 학습자에게 동기를 부여하고, 학습 자료를 충분히 검토하고, 개인에게 적합한 해결방식을 찾아내고 또 학습 진전을 스스로 조정할 수 있게 하는 목표가 하이퍼미디어 학습체계를 통해 뒷받침되어야 한다.

하이퍼미디어 학습체계는 –다른 훈련형태처럼– 다양한 관점에서 분류될 수 있다. 이문화 훈련과 관련하여 몇 가지 관점이 다음과 같이 제시된다.

- *내용상의 구분.* 문화일반 대 특정문화의 훈련투입에서 차이가 있다. 문화일반적인 투입은 문화적 차이를 민감하게 하는 데 목표를 둔다. 특정문화와 관련된 투입은 반대로 특정한 문화의 관습, 가치, 해석의 틀을 지향한다.
- *학습목표.* 이문화 프로그램은 인지적, 정서적, 행위의 목표를 내포할 수 있다. 인지적 학습목표는 지식과 이문화적 역량과 기술의 개발을 추구한다. 정서적 목표에 해당하는 것은 생각, 가치, 관심의 변화이다. 행위목표는 궁극적으로 행위방식과 행동 틀의 개발에 맞춰진다.
- *훈련의 시점.* 훈련은 외국파견 전이나 파견기간 동안 수행될 수 있다. 이문화 훈련의 대부분이 준비와 관계가 있는 반면, 프로세스 컨설팅은 파견기간 동안 특히 발생하는 오해와 갈등을 동반하는 교류와 관련하여 투입과정에서 관리자에 의한 지원도 포함한다.
- *업무현장의 근접성.* 훈련은 업무장소의 인접성에 따라서 세 가지 형태를 생각할 수 있다. 업무현장과 떨어진 훈련(*off the job*)은 특히

워크숍, 시뮬레이션 게임, 강연 등이며, 업무현장과 가까운 훈련(*near the job*)은 서클활동, 학습사이트 또는 프로젝트 그룹의 형식으로 실현될 수 있다. 완전히 업무현장에 통합된(*on the job*) 훈련 방법은 코칭과 멘토링이다.

- *개별대처 대 집단대처.* 훈련대책은 개인 또는 집단으로 수행될 수 있다. 후자는 다시금 단일문화 또는 다문화 구성일 수 있다. 나중에는 다문화로 구성되는, 우선은 단일문화 학습 집단 간의 혼합형태도 있다(Clackworthy 1996 참조).

그밖에 하이퍼미디어 학습체계는 표 2에서 능력, 학습조직, 교육인력, 학습현장 위치에 따라 구분되는 특징을 제시한다.

특징	기술개요	하이퍼미디어 학습체계
추구되는 능력	학습목표와 학습향상	• 행위지식 • 이미 배운 것의 보충 재생 • 직업적인 전이의 촉진
학습조직	학습원칙과 학습형태	• 케이스 중심의 학습 • 업무현장에 가까운 학습 • 필요 중심의 학습
미디어와 도구	학습과정의 지원	• 하이퍼미디어 학습체계
교육인력	협동학습 학습장소 조합	• 동료들과/또는 훈련된 트레이너에 의한 경험지식의 보급
학습현장의 위치	공간적-장소적 위치	• 분산된 교육장소 • 시간에 종속되지 않음 • 이동식 학습장소

표 2: 하이퍼미디어 학습체계의 특징과 기술

하이퍼미디어 학습체계로서 아래에 종합적으로 일컬어진 수많은 장점이 제시될 수 있다.

- *준비의 개선.* 참여자들 간에 비교할 수 있는 지식을 얻기 위해 행동중심의 훈련을 준비시키는 교육 자료가 교육에 앞서 만들어질 수 있다. 여기서 문서 자료에 비해 멀티미디어 자료의 인센티브 가치가 높다.
- *학습동기의 상승.* 학습준비 태세와 참여 동기는 준비조치의 의미가 분명해짐으로써 상승될 수 있다. 이는 특히 파견실습의 관점에서 중요하며, 파견결정과 출국과의 사이가 보통 다만 6주에서 12주임을 나타낸다(Bittner 1996 참조). 이 기간에 추가적으로 모기업에서 착수된 수많은 과정들이 해결되어야 한다.
- *용이한 학습조건.* 외국에서 직원들이 자주 시간과 성공에 대한 심한 압박에 놓이기 때문에 여러 곳으로 분산된 그리고 (이동하는) 파견지에서 자체 개최되는 직장-내의 훈련방식이 제공된다.
- *직접적인 피드백.* 학습자는 지식과 사례연구에 있어 자신의 학습 발달에 대한 피드백을 계속해서 받으며, 특히 학습결손을 처리할 수 있다.
- *사례중심의 학습.* 타문화의 생각, 가치, 규범에 대한 전달이 진정성 있고, 상황에 민감하고, 방법과 내용에 있어서 직업적 일상의 실제적 상황이 중심이 된 학습과제 안에서 이루어질 수 있다.
- *관점의 전환.* 학습자의 인지적 유연성은 하나의 사태가 여러 관

점에서 기술됨으로써 촉진될 수 있다. 문제파악에 있어 대안적인 절차와 가능성을 제공함으로써 개별적인 견해에도 기회가 주어진다.

- *훈련자료의 구성.* 훈련방식의 교수법적이고 내용적인 구상을 위한 학습체계에서 아이디어 풀은 유용하다. 여기서 갈등상황의 특징이 파악될 수 있고, 나중에 훈련에서 재구성될 수 있다. 이것은 명백하고 믿음직한 연습과제를 개발하는 데 도움이 되기도 한다.
- *개인적인 학습플랫폼.* 하이퍼미디어 학습체계는 사용자가 추가하는 주석을 통해 확장될 수 있고, 그것을 통해 부가적으로 개별화된다. 그래서 개인적인 전제와 경험과 조화된 지식과 경험기반이 마련된다.

4. 구성주의적 학습방법

훈련방식의 구성은 행동주의적, 인지적, 사회적 학습이론이 편입되는 학습의 기본전제와 관련되어 나타난다. 특히 하이퍼미디어 학습체계와 관련하여 중요한 어떤 출발점을 구성주의적 학습방법이 제시한다. 다음에서 두 가지 구성주의적 방식, 즉 인지적 도제-접근방식과 인지적 정착-접근방식이 간단하게 제시되고 하이퍼미디어 학습체계의 구성과 관련된다.

인지적 도제-방식(Collins & Brown & Newmann 1989)은 일단계의 직업교

육에 기반하고 있으며 지적 작업으로 옮겨졌다. 우선 학습자는 전문가에 의해서 제공된 과제해결에 대한 개념모델을 형성한다(모델링). 이어서 학습자는 구체적이고 현실적인 과제를 모방을 통해 해결해야한다. 인지적 도제이론의 맥락에서 학습체계의 과제는 지속적으로 학습이 향상됨에 따라 특히 원조, 피드백, 권고를 통한 지원이 감소되거나 없어질 수 있는 그런 과제와 관련이 있다.

인지적 정착-방식(Bransford 외 1990)은 하나의 학습형태로 처음에 학습자의 관심과 문제에 대한 이해를 일깨워야하는 고정된 사례, 과제제시 또는 문제 상황을 미리 고려한다. 또한 이 사례는 고도의 복합성과 확실성을 제시해야하며, 가능하면 실제에 가깝게 또 양적으로 충분하게 서로 다른 문제의 관점을 제시해야 한다.

학습체계의 구성을 위해 구성주의 시각에서 실현될 수 있는 일련의 원칙들이 있다(Friedrich 외 1997).

- *확실성.* 학습경험은 본질과 응용과 관련하여 직접적으로 이해되어야 한다.
- *상황성.* 학습자는 응용맥락을 분명하게 보여주는 상태에 있어야 한다.
- *다중 맥락.* 습득된 지식을 새로운 맥락으로 응용하는 가능성. 학습체계는 서로 다른 응용 상황을 제시해야 할 것이다.
- *다중 전망.* 서로 다른 시각과 역할이 수용되어야 한다. 학습체계는 서로 다른 관점에서 나오는 사실들을 서술하고 검토하도록

해야 할 것이다.

- *사회적 접촉.* 학습상황이 사회적 접촉과 학습자와 교수자간의 접촉을 허용해야 할 것이다.

이밖에도 학습체계의 구축에 있어 목표 집단의 요구가 고려되어야 한다. 학습자는 자신의 개인적 역량, 동기, 관심, 관점, 목표를 구분하고, 학습체계에 대처하기 위한 다양한 전제가 있다.

5. 응용 사례들

현 시점에서는 이문화 경영을 위한 하이퍼미디어 학습체계가 거의 없다. 그러나 본보기로 두 가지 체계에 대한 개략적인 설명이 있어야 한다.

이문화 의사소통과 EU의 혁신프로그램의 향상을 위한 상호작용 학습프로그램 "문화경계를 관통하는 혁신"(Innovation across Cultural Borders, ICB)이 개발되었다(Krewer 1966). 이것은 국가를 초월하는 프로젝트 팀에서 경영방식의 문화적 차이를 개별 팀 구성원에게 의식시키고, 집단 구성원의 팀 능력을 개발하고 배우며, 이러한 차이들을 다루고, 서로 다른 문화적 배경을 가진 파트너 간의 상호 이해 개선을 추구한다.

ICB는 모듈로 구축되어 있고, 전체 세 가지 모듈을 포함한다. 모듈 1은 각각 네 가지 이유 중 하나가 선택되어질 여섯 가지 사례("위기상황")를 포함하고 있다. 훈련 프로그램은 이어서 선택된 대안에 해당하는 가능성을 재현한다. 모듈 2는 열 두 개의 딜레마에 의해 처리되는 관리스타일(일반규칙 대 예외들; 개인의 행동 자유공간의 선호 대 집단동의; 전통지향 대 미래지향)을 다룬다. 모듈 3에서는 30개-질문-테스트에 의거해 개인의 관리프로필에 대한 자기 테스트가 수행된다. ICB는 통상적인 그림 자료와 텍스트자료를 사용한다.

HyperFür©는 관리자들의 직업적인 재교육 및 계속교육을 위한 목표 중심적인 관리를 위한 상호작용, 멀티미디어 학습프로그램이다(Konradt 외 1998). 이것은 여덟 개의 모듈, 즉 우선 (1) 목표, 구축, 상호작용 형식에 대한 2 개의 도입 모듈, (2) 3개의 학습모듈(기초, 응용조건, 기술), (3) 지식확인과 전이(지식테스트와 사례모음)의 2개 모듈, (4) 심화와 추가적인 자체연구를 위한 훈련자료의 1개의 모듈로 구성되어 있다. 1에서 3까지의 학습모듈은 비슷한 구성이다. 내용과 학습목표를 작성한 다음에 사실지식과 응용지식의 제시가 구두 및 문어 텍스트, 애니메이션, 그래픽과 비디오연속물의 형태로 뒤따른다. 이 토대 위에 현재에 교차 문화 훈련 (HyperCCT©)이 스스로 진행하는 계속교육 구조의 지원으로 발전되고 대체된다.

6. 하이퍼미디어 학습체계의 평가

학문적 시각에서는 최소한 현재 하이퍼미디어 학습체계의 효과 평가가 개발사례와 비슷하게 부족한 것으로 나타난다. 평가가 어려운 것은 하이퍼미디어 학습체계의 효용이 근본적으로 파악될 수 없어서가 아니라, 업무와 특수한 학습조건은 대안적인 학습형태의 경비와 이익 측면이 포함되어 파악되어야 한다는 것 때문이다(Schulmeister, 1996). 몇 안 되는 예외를 제외하고 지금까지 실제적인 투입에서 효과 분석에 대한 특별한 연구가 대학현장 밖에서는 부족하다. 현재는 증언들이 일차적으로 이용하는 사람들의 인정에 국한되어 있다. 그러나 그 인정에는 수많은 개별 경험들이 –실습에서도– 있다.

컴퓨터지원 학습의 이용에 대한 보고의 예가 (주)다임러-벤츠(Götz & Tschacher 1995)에서 컴퓨터지원의 학습형태가 직원들에 의해 의미 있는 교육 형태로 인정된 것을 보여주었다. 여기서 특별한 의미가 부여되는 것은 사용자들 사이에서 상호활동성, 다중매체특성, 개인적인 욕구에 대한 적응성이다.

관리자개발에서 상호작용 자가 학습프로그램인 "교환 경영"과 그 밖의 다중매체 도구를 사용한 BMW(주)의 경험도 긍정적이다(Herman, 1996). 블룸스텡엘Blumstengel(1998)은 하이퍼미디어 학습체계를 운용 연구[=오퍼레이션 리서치]로 발전시켰다. 그러나 이 체제는 대학에서의 교육으로 제한되었다.

우편 사무직원의 컴퓨터지원의 협력 학습에 대한 연구에서 슈트리트마터Strittmatter 외(1994)는 사용자들의 높은 호응을 증명하였다. 괴츠Götz와 차허Tschacher(1995)와 마찬가지로 실험적인 연구들도 새로운 정보매체는 무엇보다도 먼저 그 정보내용과 개인적 입장에서 그 주제의 중요성에 견주어 평가된다는 것을 보여준다(Hasebrook & Wagner 1997). 이차적으로 중요한 것은 멀티미디어의 기술형식이다.

이미 언급된 목표중심 관리를 위한 훈련 체계 –HyperFür©– 는 실험실 연구에서 테스트되었다. 60명의 미래 관리자와 함께 한 프로그램에 대한 광범위한 실험적 평가는, 이 프로그램이 증명할 수 있는 학습 성과로 이어지는가, 사용자에게 관심과 학습동기를 일깨우는가, 어떤 특별한 상호행위 형태와 정보제공이 사용자들에 의해 우선적으로 이용되는가, 사용설명서가 즉각적이고 쉽게 배울 수 있는 것으로 평가되는가라는 질문을 다루었다. 보여준 것은 분명한 학습 성취가 있었고, 학습자의 수용과 동기가 높았다는 것이다.

하이퍼미디어 학습체계는 전통적인 세미나방식을 지속적으로는 대체할 수 없으나 장래에는 특히 준비단계와 전이국면에서 기업의 계속교육에서 확실한 위치를 차지할 것이다. 비즈니스 텔레비전과 가상현실과 관련하여 화상회의의 점진적 보급과 이용 추세에서 컴퓨터기반의 계속교육 방식의 이용은 증가할 것이다.

참고문헌

Barham, K. & Oates, D. (1991). *The International Manager*. London: The Economist Books.

Beitinger, G. & Mandl, H. (1992). *Konzeption und Entwicklung eines Medienbausteins zur Förderung des selbstgesteuerten Lernens im Rahmen der betrieblichen Weiterbildung*. Forschungsbericht Nr. 8 des Lehrstuhls für Empirische Pädagogik und Pädagogische Psychologie der LMU, München.

Bittner, A. (1996). Psychologische Aspekte der Vorbereitung und des Trainings von Fach- und Führungskräften auf einen Auslandseinsatz. In A. Thomas (Hrsg.). *Psychologie lnterkulturellen Handelns* (S. 316-339). Göttingen: Hogrefe.

Blumstengel, A. (1998). *Entwicklung hypermedialer Lernsysteme*. Berlin: Wissenschaftlicher Verlag.

Bransford, J. D. & Sherwood, R. D. & Hasselbring, T. S. & Kinzer, C. K. & Williams, S.M. (1990). Anchored instruction: Why we need it and how technology can help. In D. Nix & R. Spiro (Eds.). *Cognition, Education and Multimedia: Exploring Ideas in High Technology* (S.115-142). Hillsdale NJ: Erlbaum.

Clackworthy, D. (1996). Training germans and americans in conflict management. In M. Berger (Hrsg.). *Cross-Cultural Team Building* (S. 91-100). London: McGraw-Hill.

Cushner, K. & Brislin, R.W. (1996). *Intercultural Interactions. A Practical Guide (2nd Ed.)*. Thousand Oaks: Sage.

Collins, A. & Brown, J.S. & Newmann, S.E. (1989). Cognitive apprenticeship: Teaching the crafts of reading, writing and mathematics. In L. B. Resnick (Ed.). *Knowing, Learning and Instruction* (S. 452-494). Hillsdale NJ: Erlbaum.

Dadder, R. (1987). *Interkulturelle Orientierung. Analyse ausgewählter interkultureller Trainingsprogramme*. Saarbrücken: Breitenbach.

Deller, J. (1996). Interkulturelle Eigungsdiagnostik. In A. Thomas (Hrsg.). *Psychologie Interkulturellen Handelns* (S. 283-316). Göttingen, Hogrefe.

Friedrich, H. F. & Eigler, G. & Mandl, H. & Schnotz, W. & Schott, F. & Seel, N. M. (Hrsg.) (1997). *Multimediale Lernumgebungen in der betrieblichen Weiterbildung*. Neuwied: Luchterhand.

Götz, K. & Tschacher, W. (1995). *Interaktive Medien im Betrieb.* Weinheim: Deutscher Studien Verlag.

Hasebrook, J. P. & Wagner, J. (1997). Subjektive Bewertung von gedruckten und elektronischen Medien zur Berufsorientierung. *Medienpsychologie, 9,* 89-104.

Herrmann, N. (1996). Erfahrungen mit dem Einsatz multimedialer Instrumente in der Führungskräfteentwicklung. *Personalführung, 11,* 938-941.

Hofner Saphire, D. M. (1996). Productive behaviors of global business teams. *International Journal of Intercultural Relations, 20,* 227-259.

Konradt, U. (1999). *Hyper Cross Cultural Training (HyperCCT) - Ein multimedial-unterstütztes Weiterbildungskonzept zur Entwicklung unternehmensübergreifender und selbsttragender Personalentwicklungsstrukturen.* Universität Kiel.

Konradt, U. & Glaser, F. & Keitzel, K. & Sulz, K. & Thomsen, S. & Voß, M. (1998). *HyperFür© - Ein interaktives, multimediales Lernprogramm zur zielorientierten Führung* [CD-ROM]. Universität Kiel.

Krewer, B. (1996). *Innovation Across Cultural Borders.* Universität Saarbrücken. URL: http://www.cordis.lu/tvp/src/culture1.htm

Kühlmann, T.M. (1998). Kooperation in multikulturellen Arbeitsgruppen. In E. Spieß & F. W. Nerdinger (Hrsg.). *Kooperation in Unternehmen* (S. 61-78). München: Hampp Verlag.

Schlick, S.D. (1989). Die ganze Welt ein Markt? Wer dabei sein will, braucht die globale Führungskraft. *Zeitschrift für Sozialpsychologie und Gruppendynamik, 14* (2).

Schulmeister, (1996). *Grundlagen hypermedialer Lernsysteme: Theorie - Didaktik*

- *Design*. Bonn: Addison-Wesley.

Schwarzer, R. (Hrsg.) (1998). *Multimedia und Telelearning*. Frankfurt: Campus.

Spieß, E. (1997). Personalentwicklung unter Berücksichtigung der Internationalisierung. In L.v. Rosenstiel & T. Lang-von Wins & E. Sigl (Hrsg.). *Perspektiven der Karriere* (S. 241-252). Stuttgart: Schäffer-Poeschel.

Stiefel, R. T. (1976). Grundbegriffe der Evaluierung in der betrieblichen Bildungsarbeit. *Zeitschrift für Arbeitswissenschaft, 2*, 106-108.

Strittmatter, P. & Hochscheid, U. & Jüngst, K.-L. & Mauel, D. (1994). Kooperatives Lernen in multimedialer Lernumgebung - Eine Pilotstudie im Feld der beruflichen Weiterbildung. *Unterrichtswissenschaften, 22*, 334-352.

Tenbusch, B. & Hohenstein, A. (1997). Medienunterstützung bei der transferorientierten Qualifizierung von Führungskräften am Beispiel der Automobilindustrie. In L. J. Issing & P. Klimsa (Hrsg.) *Information und Lernen mit Multimedia* (S. 364-376). Weinheim: Beltz.

Thomas, A. (1994). Interkulturelle Beziehungen. In L. v. Rosenstiel, & C. M. Hockel & W. Molt (Hrsg.). *Handbuch der Angewandten Psychologie* (Kap. VII-6). Landsberg/ Lech: Ecomed.

Twisk, T.F. (1995). Assessment von internationalen Managern. In J.M. Scholz (Hrsg.). *Internationales Change Management*(S. 121-137). Stuttgart: Schäffer-Poeschel.

Zucha, R.O. (1995). *Führungsstärke in der Praxis*. Wien: WUV-Universitätsverlag.

국제 업무 전문가와 관리자를 위한 이문화 훈련을 통한 이문화 행위능력 개발

알렉산더 토마스 / 에파-울리케 키나스트 / 실비아 슈롤-마흘
(Alexander Thomas / Eva-Ulrike Kinast / Sylvia Schroll-Machl)

1. 도입

국제적이고 세계적인 상품과 아이디어의 교환이 천년의 전통을 되돌아볼 수 있더라도, 지난 수 십 년 동안에 사회적이고 개인적 생활의 많은 영역에서 세계화와 국제화는 대단한 역동성을 띠고 있어서 이 과정에 포함된 사람들에게 요구들은 점점 더 증가하고 있다. 오늘날 어떤 식으로든지 외국의 파트너와 협력하거나 표준화된 상품을 합리적인 값으로 인하하는 것만이 중요한 것이 아니라, 생산품의 질과 서비스의 질 외에도 더 요구되는 것은 고객에 초점을 맞추는 것이다. 이것은 어쨌든 국제적이고 다국적 사업에서 사용자나 이용자의 입장에서, 그러나 또한 자국의 동료와 사업파트너의 입장에서 특정문화의 사고 및 행동 관습이 고려되어야 함을 의미한다. 이와 관련하여 요구되는 자질은 "*이문화 행위능력*"이라는 개념으로 요약된다. 관리

능력, 의사소통능력, 조직능력이나 경영능력이 오늘날 전문가와 관리자에게 있어 주요자질인 것처럼 이문화 행위능력은 국제적 기업 활동과 국제적 경영을 위한 주요자질로 간주된다.

많은 학문적 연구들 (Landis & Bhagt 1996; Landis & Bennett & Benett 2004; Kühlmann 1995; Bergmann & Sourisseaux 1996; Thomas 1996; Triandis 1995)과 국제적인 기업실무에서 나온 보고들은, 긴급한 국제적 경영업무에 대처하기 위해 필요한 이문화 행위능력이 저절로 생기는 것이 아니라, 즉 "활동을 통해 배우는 것leaning by doing"이 아닌 바로 이러한 주요자질의 활성화를 목적으로 편성된 훈련과 컨설팅 방식을 통한 지원이 필요하다는 것을 증명한다(Thomas 2005).

아래에서 우선 주요자질 "이문화 행위능력"에 대해 좀 더 자세히 알아볼 것이며, 몇몇의 심리적으로 중요한 결정조건이 설명된다. 다음으로 구체적인 사례에서 이문화 행위능력의 활성화를 위한 훈련방법 개발의 중요한 측면이 기술되고, 구체적 수행을 위한 훈련의 의미가 설명된다. 현재 벌써 상당수의 이문화 훈련과 자문프로그램이 시장에서 이용되는 반면, 그러한 훈련의 효과 분석에 대해서는 지금까지 거의 주의를 기울이지 않았다. 이 때문에 개별적인 장에서 이문화 훈련의 평가 문제와 가능성이 응용학문의 시각에서 설명된다. 이문화 행위능력을 위한 훈련은 오늘날의 기업에서 결코 하루살이의 또는 고립적인 개별처방이 될 수 없고, 전체기업의 인력개발의 맥락과 연결되어야 한다. 마지막 부분에서 "인력개발"과 "학습하는 조직"이라는 현대적인 개념아래 특히 인력개발과 인력지원 측면과 함께 이문화 훈련방법과 컨설팅 방식의 네트워킹이 다뤄진다. 이때 개발될 네트워크 구조도 각 기업에게도 특수한 것이면, 지금까지 나타난 연구와 실험 실습의 구상으로부터 공통적이고 전적으로 일반화할 수 있는 몇 몇의 구조적 토대가 만들어질 수 있다.

2. 이문화 행위능력의 차원

이문화 행위능력의 개발에 관여하는 연구자들은 이러한 주요자질을 어디까지나 다음과 같이 정의하는 데 동의한다. 즉, 이문화 행위능력은 어느 때는 자신한테서 다른 때는 문화적으로 낯선 사람한테서 인식, 사고, 판단, 느낌과 행위에서 문화적 조건과 영향요인을 이해하고, 가치를 인정하고, 존중하며, 생산적으로 사용하는 능력에서 나타난다. 이러한 생산적인 사용은 상호간의 이문화 이해에서와, 그와 연결된 그때그때의 문화적 관례와 파트너에게 당연한 것에 대한 적응에서 나타나고, 그래서 이러한 협력이 양측에게 견딜만하고, 이 협력의 산물이 양측에게 이득이 되고 생산적이라는 것을 보여준다. 그 외 이문화 협력의 결과는 대단히 참을 수 없는 것에 대한 관용을 키우고, 공동생활과 공동의 가치, 규범, 세계의 방향성에 대한 시너지 형태를 발전시키는 데서 드러난다.

사업파트너, 고객 또는 동료로서의 파트너가 문화적으로 다르다는 것에 대한 지식으로부터는 다른 가치와 규범, 달리 진행하는 흘러간 문화적 발달 (특정문화의 사회화; Trommsdorff 1988)에서 생겨난 정향체계,

그로부터 생겨난 의사소통의 오해를 이해하고, 그 때문에 나온 협력의 문제를 생산적으로 해결하는 능력이 결코 생겨나지 않는다.

특정한 그러면서 서로 다른 문화에서 성장하고 사회화된 두 사람의 만남과 협력에서 이 두 상호작용 파트너는 우선 자신의 정향체계가 또 거기서 나온 자기에게 해당하는 가치, 규칙, 규범이 올바르고 타당하다는 데서 출발한다. 다른 유형의 인지, 판단, 영향은 잘못된 것이고 전적으로 맞지 않고, 바르지 않고, 결함이 있고, 원시적이라고 간주된다. 그렇게 내면화된 특정문화의 정향체계의 중요한 특징은 개인의 발달 과정에서 습관과 일상이 되었다, 다시 말해 이것은 더 이상 의식적으로 조정하고 성찰하지 못한다. 이것은 낯선 정향체계의 인식, 인지, 분석만을 어렵게 하는 것이 아니라, 낯선 정향체계를 자신의 정향체계와 똑같이 올바른 형태의 가치이해와 가치평가로 수용하고 그 가치를 인정하는 것을 방해한다. 관습에서 벗어남, 즉 낯설음은 특정한 문화의 가치, 규범, 규칙 체계의 결과로 해석되는 것이 아니라, 상대방에게는 약점, 무관심, 거부 또는 심지어 술책으로 떠넘겨지는 것이다.

경제적 협력에서 단순하게 낯섦을 인식하고 목록을 만드는 것이 문제가 되지 않고, 다른 문화로 형성된 파트너와의 생산적 협력을 만들어내는 것이 중요하다. 설정된 목표가 계약체결의 문제인지, 합작사업의 성공적인 경영인지, 많은 외국인 직원과 함께하는 기업의 관리인지 또는 외국 자회사에서 질적 관리인지, 이 모든 각각의 경우에 요점은 생산적인 이문화 협력을 위한 조건을 만드는 것이다. 그러나 이것은 자문화 및 타문화 정향체계로부터만 주어지는 것이 아니라, 두 정향체계의 융합에서 나타나는, 특별한 요구사항과의 유능한 처리를 필요로 한다.

1. 그래서 조사해야 하는 것은 자기 것과 남의 것이 얼마나 서로 일치하는지 (문화적 정체성), 자기 것과 타인의 것이 어느 정도로 서로 벗어나는지 (문화적 차이), 자기와 남의 요소가 어떻게 서로 연결될 수 있는지 (문화적 적합성), 또 자기 것과 남의 것이 어떻게 서로 공존할 수 있는지 (문화적 관용성)이다.

2. 무엇이 자기 것으로부터 낯선 것의 방향으로 변화될 수 있는지 조사해야 한다. 어느 정도까지 낯선 것에 적응할 수 있고 적응해야 하는가? 낯선 파트너에게서는 보통 갈등과 방어로 이끄는 적응과 적응의 자세는 전혀 없는가? 그에 반해 낯선 것에 완전히 적응하는 것이 고유의 문화적 정체성의 붕괴를 초래하고 자기 개성을 희화시키는 것으로 끌어갈 수 있는가?

3. 어떻게 낯선 것이 자기 고유의 방향으로 변화될 수 있는지 조사해야 한다. 낯선 파트너를 자기 고유의 목표와 행동관습으로 지시하고 일치시켜서, 그 파트너가 그 목표와 행동관습을 인지하고, 의미 있고 목표지향적인 것으로 인정하여, 거기에 접근하려고 준비하고 또 할 수 있는 어떤 가능성이 있는가?

4. 어떠한 생산적이고 파괴적인 결과가 그러한 변화의 노력을 타인과 자신을 향해 있는지 조사해야 한다. 이때 결정적으로 중요한 것은 그러한 변화노력이 필수적으로 동반하는 심리적 부담

이 양 파트너에서 가능한 한 동일하게 분배되어야 하며, 또 다른 한 편은 자신의 정향체계를 고수하고 조건 없이 자신의 규범과 가치를 관철하면서 한 편만이 적응의 대가를 지불해서는 안 된다.

국제적으로 활동하는 전문가와 관리자의 능력 속성으로 국제화를 지향하는 기관의 보직을 위한 일상의 채용광고와 인력파견을 위한 실습 편람에서 다음과 같은 것이 나타난다. 전문능력, 경영능력, 수행능력, 독립성, 목적의식, 유연성, 학습 및 적응능력, 관용, 심리적이고 육체적 수용력, 사회적 행위능력. 학문적으로 비교적 잘 증명된 것은 특별히 국제적인 인력파견을 위한 성공요인으로 다음과 같은 개인의 특성이다. 즉, 애매함에 대한 관용 (모순적이며 분명한 상황을 참아내기), 인종적 관용, 행위유연성, 본질적인 업무동기 및 임무동기, 감정이입, 자기성찰, 사회적 보강 능력이다. 마찬가지로 사회적 의사소통 능력 영역에서는 사교성, 갈등해결능력, 사회적 감수성이다. 전문적으로 자질을 잘 갖춘 많은 관리자는 특수한 문화를 가진 특정한 나라로 파견을 위해 이미 자신의 지금까지의 삶의 경험과 직업경험으로부터 다소간 분명히 두드러진 하나 또는 그 이상의 능력을 가지고 있을 것이다. 그러나 다른 잠재적 자질은 외국에서 업무상 특수한 요구사항 및 생활과 관련하여 발전과 지속적인 개발이 필요하다.

물론 목표된 훈련방법 외에 이문화 행위능력의 일정 단계의 습득을 위한 다른 가능성도 있다. 그래서 이문화 행위능력의 질적인 성장 정도와 함께 다음의 습득 형태가 구분될 수 있다.

1. 다른 문화에서 온 사람들과의 교류와 협력과 관련된 경험에서 다음의 조건들이 충족되는 경우. 낯선 것의 가치인정, 낯선 것에 대한 수용 자세와 호기심, 자기와 타인의 문화 정향체계에 대한 성찰 자세, 낯선 것을 배우려는 자세와 능력.

2. 국제적 기업에서 예컨대 순환 프로그램을 통해 추구되는 것처럼 조직된 이문화 교류의 맥락에서 이문화 학습을 향상하려는 목표가 있는 학습가능성.

3. 타문화 파트너와 협력에서 얻어진 경험. 이때 필수적인 조건으로 증명해야 하는 것은 이것이 예컨대 경영·학문·연구협력의 관련성 안에서 그렇듯이 두 파트너가 그들이 중요하게 여기는 목표를 공동으로 추구하고, 보완적인 목표행위를 수행할 수 있다는 것이다.

4. 문화일반적인 문화감수성 훈련 형태에서나 특정문화의 훈련 형태, 경우에 따라 업무 관련 특수한 훈련의 형태에서 목표된 이문화 준비훈련을 통한 이문화 행위능력의 구축.

5. 외국파견과 문화적으로 낯선 파트너들과 교류를 동반하는 자질향상 훈련을 통한, 경우에 따라 특수한 자문 및 코칭 방법 (Thomas & Schroll-Machl 1995)과 결합된 준비훈련에서 얻어진 이문화 능력의 심화와 강화.

6. 이문화적 요소들을 자기문화 정향체계로 궁극적으로 통합하고, 본래 당연했던 그러나 그사이 낯설게 된 고향 문화로의 재편입을 완화시키기 위해 목표된 이문화 재통합 훈련을 통한 능력

스펙트럼의 확장.

이문화 행위능력 향상을 위해 준비하고 동반하는 이문화 능력의 개발과 그 성과의 검사에 대한 가능성은 다음에서 예로 설명된다. 훈련의 다양한 차원에 대한 그 외의 텍스트는 토마스 & 키나스트 & 슈롤-마흘(2003)과 토마스 & 캄후버 & 슈롤-마흘(2003)에서 찾을 수 있다.

3. 이문화 능력의 개발과 과정 - 구체적인 사례 기술

3.1 상황

독일의 가장 큰 화학 콘체른의 하나인 제약회사가 미국의 제약 콘체른과 합병한다. 그 때문에 직원에게는 급격한 새로운 구조조정이 일어난다. 독일에서 많은 부서가 완전히 해체되고 그 업무는 앞으로는 미국에 의해 관리된다. 다른 한편으로는 독일회사와 미국회사 사이의 관계접촉의 측면이 다뤄져야하기 때문에 새로운 자리가 생겨난다. 많은 직원은 여러 가지 프로젝트를 위해 미국인과 혼합된 팀에 포함되고, 거의 모든 직원은 적어도 산발적으로 미국 동료와 뭔가를 하게 된다. 누구에게나 공통된 것은 "순수 독일식으로" 규정된 일상 업무부분은 더 적어졌고, 미국인과의 개인적인 만남이나, 또는 경영에 대한 미국식 사고의 전략적 영향이 업무에서 어쨌든 두드러질 것이다. 특히 결정적인 것은 앞서 말한 직원 집단에 끼치는 영향이다. 즉, 그들의 일자리가 미래에는 미국에서만 주어진다는 것이다. 그것이 그들에게 의미하는 바는 미국으로 이주하든지, 아니면 독일에서 다른 일자리를 기다리든지 하는 것이다. 이것이 바로 인사부서가 이문화 훈련을 제공하려고 생각한 상황이었다. 첫 단계에서 적어도 이주자와 계약 파견자에게 그들 인생에 있어 이러한 극적인 변화를 준비하는 시간을 주려고 했다.

3.2 이문화 훈련의 개발

3.2.1 사전 대화

트레이너와 회사와의 대화는 우선 한 번은 이문화 훈련을 위한 목표와 기대치를 탐색하고 회사와 트레이너 간의 조정을 위해 이루어졌다. 본래 모든 참여자에게 유익했을 것은 –미국으로 여행하든지 독일에서부터 미국인과 밀접한 상호작용을 하든지– 협력을 지원하기 위해서는 미국 문화를 더 많이 경험하는 것이었다. 그러나 기업은 분명하게 다음의 우선순위를 고정하였다. 첫 번째로 미국으로 이주하려는 사람에게 오리엔테이션 훈련이 제공되어야 한다는 것이다. 두 번째 순위는 중요한 관계접촉 차원의 보직을 가진, 또 그들의 활발한 여행활동 때문에 주 단위나 월 단위로 두 나라에 거주할 사람이 고려되어야한다는 것이다. 세 번째 순위로 생각된 것은 독일의 입장에서 나온 것으로 미국인과 함께 하는 여러 협력 프로젝트였다. 그래서 일차적인 과제는 일련의 삼일 간 이문화 훈련에서 모든 해당 관리자와 직원을 그들 (결혼-) 파트너와 함께 미국으로의 여행(일부는 시간적으로 제약된 사람, 일부는 이주를 전제하는 사람)을 준비시키는 데 있었다. 여기에 "강도 높은 생존정보" (예컨대 학교, 거주지, 세금, 법적 지위 ……)에 대한 하루의 훈련이 덧붙여졌다.

위탁자는 독일-미국의 양쪽 트레이너에 의한 교육이 행해지기를 원하지 않았고, 미국 여행자를 위해서는 어떻든 그 외에 미국인과 함께 "생존훈련" 즉, 적응 및 동반훈련이 계획되었기 때문에, "개요"인 오리엔테이션 훈련을 위해, 독일 쪽의 트레이너는 차라리 학술적으로 연결해줄 것과 독일식의 교수법을 통해 훈련하기를 원했다.

가능성에 따라 잠재적 집단을 나누고, 첫 번째를 우선으로 시작하기로 협의하였다. 이때 분명한 것은 여러 실제적인 이유 때문에 그것이 항상 지켜질 수 없으며, 그런 경우 다른 우선순위 단계의 사람으로 훈련이 "보충"될 것이라는 것이다.

3.2.2 교수법적 변환

한편으로 미국인과 잘 지내는 것과 관련하여 도구적 측면이, 예컨대 미국에서의 업무 지식, 타문화의 인지적 수용, 새로운 행동양식의 학습 등이 세미나의 주안점이 되어야한다는 것이 협정되었다. 그러나 다른 한편으로 감정을 조절하는 전략에 큰 의미가 부가되어야 한다는 것이다. 이것이 더해질수록 여행자들로 이루어진 목표 집단이 더 분명하게 구성되었다.

구체적인 목표설정은 다음과 같았다.

1. 특정문화의 지식과 그에 상응하는 특성의 전달.
2. 자민족중심의 편견에 잡힌 생각의 해체 및 문화 상대주의적이

고 존중하는 태도에 대한 지지.

3. 문화충격을 극복하기 위한 스트레스 관리능력과 현실적인 기대치 구축능력의 지원.

경험에 따르면 목표 1이 가장 지속적으로 달성될 수 있고, 목표 2와 목표 3을 위해서는 기껏 기초가 마련될 수 있다. 이는 여기 일상에서 많은 그 밖의 영향들(소위 조절변수)이 목표달성의 정도를 함께 결정하기 때문이다.

내용은 우선 다음 영역을 포함하였다.

- 중요한 문화차이를 명명하고, 중요한 행위영역에서 차이를 고정시키고, 동시에 결합된 상이한 특성들의 결실 있는 결합을 위한 실마리 제공을 위해 독일과 미국의 표준문화(Thomas 2003)의 대조적인 비교.
- 행위 주도적인 "문화 시나리오" 안에서 다양한 요소들의 특정문화의 특징에 대한 해설 중에 중요한 사업상의 행위영역 (예컨대 프레젠테이션, 협의 상담, 팀 작업, 협상주도)에 대한 예시 작업.
- 외국 이주의 경우 가족구성원 각각에 있어 이사의 영향때문에 전형적으로 나타나는, 또 외국에 살지 않으면서 외국인 파트너와 집중적인 협력에서 생기는 조금씩 다른 변이형의 자극에서 나타나는 주제인 "문화충격"(Oberg 1960; Furnham & Bochner 1986; Landis & Bhagt 1962)에 대한 정보와 토론.
- 문화적 차이를 다루기 위한 서로 다른 선택에 대한 생각과 토론.

모든 대책의 장점을 이용하고, 경우에 따라 단점을 줄여 다양한 학습자-선호를 따를 수 있도록, 방법에 있어 의도적으로 정보중심적인 것, 문화중심적인 것, 문화-동화-훈련으로 이루어진 혼합훈련이 선택되었다.

3.3 과정

많은 세미나처럼 이문화 세미나도 전형적인 개회로 시작한다. 소개시간, 기대치에 대한 질문, 목표 설명. 그 다음은 중요하고 원칙적인 개념과 기초 이론의 근거 –여기서는 "문화"와 "문화차이"– 가 다뤄졌다. 이때 이 개념들이 –방법적으로 즉석의 짧은 역할극과 연습으로 분위기가 부드러워져– 도입되었다.

몇 개의 중요한 사례묘사와 거기에 속한 외국 파트너의 행동에 대한 설명으로 이루어진(Thomas 1996) 문화동화에서 중요한 것은 미국의 표준문화를 다루는 것이었다. 소집단으로 나누어 선택된 중요한 사건을 접하여, 그 사건을 계획된 학습에서처럼 파고 들었으며, 집단으로 그들의 결정과 또 몇 가지 오류에 대한 반응에 대해 토의하였다. 그 다음 그들은 각 하나의 상황을 전체모임을 위해 프레젠테이션(예컨대 역할극으로, 짧은 "서사극"으로, 시각화하여)을 준비하였고, 거기에서 다른 상황과 따라서 다른 표준문화를 다루었던 다른 참여자들과 함께 토론하였다. 본회의는 결국 그때그때 가장 주목을 받은 표준문화가 토의되는 바로 그 장소가 되었다. 그 표준문화는 그에 상응하는 독일의 표준문화와 비교되고, 문화사적으로 정착되고, 얼마쯤 비슷하게 진행하고 있는 지금까지 참여자들이 겪은 선경험으로 전이되었다. 이런 단계가 끝난 후 표준문화들이 게시판에 "프로토콜"로 걸리면, 참여자들은 이로써 업무와 사생활에 대한 풍부한 연상과 지식요소를, 또한 토론에서 밝혀진 필수적인, 그 유효성의 한계와 관련하여 상대화 할 수 있는 것으로 연결할 수 있었다(목표 1). 참여자의 반응에서 분명하게 알 수 있었던 것은 이러한 지식을 통해 미국 입장을 위한 일종의 공감적 이해도 조성되었다(목표 2). 이러한 표준문화는 지속적 훈련을 통해 "중심 테마"를 만들어냈다.

항상 반복하는 비즈니스 상황이 있기 때문에 "문화 시나리오"의 개념이 도입되었다. 사고심리학에서 나온 이 개념의 의미는 미국인과 독일인은 서로 다른 "연출대본"이 머릿속에 있고, 그것이 예컨대 "좋은" 팀 작업이다(Schroll-Machl 1996). 그들이 어떻게 한 팀에서 역할들을 찾아야 할 것인가(예. 사장-역할), 어떻게 가장 잘 대처할 것인가(예. 문제 중심적 아니면 목표 중심적으로), 어느 정도의 시간을 어떤 과정에 쏟아야 할 것인가, 얼마나 변화와 개량이 원해지는지 아니면 원해지지 않는지 등에 대한 서로 다른 생각들이 있다. 여기서는 전체 연속적 행위가 중요하기 때문에 바로 방법적인 시뮬레이션이 제공된다. 집단의 일부는 미국 대본에 따라 전개된 특수한 역할 요청에 의거해서 미국인 "역할"을 하였으며, 다른 일부는 전형적인 독일식으로 확인된 양식에 따랐다. 발생된 갈등은 정체성에, 또 중요한 서로 다른 대본구성요소의 재현(목표 1과 2)에 도움이 되었고, 또한 이문화 갈등의 체험의 분석(목표 3)에 도움 되었다. 두 가지 차원에서 한편으로 평가가 이루어졌으며, 다른 한편 이러한 순서의 끝에 종합적인 입력이 이루어졌다.

그 사이 비교적 가까워진 세미나의 분위기 때문에 사람들은 시뮬레이션을 통해서도 다른 사람 앞에서 자신의 감정과 대면했으며, 이 시점에 "출국"이라는 주제가 "문화충격"이라는 차원에서 중심이 되는 무대가 준비되었다. 모든 사람은 그들의 기대치를 −즉 한편으로 긍정적인 희망과 다른 한편 걱정되거나 전적으로 위협적인 두려움을− 메모했다. 그것이 게시판에 모아져서 편집되고 토의되었다. 투입은 연구결과(Thomas & Schroll-Machl 1998)를 토대로 개별적으로 참여자들의 실질적인 참여에 맞춰졌다. 문화충격에 대한 기존의 진행곡선은 요약하는 데 도움이 되었으며, 또한 해외파견자의 긍정적인 성과를 나타내는 설명을 위한 전환에도 이용되었다(Schroll-Machl 1997). 그때 다양한 가족구성원에게는 값을 치루는 대가일 수 있는 그 어떤 것에 의해서도 미화되어서는 안 되었다. 그러나 또한 인력개발의 기회 또한 크기 때문에 아무것도 각색되어서도 안 되었다. 덧붙여 그 자체 개별적으로 정의된, 긍정적인 목표에 도달하기 위해(목표 3), 그 (전략) 때문에 문제에 부딪힐 수 있고, 또 의도적으로 사용할 수도 있는 가능한 대처전략이 이야기되었다.

훈련의 마지막 모듈은 문화적 차이를 다루기 위한 기본옵션 즉, 가능한 상호문화성 전략에 할애되었다. 바로 이는 자문화적 특징의 틀을 따라가는 것과 미국식 틀을 따라가는 것 사이의 갈등영역을 그 전체적인 폭에서 관찰하고 극복하는 것에 해당한다. 그때 기존의 가능한, 예컨대 협상대책, 지배, 혁신 등의 변이들이 우선 투입되었는데, 이는 참여자로 하여금 적응이 성공을 위한 유일한 왕도라는 식의 압박으로부터 풀어주기 위해서였다. 그 다음 참여자의 경험과 상호문화성 전략이라는 측면에서 사용된 그 전 사례들이 검토되었다. 성공요인이 제시되었고, 표준문화에 다시 다음 질문으로 연결되었다. 어떻게 두 개의 틀에 사용하고, 그럼으로써 두 틀의 장점들을 이용하는 균형을 이뤄냈는가(목표 2)?

언급된 것처럼 전체 시리즈로서 이 세미나는 참여자들의 교차참석 방식으로 진행되었다. 그래서 이 구성은 구체적인 진행에서 개별적인 부분을 위해 사용된 소요시간을 결정하였다. 즉, 순수 출국 세미나는 전체적으로 특히 표준문화에 대한 관심을 통해, 또한 사생활에서 나타난 특징에 있어서도, “문화충격”에서도 두드러졌다. 많은 “독일-동료-입장”의 세미나는 다양한 “이문화 시나리오”의 강조를 통해, 개발부서에서 온 참여자들만 있는 세미나는 “팀 작업”이라는 주제의 집중적인 활동을 통해 두드러졌다. 바로 참여자와 함께 결정하는 훈련의 초점이 시작의 기대치 설명과 목표 설명의 목적이었다.

3.4 결과

훈련 시리즈는 대단히 성공적이었다. 세미나 후에 바로 이어진 평가(설문에 의한)에서 미국인과 협력에서 선경험이 있는 참여자들은 그들이 다른 틀을 재인식하는 강도 높은 Aha-효과를 경험했었다면 좋았을 것이라 강조하였다. 그들은 이제 자신들이 관찰하는 데 강화되었다고 느꼈고, 이러한 틀을 이제 문화적으로 합당하게 해석하고 설명할 수 있다는 것이다.

이러한 확인은 학문적 평가연구의 결과와도 일치한다. 경험 있는 사람들은 자신들이 이미 가지고 있는 타문화의 윤곽을 넓히고 차별화할 수 있기 때문에 훈련에서 특별한 학습효과가 있었다. 선경험이 없는 참여자들은 자신들이 예기치 못한 정도의 지식이 증가한 데 깊은 인상을 받았다. 경험자의 존재와 "전형적인 독일식"으로 배워진 것의 비교는 "전형적인 미국식"으로 나타난 것을 수용하도록 그들에게 동기부여를 하였다. 왜냐하면 그들은 그런 식의 대단한 차이를 짐작하지 못했을 것이기 때문이다(목표 1). 문화적인 경험을 가진 훈련참여자는 각각의 목표국가에서 온 트레이너와 유사하게 대단히 높은 신뢰, 권위, 인정을 훈련에 부여한다.

이런 지식으로 인해 미국인의 "논리"를 더 쉽게 인정할 수 있고 사고와 행위에 있어 그들의 문화적 특성을 더 분명히 장점으로 볼 수 있고 이점으로 이용할 수 있다는 것도 몇몇의 참여자에 의해 강조되었다(목표 2).

출국하려는 사람들은 감성적 면에서 명백히 가벼워진 것으로 나타났으며, 그들의 모든 두려움과 미국으로의 이주와 관련하여 품었던 희망이 진지하게 받아들여지고 토론과 정보를 위한 기회를 얻었다. 이들은 예상해야 할 문화충격을 하찮게 다루지 않는 설명, 그러나 또한 이 맞대면이 그들에게 주는 기회에 대한 이야기를 이 훈련에서 특별히 가치 있는 것으로 강조하였다(목표 3).

4. 이문화 훈련의 평가

이문화 행위능력의 습득을 위한 이문화 훈련의 의미는 계속 커가고 있다. 그러나 예를 들어 앞 장에서 기술된 바와 같은 훈련방식의 효과에 대한 증명은 드물게 제출되었다. 그것을 위한 현재의 학문적 평가연구는 이 영역에서 겨우 시작이다. 평가계획에서 소급될 수도 있는 이론과 방법이 지금까지는 전혀 없다(Urbanek 1996). 그래서 학문적 평가연구로부터 기업실무로의 적합한 "방법론적 수공에 가방"*의 전이가 전혀 일어나지 않았다는 것이 놀라운 것이 아니다. 많은 기업에서 이 영역의 결핍된 능력 외에도 특히, 현재 보통 불평될 정도로 적은 인력개발부서 안의 인적자원력, 모든 직원들에게 그들 업무에 있어 빠듯하게 할애된 시간, 기업에서 이문화 훈련이 드물게, 심지어는 전혀 평가되지 않는다는 이유로 훈련받은 전문가와 관리자 입장에서 자주 나타나는 평가계획에 대한 반대 등이다.

기업에서 평가는 다양한 기능을 수용한다(Wottawa & Thierau 1990 참조). 한편으로 평가는 이문화 훈련이 내용과 방법에 있어서 구성된 대로 그렇게 추구된 학습목표에 도달하고, 그래서 계속해서 이어질 수 있을지, 아니면 그 훈련이 전체적으로나 혹은 그 구성요소 중 몇몇이 개선되어야 할지를 결정할 수 있기 위해 수행된다(*결정기능*). 다른 한편 평가는 의도된 학습목표를 미래에도 도달할 수 있기 위해 데이터로 뒷받침된 개별적인 훈련구성요소 중 –예컨대 내용, 방법, 훈련 기간,

---

* 이는 훈련실습에서 사용하는 상징적인 표현으로 팀 연습 시작동기부터 종결과 변환에 이르는 전체 진행과정에서 방법론적인 자극과 설정을 일컬음.

트레이너, 참여자의 구성 등등– 어떤 것이 개선되어야 할 것인지를 구분할 수 있는 기본정보를 마련한다(*개선기능*). 그러나 무엇보다도 평가는, 훈련방식의 효과를 증명함으로써 추후에 훈련을 위해 소비된 고비용을 정당화한다. 이로써 평가는 주식의 가치를 고려하여 많은 기업에 의해 추구된 기업관리라는 원칙을 얻게 되며, 그것도 대단히 폭발적으로, 또한 미래에는 더 강하게 기업경영진으로부터 요구될 것이다(*공인기능*).

훈련은, 이문화 훈련도, 언제나 아주 다른 차원에서 효과가 있을 수 있다. 그래서 키르크파트릭Kirkpatrick(1979)은 훈련 평가를 위한 레벨 중심의 모델을 개발하였다. 이문화 훈련의 수행과 그에 따르는 고비용을 정당화할 수 있기 위해 훈련참여자로 하여금 훈련에 바로 이어 설문지를 사용하여 그들에게 그 훈련이 맘에 들었는지(*"반응"*)에 대한 정보를 얻어내는 것만으로는 충분하지 않다. 다시 말해 그사이에, 타문화로 각인된 사람과 교류에서 효과를 나타낼 수 있기 위해 이문화 훈련이 반드시 맘에 들어야하는 것, 즉 받아들여야 한다는 것은 아니라는 증거가 그 사이에 나타났다(Kinast, 1998). 필기 테스트(예. 필기시험)의 수단으로 훈련과 바로 연결하여 적어도 훈련참여자가 실제로 무엇을 배웠는지(*"배움"*)가 질문되어야 한다. 그러나 결정적인 것은 이문화 훈련에서 배운 내용을 실제로 직원, 동료, 고객, 납품자 등 타문화로 각인된 사람과 교류하면서 자국에서나 타국에서 이용하는지(*"행위"*)를 조사해야 한다. 기업실습이 보여주는 것은 비록 이 정보의 체계적인 측량을 위해 그 사이에 키나스트(1998)의 모델이 사용되고 있기는 하지만, "행위"차원의 평가가 수행되지는 않는다는 것이다. 이 모델은 심리학에서 나온 알려진 인터뷰(Lamnek 1989)와 같은 질적 방법과 메이링Mayring(1993)의 질적 내용분석을 결합하고 적합하게 조화시켜, 훈련참여자의 생각, 느낌, 행위에서 실제로 이문화 훈련의 영향을 타문화로 각인된 사람과의 직접적인 교류에서 실감나게 체험할 수 있도록 한다. 앞서 말한 체계적 방법 이외에 특히 이 수준에서 또한 예측되는 것은 이문화 훈련대책의 효과에 대한 조사는 보다 강하게 관리과정으로 옮아가고, 모국이나 대상국에서 관리자의 업무 또는 대상국에서 선택된 멘토의 업무수행이다. "결과"차원에 관한 것은 이문화 훈련의 평가에 대한 도가 지나친 요구를 경고해야 하는 것이다. 수많은 영향 요인들과 그 복잡성 때문에 이문화 훈련이, 예컨대 독일과 미국 콘체른의 성공적인 거대-합병과 직원의 사고, 감정, 행위에 미치는 영향 사이의 인과적인 관계를 증명하는 것은 확실히 불가능하다.

키나스트(1998)에 의한 세계적으로 사용되고 있는 연구의 포괄적인 분석은 이문화 훈련을 통해 의도된 학습목표가 많은 경우 실제로 도달되었으나, 연구에 대한 한탄할 정도의 부족과, 또 전체적으로 연구에 대한 비교 가능성의 부족 때문에 이문화 훈련이 얼마나 효과적인지 아직까지 보편타당한 진술을 할 수 없다는 것을 보여준다. 어디까지나 변하지 않는 것은 *인지적 과정*에 대한 이문화 훈련의 효과에 대한 많은 연구 결과들이다. 예컨대 훈련참여자는 훈련받지 않은 사람들과 달리 타문화에 대해 더 많이 *알고 있으며*(예. Cushner 1989) 낯선 문화에 각인된 사람의 행위를 다른 문화의 시각에서 해석할 수 있다. 즉 다른 것을 *동형의 것*으로 말할 수 있다(예. Landis & Brislin & Hulgus,

1985). 이문화 훈련의 *감정*과 *행위*에 대한 성과 결과는 그러나 일정하지 않다(Albert 1983; Kinast 1998). 외국에서 *개인적 편안함*, 타문화로 각인된 사람과의 *만족스런 사회적 접촉의 구축*, 또 기업의 관점에서는 무엇보다도 흥미로운, 타문화적 업무조건에서 *업무성취*에 끼치는 이문화 훈련의 영향은 많은 연구에서 증명될 수 있었으나(예. Chemers & Fiedler & Lekhyananda & Stolurow 1966), 모든 연구에 있어서 한결같지는 않다. 이문화 훈련이 여기서는 효과가 있고 저기서는 그렇지 못한 것이 어디서 나타나는지를 이문화 연구가 다음 몇 년 동안 계속해서 다루게 될 것이다. 희망컨대 이 연구가 국제적으로 조직된 기업에 의해 결정적으로 지원되기를 바란다.

5. 인력개발의 요소로서의 이문화 훈련

뛰어나게 전문적인 자질을 갖춘 직원, 전문가, 관리자는 매우 드물다. 그들이 습득, 교육, 계속교육 또 해당 일자리를 위한 자질을 갖추는 데 드는 비용이 비싸다. 전문적으로 높은 교육을 받은 이미 준비된, 경우에 따라 가족과 함께 삼년에서 오년 동안 부여된 외국의 업무를 수용할, 혹시 기업을 위해서는 중요한 경제지역으로 간주되어 새롭게 개척된 시장이 만들어진 그 자리에, 더 나아가 아직까지 알려지지 않은 아시아나 남미 국가에서 업무를 수용할 직원을 찾는 것 또한 대단히 드물다. 외국에서 회사의 대표 자리를 만들고 인력을 배치하는 것은 대단한 비용이 들 뿐만 아니라 위험이 크며, 또 투자할 만하고 잘못된 투자라고 포기되어서는 안 된다는 것을 보증하는 전문적 자질을 갖춘 인력 또한 드물다. 점점 커져가는 시장의 국제화와 세계화와 함께 바로 그러한 큰 책임과 위험이 많은 업무에 필요한 인력은 점점 드물고 비싸다. 거기서 나올 결과는 명백하나, 아직까지 –최소한 독일 경영 영역에서– 그 가치를 인정하는 것이 아주 드물다. 여기에 근본적으로 네 가지 결과가 중요하다.

1. 증가하는 기업의 국제화와 함께 직원에게 늘어나는 요구를 극복하기 위해 전체 중간층과 상위층 관리자를 계획하고 목표하는 준비이다. 이것은 예컨대 지도급 직원에게 단지 지금까지처럼 관리자 세미나, 의사소통 훈련, 종합적 품질관리 세미나 혹은 "팀 구성"이라는 주제 세미나의 참가만을 권유하는 것이 아니라, *일반적인 이문화 행위능력* 개발을 위한 소개 및 훈련 세미나에 참여하는 것이 모두에게 당연하다는 것을 의미할 수 있다.

2. 외국으로 파견되거나 모국에서 외국인들과 일을 많이 하는 직원 모두는 그와 연결된 요구를 목표로 삼아야하고 체계적으로 준비해야한다. 한편으로 특정문화의 필수적인 행위능력을 교육하면서 동시에 특별한 업무과제 및 업무부담이 현장에서 문제시되는 *특정문화의 훈련* 참여가 의무적이어야 한다.

3. 외국파견과 연결된 특별한 어려움은 그 정도의 차이가 자주 진단하기가 어려워서 그렇게 목표된 준비도 비교적 일반적으로 제기된 문제에만 집중될 수 있다. 특정문화의 또 위탁업무 고유의 문제들은 현장에서 아주 높은 심리적이고 정신물리학적인

부담을 야기 시켜, 직원의 업무효과를 대단히 손상시킨다. 직원은 –최상의 노력에도 불구하고– 자신이 할 수 있는 최적의 성과를 내지 못한다. 성공하는 것이 대단히 어렵고 기대치가 높은 업무부담을 동반하는 외국파견에서 사전 계획인 *파견에 병행하는 자질훈련*은 필수적인 보장조치일 뿐만 아니라, 직원을 위해 과소평가되어질 수 없는 구제 기능이 있다.

4. 외국으로 파견된 독일인과 해당국가에서의 그 나라 파트너 간의 협력은 어렵고도 심리적으로 부담되는 것으로 나타난 경우에, 그러한 자질훈련을 때로는 직원과 그의 가족과 또 그의 외국인 동료들에게까지 확장해야하는, 목표의식을 가진 *코칭-처방*과 결합하는 것은 확실히 의미가 있다.

그러한 조합된 처방의 목표는 가능한 한 스트레스를 줄이는 업무 상황과 생활 상태를 만드는 것이며, 기업 내에서나 밖에서 외국 파트너와의 협력과 관련하여 또 상사, 부하직원 및 동료와 관련하여 높은 수준의 이문화 행위능력을 강화하고 특성화하는 것이다.

근본적으로 생각해야 할 것은 여기서 이루어진 외국에서 활동하는 직원의 업무와 생활 상태의 문화 종속적 특수성에 대한 설명이 원칙적으로 외국인 파트너(부하직원, 상사, 동료, 고객, 납품업자 등)와 함께하는 책임 있는 위치에서 일해야 하는 국내에서 활동하는 직원에게도 해당된다는 것이다. 독일에서 독일인과 협력하는 외국인의 경우에도 적응의 압박이 당연히 대단히 높고, 그의 독일인 파트너 편에서 독일인이 아닌 외국인들이 적응해야한다는 것이 알려지게 되면, 장래에 어떤 기업도 –노동시장의 상황과 경쟁압박 때문에 이미– 필수적인 적응을 일방적으로 외국 사업파트너에게만 더 이상 부과 할 수 없다. 문화적인 감정이입능력, 감수성, 이문화 행위능력이 외국인 파트너 입장에서, 그들의 독일 파트너한테 기대하는 것은 사업적인 협력이 주로 또는 오직 독일에서만 이루어지는 때이다. 그런 능력이 협력에 효과가 있으면 이것은 긍정적으로 평가되고 다양한 방식으로, 예컨대 장기간의 협력, 상호 신뢰 구축, 비판적이고 위기적인 상황에서 파트너 관계의 유지 등으로 보상된다.

외국 파트너와 문제가 있을 당시에 그 문제 안에서 독일에서 파트너와 조우하고 협력해야만 하는 기업이, 예컨대 외국의 보직에 대단히 이문화 행위능력이 있는 적격자를 대표자로 앉혔기 때문에, 그 기업이 외국에서 파트너들과 상당히 잘 지내는 기업이 드물지 않게 관찰된다. 많은 외국거주자가 자기의 외국 파트너를 업무여행으로 함께 독일로 데려왔거나 회사대표로서 독일 자기 본사로 초대한 것을 벌써 후회했다. 왜냐하면 본사의 초대자가 외국 대표자의 문화적 관습에 대한 그때그때의 감정이입능력과 직감을 놓쳐서, 이 대표자가 대단히 불안해하고, 거의 기뻐하지 않고 떠났기 때문이다. 이것이 “넓은 범위의” 문화일반적인 감수성 훈련이 국제적 조직의 모든 기업 관리자에게 필수적인 또 다른 이유이다.

해외거주자가 외국에서 분투해야하고 또 현장에서 자신의 일을 무겁게 짓누르는 부담요인에 대한 연구결과가 한결 같이 보여주는 것은 본사 상사들로부터의 부족한 지원, 현장에서의 특별한 업무조건에 대한 상사들의 몰이해, 업무진척에 대한 성급함과 업무결과에 대한 집착으로, 이는 과정요인, 발전조건 또 위탁업무의 마무리에 미치는 문화적, 사회적 영향요인에 대한 상사들의 전적인 무관심과 결합되어, 해외거주자에게 기존의 스트레스를 증가시키고, 그들의 일을 대단히 어렵게 만든다(Deller 1997; Stahl 1999). 여기에 언제나 다시 드러나는 것은 오히려 본사 동료의 무관심, 우월하다는 상사들의 태도, 독단, 더 잘 안다는 태도가 눈에 띄고, 이것이 그들 업무를 어렵게 하는 것이다. 많은 국외체류자에게 특히 극적인 것은 본사의 상사가 여행으로 그 상황에 들어와서 "옳은지 보고, 제대로 정리하는" 상황이다. 그러면 외국 거주 직원은, 자기가 얼마나 고생스럽게 몇 년 동안 그 나라 파트너와 협력 안에서 신뢰, 상호간의 존중, 상호 인정으로 구축한 것이 현장에서 그냥 한 주말에 깨져버리는지 놀라서 바라볼 수밖에 없다. 바로 해외 사업에서 상사라는 위치는 결코 능력에 대한 보증이 아니라, 오히려 문화적으로 무능력한 결정과 행동반응으로 잘못 이끄는 것이다. 해외 사업이 취해야하는 결정에서나 국내에서 외국인과의 사업적 협력은 본국 기업에서 이룩한 보직의 권력이 결코 중요시되어서는 안 되며, 일궈낸 이문화 행위능력이 결정적이어야 한다. 그림 1은 외국직원이 자신의 외국 업무 동안 연결된 관계그물에 대한 개요를 나타낸다.

이 관계그물의 양적 범위는 벌써 외국파견의 맥락에서 직원의 이문화 행위능력에 있어 어떠한 광범위한 요구가 나타나는지를 보이고 있다.

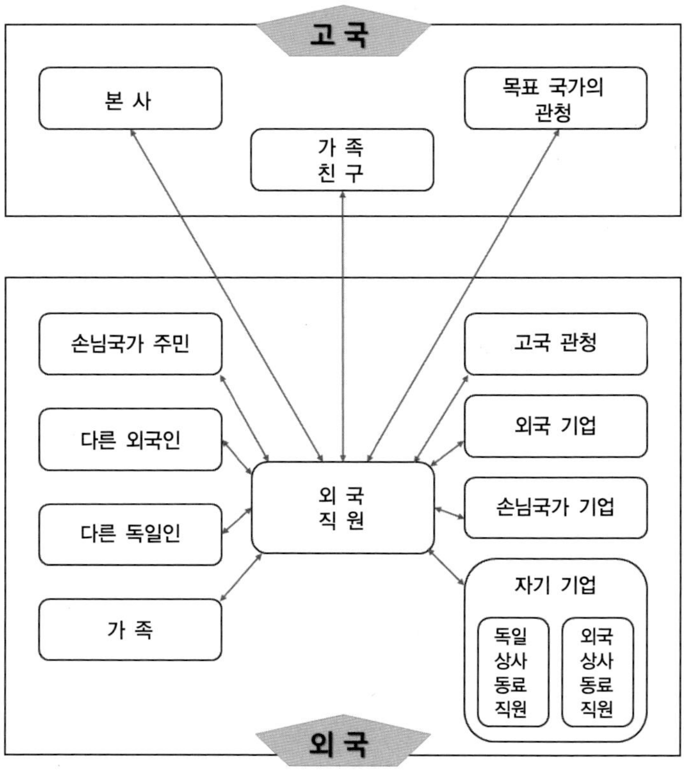

그림 1: 외국 직원과의 관계 그물(Rahim 1983)

직원을 외국으로 보내기 바로 전에 유일하게 이 목적으로만 훈련 참여를 제안하는 것이 아니라, 국제화와 세계화와 연결된 인력개발 문제를 극복하기 위해 계획대로 대비하고, 관리직 직원의 이문화 주제에 대한 감수성을 높이고자하며, 외국활동에 기여하는 모든 직원을 목표를 가지고 준비시키고자 하는 기업은, 어디에서 그것을 위해 필수적인 전문지식을 찾을 것인지, 또 어떻게 그 지식을 발전시켜야

하는지에 대한 물음을 던져야 한다.

독일에서 또한 유럽과 유럽 밖의 국가에서 그 사이에 일련의 회사들이 다양한 문화에서 온 사람들과 경제적인 협력을 위한 준비에 합당한 이문화 행위능력의 구현을 전문화하였다. 이들은 문화일반 훈련과 특정문화 훈련을 제공하며, 다양한 교수법적, 학습심리학적 개념에 기초하여 어쨌든 잘 평가된 자료들을 사용한다. 많은 기업에 있어 대체로 귀찮은 것으로 받아들여진 이런 이문화 훈련의 주제는, 그러한 훈련이 얼마나 직원의 기대와 필요성에 적합한지는 성찰하지 않고, 이미 주어진 어떤 훈련으로 되돌아감으로써, 단순하게 처리된다. 또한 밖에서 데려온 트레이너가 당연히 기업특유의 세부지식이 없을지라도, 기업특유의 훈련제공에 대한 준비와 계획에 있어서 목표 집단의 특성과 문화적 특성 외에 기업특유의 또 기업문화특유의 측면들이 이문화 훈련을 수행하는 데 고려된다는 것에 주의를 기울여야한다. 여기서 장래의 트레이너를 기업특유의 문제분석과 목표성찰을 하는 데 함께 포함시키는 것이 적합하다. 기업 인사책임자와 외부 트레이너 사이의 그러한 집중적인 협력은, 훈련참여자들이 주어진 훈련이 실제와 충분히 가까운 것이 아니고, 특별하지도 않고, 현장에서 구체적인 업무, 생활, 경영 문제와 관련이 너무 적다고 여기는 것을 방지하기 위해 그만한 가치가 있다.

전체적으로 중요한 것은 대단한 국제화 및 세계화 의욕을 가진 기업이 업무 특유의 문화적으로 민감한 훈련 및 자문 프로그램을 구축하는 것이다. 이 프로그램은 회사에 의해 외국으로 파견된 직원들이 스스로 만들 수 있고, 유용한 훈련처방의 계획과 개발에 있어서는 그들이 트레이너를 이용할 수 있는 전문지식을 통해 길러진다. 문화일반적인 감수성 훈련을 통과하고, 그와 함께 이문화 행위능력의 구축을 위한 기초적인 자질을 향상시킨 해외거주자는 외국파견이 끝난 후에 외국의 업무와 일상생활에서 얻은 풍부한 특정문화의 지식과 경험을 이용할 것이다. 정보 풀에 투입되고 파급된 이런 전문가지식은 다양한 정보 및 자질개발 프로그램의 개발과 활성화를 위한 품질 높은 가치의 원천이다. 처음 또는 반복해서 출국하는 직원 누구나 이러한 정보체계에 도움이 될 수 있고 스스로 능동적으로 진보할 수 있다.

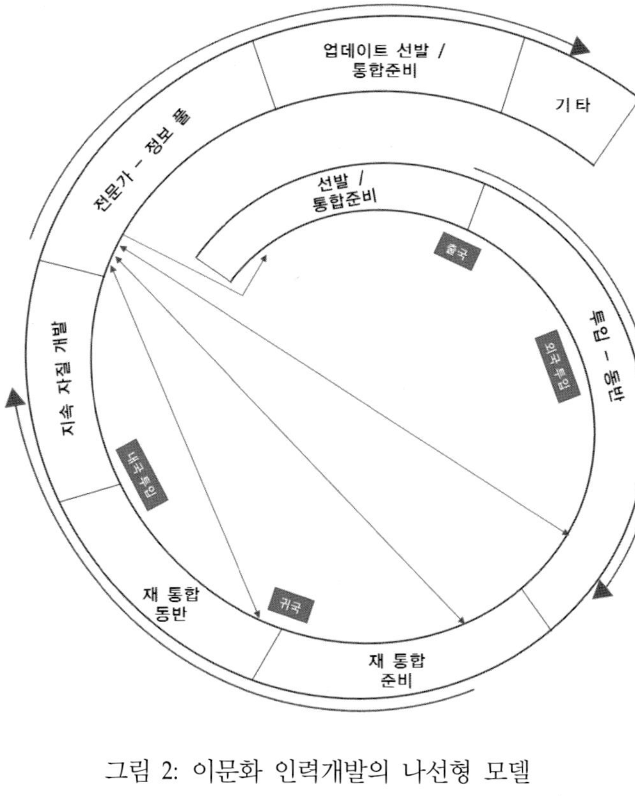

그림 2: 이문화 인력개발의 나선형 모델

그림 2에서 나타난 이문화 인력개발의 나선형 모델은 한편으로 다양하게 제안된, 외국파견을 위한 선발에서부터 첫 번째 준비 훈련을 지나 귀국 전의 재통합 훈련과 귀국 후 재통합 동반훈련에 이르는 훈련대책을 보여주며, 또한 그 위에 구축된 지속적인 외국투입을 위해서든지 아니면 국내에서의 외국거래를 위해서든지 지속적인 자질개발의 국면도 나타내주고 있다. 이 모델은 그밖에도 전문가 정보 풀이 어떤 원천으로부터 공급될 수 있는지 또 어떻게 그 풀이 개별 프로그램을 위해 계속해서 활성화된 특정문화와 기업특유의 정보원천으로 이용될 수 있는지 보여주고 있다.

여기서 자신의 외국동료와의 경험으로 형성된 정보 풀의 구축을 위하는 것이 주장된다면, 이것은 준비훈련이 단지, 한때의 외국파견 동료가 새로 출국하는 동료에게 외국 파트너와의 교류를 위한 "따끈따끈한 정보"를 전달하고, 따라서 동시에 문화전문가의 역할을 맡아 자신들의 고유한 경험을, 또한 편견과 스테레오타입과 또 그들 고유의 문제 극복시도와 그로부터 이끌어내진 결과를 다른 이를 위한 방향설정 척도로 제시하는 데 있다는 것만을 의미하는 것이 아니다. 이러한 첫눈에 눈에 띄게 단순하며 생산적으로 보이는 이문화 준비의 방법은, 질적인 요구를 만족시키고, 체계적인 준비훈련과 아무런 관계가 없는 저렴한 버전이다. 여기서 의미하는 바는 전문적으로 전적으로 외부 트레이너에 의해서도 수행된 이문화 준비훈련이며, 동반훈련이고 재통합 훈련이다. 이 훈련은 각각의 기업을 위해서는 특수하면서, 관리되고 계속 업데이트되는 전문가 정보 풀로부터, 현재의 실용적인 정보를 전달하기 위해 필요한 정보들을 얻을 수 있다. 이를 보증하기 위해 외부에서 얻는 훈련전문가와 국제 비즈니스를 위한 전문가 정보 풀 개발 및 유지 보수를 담당하는 인력개발부서의 책임 있는 관리자 사이에 긴밀한 협력이 필수적이다.

귀국한 해외거주자의 재통합 문제에 관한 연구는, 귀국한 외국근무자가 본사에 있는 그들 상사와 동료가 그들의 외국 경험에 관심을 보이기를, (즉) 자신들의 자회사에서 수집한 특수한 전문적 지식, 파견되었던 나라의 문화에 관한 통찰과, 자신들에 의해 개발된 파견된 나라의 상사, 동료, 직원들과 생산적인 협력을 위한 방법이 관심을 받아 수용되고 진가가 인정되기를 기대한다는 것을 나타내고 있다. 그러나 실제는 모든 연구들이 밝히고 있는 것과는 완전히 다른 것으로 보인다. 상사와 동료는 무엇보다도 재미있고 신기하게 들리는 스몰토크를 풍부하게 하는 이야기에 관심이 있다. 그러나 특별한 지식, 통찰에는 관심이 없으며, 또한 조언, 개선의 제안 또는 전문가 견해에는 전혀 관심이 없다. 그들 경험에 대한 기대된 관심과 그들이 옳은 근거에서 보고할 수 있다고 믿는 모든 것에는 실제로 완전히 무관심해 하는 이러한 큰 차이는 재통합 국면에서 중요한 부담요인 중 하나이다. 많은 외국거주자들은 그들이 이러한 본래는 익숙했으나 그 사이 낯설게 된 문화에서 더 이상 배겨내지 못하기 때문에, 본사로 복귀 직후, 가능한 한 바로 외국파견을 신청하도록 하는 생각을 부추긴다. 전문가 정보체계의 조직적인 구축과 함께 한편으로 전문가 지식을 얻을 것이고, 또한 이 지식은 훈련 및 자문 조치의 질적 향상을 위해 사용할 것이며, 다른 한편 기업에 의해 원해지고 인정된 경험의 교류에 따라 직원들의 그 밖의 충족되지 않은 필요에 응답하게 될 것이다.

수행된 이문화 훈련의 효과에 대한 특정 목적의 체계적인 평가는 앞 장에서도 기술된 것처럼 중요한 데이터자료를 제공한다. 그 자료로부터 계속교육, 훈련조치 및 자문조치를 위한 인식과 통찰을 얻을 수 있다.

참고문헌

Albert, R. D. (1983). The Intercultural Sensitizer or Culture Assimilator: A Cognitive Approach. In D. Landis & R. W. Brislin (Eds.), *Handbook of Intercultural Training Vol. II. Issues in Training Methodology* (pp. 186-217). New York: Pergamon.

Bergemann, N. J. & Sourisseaux, A. L. J. (Hrsg.). (1996). *Interkulturelles Management* (2. Auflage). Heidelberg: Physica.

Chemers, M. M. & Fiedler, F. E. & Lekhyananda, D. & Stolurow, L. M. (1966). Some Effects of Cultural Training on Leadership in Heterocultural Task Groups. *International Journal of Psychology 1*(4), 301-314.

Cushner, K. (1989). Assessing the Impact of a Culture-General Assimilator. *International Journal of Intercultural Relations, 13*, 125-146.

Deller, J. (1997). *Interkulturelle Eignungsdiagnostik - Zum Stand der Forschung und zur Verwendbarkeit von Persönlichkeitsskalen.* Universität der Bundeswehr Hamburg, Fachbereich Pädagogik: Dissertation.

Furnham, A. & Bochner, S. (1986). *Culture shock.* London: Methuen.

Kinast, E.-U. (1998). *Evaluation interkultureller Trainings.* Lengerich: Pabst Science Publishers.

Kirkpatrick, D. L. (1979). Techniques for Evaluating Training Programs. *Training and Development Journal, 33* (6), 78-92.

Kühlmann, T. M. (Hrsg.). (1995). *Mitarbeiterentsendung ins Ausland.* Göttingen: Hogrefe.

Lamnek, S. (1989). *Oualitative Sozialforschung, Bd. 2: Methoden und Techniken.* München: Psychologie Verlags Union.

Landis, D. & Brislin, R. W. & Hulgus, J. (1985). Attributional Training versus Contact in Acculturative Learning: A Laboratory Study. *Journal of Applied Social Psychology, 15* (5), 466-482.

Landis, D. & Bhagat, R. S. (Eds.). (1996). *Handbook of Intercultural Training*

(2nd Edition). London: Sage.

Landis, D. & Bennett, J. M. & Bennett, M.J. (Eds.). (2004). *Handbook of Intercultural Training* (3rd Edition). New Delhi: Sage.

Mayring, P. (1993). *Qualitative Inhaltsanalyse. Grundlagen und Techniken* (4. erw. Aufl. Neuausg.). Weinheim: Deutscher Studien Verlag.

Oberg, K. (1960). Cultural Shock: Adjustment to New Cultural Environments. *Practical Anthropologist, 7,* 177-182.

Rahim, A. (1983). A Model for Developing Key Expatriatee Executives. *Personnel Journal, 62,* 312-317.

Schroll-Machl, S. (1996). Kulturbedingte Unterschiede im Problemlöseprozess bei deutsch-amerikanischen Arbeitsgruppen. In A. Thomas (Hrsg.), *Psychologie interkulturellen Handelns* (S. 383-409). Göttingen: Hogrefe.

Schroll-Machl, S. (1997). *Bilanz-Gespräche mit Expatriates über Integrations-probleme im Gastland,* Deggendorf: unveröffentlichtes Manuskript.

Stahl, G.K. (1998). *Internationaler Einsatz von Führungskräften.* München: Oldenbourg.

Thomas, A. (2003). Psychologie interkulturellen Lernens und Handelns. In A. Thomas (Hrsg.), *Kulturvegleichende Psychologie* (2.Aul.). (S. 433-486). Göttingen: Hogrefe.

Thomas, A. (1996). Analyse der Handlungswirksamkeit von Kulturstandards. In A. Thomas (Hrsg.), *Psychologie interkulturellen Handelns* (S. 107-135). Göttingen: Hogrefe.

Thomas, A. (Hrsg.). (1996). *Psychologie interkulturellen Handelns.* Göttingen: Hogrefe.

Thomas, A. (Hrsg.). (2003). *Kulturvegleichende Psychologie* (2. Aufl.). Göttingen: Hogrefe.

Thomas, A. (2005). *Grundlagen der interkulturellen Psychologie.* Nordhausen: Traugott Bautz.

Thomas, A. & Schroll-Machl, S. (1998). Mittel- und längerfristige Auslandseinsätze als Meilensteine der Personalentwicklung von Führungs-(nachwuchs)kräften. In R. Brühl & H. Groenewald, & J. Weitkamp (Hrsg.), *Betriebswirtschaftliche Ausbildung und internationales Personalmanagement*. Wiebaden: Gabler.

Thomas, A. & Kammhuber, S. & Schroll-Machl, S. (Hrsg.). (2003). *Handbuch Interkulturelle Kommunikation und Kooperation. Bd. 2: Länder, Kulturen und interkulturelle Berufstätigkeit*. Göttingen: Vandenhoeck & Ruprecht.

Thomas, A. & Kinast, E.-U. & Schroll-Machl, S. (Hrsg.). (2003). *Handbuch Interkulturelle Kommunikation und Kooperation. Bd. 1: Grundlagen und Praxistfälder*. Göttingen: Vandenhoeck & Ruprecht.

Triandis, H.C. (1994). Cross-Cultural Industrial and Organizational Psychology. In H. C. Triandis & M. D. Dunnette & L. M. Hough (Ed.), *Handbook of Industrial and Organizational Psychology* (pp. 103-172). Palo Alto: Consulting Psychologists Press.

Urbanek, E.-U. (1996). Handlungspsychologische Analyse der Wirkungen interkultureller Trainings im internationalen Personenaustausch am Beispiel des "American Study and Culture Assimilator". In Gesllschaft für Ostkooperation (Hrsg.), *Kultur & Management* (Arbeitspapier Nr. 5) (S. 37-55). Wien: Gesellschaft für Ostkooperation.

Wottawa, H. & Thierau, H. (1990). *Lehrbuch Evaluation*. Bern: Hans Huber.

현재의 이문화 학습처방
새로운 현실 - 새로운 구상

율리아나 로트 (Juliana Roth)

1. 역사적 전망에서 이문화 훈련

1.1 시작

이문화 훈련은 아주 새로운 현상이고, 따라서 그 역사적 발전에 대한 관심이 뭔가 놀랄만한 것으로 여겨지는 것 같다. 그러나 개인과 기관의 경험, 회의, 학회, 연구논문, 모음집 또는 학회지 형태의 출판물 등의 증거를 정확히 들여다보면 내용, 방향, 인물에 대한 역사적인 조망이 전적으로 의미 있어 보이는 이목을 끌만한 많은 정보에 접하게 된다(Leeds-Hurwitz 1990; Rogers & Hart 2002a, 2002b; Pusch 2004). 역사에 대한 전망은 유익하다. 이는 한편으로는 상호문화성을 학문적으로 다루는 것에 어떤 증명서를 발급하는 것이기 때문이고, 다른 한편으로는 현재와 미래의 발전을 위해 비교의 토대와 성찰의 측면에서 역할을 할 수 있기 때문이다.

에드워드 홀과 그의 동료들이 약 50년 전 쯤 워싱턴 D.C.에 있는 외국서비스기관(FSI)에서 처음으로 상호문화성을 다룬 개념체계를 개발했을 때, 그들은 외무부 종사자의 실무를 위해 추상적이며 인류학적이고 언어학적인 개념을 이용하여 목표를 추구했다. 홀을 중심으로 구성원 집단은, 나중에 "이문화 훈련"이라고 불리고, 다른 직업군으로 확장된 준비대책방안의 개척자로 간주되었다. 이 집단을 시간적으로 압박하였고, 그 집단에게 효과적인 진전을 요구한 연방 부서의 관료적인 규정과 계속적인 갈등 속에서 작업했기 때문에 훈련의 첫 개발은 모든 것이 순조롭지 않았다. 이 기관은 내부에서는 연구단위처럼 작동하나, 외적으로는 학문과 실습의 혁신적 연결에서 생기는 어려움에 대한 이해를 거의 지원받지 못하는 국가 행정기구의 논리에 종속되어야 했다. 첫 강좌는 4주 지속되었으며, 목표국가의 언어와 지역학에 대한 수업과 문화, 개인적 변화와 같은 주제와 미국 문화에 대한 수용을 포함하였다(Hall 1956, 6).

나중의 이문화 훈련의 발전도 문화이론적인 지식을 실습으로 전환하는 데서 발생하는 긴장을 없앨 수는 없었다. 그래서 실습과의 관련성은 80년대에야 비로소 더 강하게 이론적 정착을 추구했던 이문화 연구를 위한 도전으로 남았다(Leeds-Hurwitz 1990, 262). 홀 시대의 유산은 연구의 학제적 성격이며, 또 그로부터 생겨난 모든 모순과 한계를 지닌 이문화간 의사소통이 실습과의 관련성의 원칙을 충실히 지키는 것이었다. 그러나 관련분야의 관점에서 하나의 변화가 두드러지는데, FSI 시대에는 아직 문화인류학과 언어학이 중요했는데, 나중에 스피치 커뮤니케이션과 상호문화 심리학이 주도적이었기 때문이다. 이와 달리 독일에서는 대부분 인류학, 사회심리학, 의사소통학과 교육학이 관련되었다. 그러나 이러한 다양한 방법은 아직까지 상호간의 결실이 거의 없으며, 오히려 "방법의 논쟁"으로 끌어갔고, 문제는 실습과의 관련성이다. 왜냐하면 공적인 담론에서 이론적 지식을 사회적 실습에 이용하는 것이 긍정적으로 평가될지라도 그 이용이 학문적 세계에서는 아직까지 거의 권위 있는 것으로 간주되지 않기 때문이다.

1.2 유럽의 발전

유럽에서 이문화 훈련의 역사적 발전에 대한 개관은 미국의 발전과 많은 유사성을 가지면서도 분명한 차이를 보인다. 유럽에서도 실습의 욕구와 문화-학습-방안에 대한 필요성을 의식하게 한 외국인과의 직접적 경험이 있었다. 그러나 학문적 집중이 먼저 이루어진, 즉 상호문화성이 우선적으로 학술적 여건에서 주의를 끈 유럽에서는 많은 것이 달리 진행되었다. 독일 베를린에서는 '산업국가와 개발도상국가 간의 국제적, 이문화간 의사소통'에 대한 학술대회가 개최되어, 이를 통해 주최자들은 "독일 연구에 새로운, 또한 실습에 의미 있는 주제가 매력적으로 보이고, 새로운 자극이 되기를"(Maletzke 1966, 7) 희망했던 1966년에 이미 발전의 징후가 있었다. 게르하르트 말레츠케는 그것을 위해 진력하였다(1970, 1984). 그러나 이러한 희망이 당시에는 충족되지 않았음을 확인해야 했다. 10년 후에야 비로소 외국어 교수법이 지역학에 대한 관심을 넘어 이문화간 의사소통의 문제점에 조심스럽게 다가가고(Göhring 1976; Weber 1976), 당연히 강하게 이문화 상호작용의 구두 차원과 외국인이해의 문제(Müller 1980, 1986)를 중심으로 특별한 초점을 맞추기 시작하였다(Rehbein 1985; Hinnenkamp 1994). 바로 그 후 심리학도, 국제적 교류에 있어 업무와 관련된 가치, 인식, 정체성, 외국생활에 대한 질문들과 '표준문화'(Thomas 1980, 1985, 1991) 찾기가 중요시되는 영역에 관심을 보였다.

독일에서 학문적인 관심은 무엇보다도 70년대의 노동이민의 대규모 집단이 (당시) 산업화가 덜 된 나라로부터 서유럽 공동체로 장기간, 나중에는 지속적인 체류를 목표로 가지고 이루어진 이주 흐름에 의해 촉진되었다. 바로 여기에서 미국의 발전과 근본적인 차이가 분명해진다. FSI에서 훈련된 외교관에게는 문화적 낯설음이 그들 조국 밖에서 나타났고, 외교관들이 외국 파견지에서 우선 위계상 유사한 위치의 개인들과의 상호작용을 예상했다면, 이주민과의 만남은 반대로 사회내적인 현상이다. 이주민은 삶의 중심을 자신을 수용하는 공동체 안에 두었으며, 해가 감에 따라 점점 거의 복귀하지 않는 쪽으로 기울어졌다. 이로써 지역민과 이주민은 본질적으로 비대칭적 상호작용이 발생하는 다수-소수-관계 안에서 살고 있다. 유럽에서 파견문제가 등한시 된 것이 아니라, (미국에서와 달리) 국제적이고 다문화적인 필요성 영역의 이중성과 그 때문에 이중 실습의 중요성이 전면에 부상하였다(Roth & Köck 2004).

유럽에서는 이문화 훈련이 1990년대에 비로소 제대로 시작되었고 이것은 미국에서 1960년대의 지배적인 후기식민지시대 정신과는 근본적으로 다른 상황과 관련되어야 했다. 유럽적 상황은 –세계화 외에도– 유럽연합의 점진적인 발전과 동유럽 공동체의 후기사회주의 변화를 통해 결정되었다. 훈련의 도입은 미국에서보다 더 유리한 전제들 아래 이루어졌으며, 한 기관에서 파견된 사람이 개인적으로 잘 지내는 것보다 훨씬 더 광범위한 것이었다. 세계화와 그 사이에서 인식할 수 있는 결과와, 또 다문화주의 논쟁 때문에 문제의식은 매우 커졌고, 게다가 학문적 연구와 실습경험의 주도로 인해 이론적이고 방법적인 훈련의 토대에 대한 문제제기가 이미 처음부터 나타났다.

미국과 유럽에서의 이문화 훈련의 경험과 발전의 사회적, 정치적 환경의 토대위에서 내용, 방법, 인종적 차원에서 다양한 차이가 기대될 수 있다. 이 연구되어야 할 것과 그 결과의 열매는 할 만한 가치 있는 과제일 것이다. 비록 그 주제가 전공영역에서 자주 토론 된다 하더라도 아직까지 여기에 대해 출판물이 거의 없다.

2. 미국의 유산

2.1 특징

최초의 훈련, 직업협회, 학문적 기관, 학회지 및 도서 시리즈의 영역에서 선구적인 모든 업적처럼 체계적인 이문화 학습방안의 대부분의 모델과 본보기들은 미국 저자들에 의한 것이다. 이문화간 의사소통에서 대학 강의를 위한 수많은 교재 또한 대단히 인상적이다(Chen & Starosta 1977; Ferraro 1977; Guirdham 1999; Klyukanov 2005; Martin & Nakayama 2005). 오늘날도 이문화 교육자와 훈련하는 이들은 미국 동료(M. Bennet 1986; Brislin & Yoshida 1994a, 1004b; Fowler & Mumford 1995, 1999; Kohls & Knight

1994; Singelis 1998)의 학습모델과 작품에 토대를 두고 있다. 보다 더 중요한 것은 미국 유산을 유럽으로 차용함에 있어 특별히 중요한 부분을 서로 다른 관점으로 보는 것이다. 이때 창시자들의 업적이 전적으로 합당하게 인정되지만, 이 업적은 특별히 유럽의 역사적 사회적 조건을 적합하게 고려한 새로운 개념을 통해 보충되어야 한다.

이문화 영역에서 중요한 모든 트레이너 혹은 계속교육 담당자는 확실히 다방면에서 이문화 학습의 훈련방법과 기본전제 중 많은 것이 단순히 유럽의 학습 환경으로 전이될 수 없다는 것을 경험하였다. 이는 전혀 놀라운 것이 아니고, 학습도구는 항상 그 공동체 상황의 반사이기도 하다. 그러나 이문화 훈련은 아직까지 –명시적이든 묵시적이든– 일차적으로 북미의 생활환경 맥락에 맞춰졌다. 이로부터 중대한 결과가 생겨나는데, 특히 미국식 정의와 기회균등이라는 도덕적 필수성에 따라 사회 내적 문화적 차이는 –그것을 타부시하기까지– 감춰지게 된다는 사실이다. 차이는 단지 외부적인 관계에 따라 논의될 수 있어서, 그 때문에 이문화 훈련은 출국하는 매니저, 학생, 군인, 평화봉사단 일원 등을 위한 예비조치로만 이해된다. 실제로 이런 집단은 오늘날까지 미국에서 이문화 준비의 가장 중요한 수강생들이다(Pusch 2004, 15-19).

상이한 이주 집단의 유입으로부터 생겨난 문화적 다양성은 정치적인 정확성이라는 지시를 따르고, 간접적으로 '다양성 훈련'의 맥락에서만 언급될 수 있다. 퍼드맨Ferdman과 브로디Brody(1996, 284-286)는 이문화 훈련과 다양성 훈련은 엄격하게 구분되어야 하고 기술과 도구 면에서 있을 수 있는 유사성 때문에 이 둘이 근본적으로 다른 전제에서 나온다는 사실을 착각할 수 없다고 주장한다. 이문화 훈련은 개인-중심적이고 출국자가 외국에서 개인적인 대처의 개선을 목표한다. 반면 다양성 훈련은 임의적인 집단관계의 다양성(종족, 언어, 외모, 성별, 성적인 지향 등)을 제시하고, 조직에서 다원주의와 다문화주의를 촉진시킬 필요가 있다. 이문화 접근 방법은 실천적이고 다양성 방안은 도덕적으로 고정되어 있어서 항상 그때그때의 사회적 다양성의 정치적 법률적 지시아래 놓인다. 실제로 대부분의 다양성 방안은 일차적으로 새로 이주해 온 영어에 (아직) 능숙하지 않은 하층 노동자들과 주류 문화에서 온 그들의 상사 사이의 문제들을 완화시키는 데 목표가 있다.

2.2 전이의 문제

미국에서의 발전을 모방하는데 있어 유럽에서, 특히 독일에서 이문화 훈련 역시 파견될 사람을 위한, 특히 경영과 개발지원의 관리자들과 학생들을 위한 개별적인 훈련으로 시작하였다. 유럽의 다문화 사회의 문제에서 나온 필요는 나중에야 드러났으며, 오늘날은 지속적인 세계화라는 조건 때문에 이 필요가 점점 중요하게 되었다. 이것을 마지못해 공개적으로 인정하더라도, 유럽의 사회정치적 패러다임은 미국에서와 달리 다수문화와 소수문화가 존재한다는 데서 출발한다. 이문화 학습에 대한 요구는, 다수문화의 구성원으로서 "외국 시민을 이해하는 것을 배울" 의무가 있거나, 또는 소수문화의 일원으로 언어와 문화 수업을 매개로 통합하고 동화할 기회를 주는 개인의 과제로 정의된다. 그로부터 정치적인 견해와 다양성 훈련에서 나타나는 정치적인 견해와 학습목표와의 중복은 전혀 생기지 않으며, 이에 반해 학습 기술적인 면에서 이문화 훈련의 작업과 가까운 것은 분명하다. 이는 내용과 방법에 있어 독일의 사회적 환경에서 이문화 훈련과 다양성 훈련은 유사하게 조직되고 수행될 수 있음을 의미한다.

'미국식의' 흔적은, 그것이 목표 집단, 체재, 학습방식 또는 방법선택이든지 간에 모든 훈련영역에서 분명하게 알 수 있다. 유럽 훈련의 짧은 역사는 지금까지 근본적으로 미국-이문화학자들의 개발을 수용함으로써 이루어져 있다. 위르겐 볼텐Jürgen Bolten[1]은 독일어권에서 이문화 훈련연구가 전혀 발전되지 않았다는 것을 제대로 환기시키고 있다. 내용과 방법에서 대부분 미국의 훈련 문헌이나 평가되지 않은 훈련자료에서 나온, 거기다가 대부분 이론적인 토대에 대해 성찰하지 않고 투입된 똑같은 레퍼토리가 무비판적으로 보급되고 있다. 알려져 있는 것들도 이미 출판된 방법들을 겉만 바꾼 후에 자기의 방법으로 시장에 내놓은 비도덕적인 버전들이다.

비록 지난 기간에 이문화 학습 체재에 관한 독자적인 개발에 대한 노력이 증가했어도(Grosch & Groß & Leenen 2000; Roth & Köck 2004) 훈련에 대한 독창적인 논문은 드물다. 이런 출판물의 어떤 것도 유통과 인기에 있어서도 미국의 성과와 우열을 다툴 수 없다. 예컨대 훈련이 독일

1 이 책에서.

이나 네덜란드에서 이론적인 보충과 활성화된 실제적 변환이 필요하다는 것을 확인하는 것만으로 충분하지 않다. 필요한 것은 오히려 유럽에서 실제로 생활한 문화적 다양성의 복합성과 관련된, 또 이론적인 인식과 사회적 실천을 위해서 그 이론의 활용하는 것 사이의 관계를 확립 할 수 있도록 하는 새로운 연구이다.

3. 문제점 제시

세계화에 동반된 정치적, 경제적, 사회적 변화는 1950년대에서 80년대의 그것과는 판이하게 다른(Benett & Benett 2004, 1 이하) 상호문화성의 상황을 만들어냈다. 매일의 한없는 네트워크는 새로운, 놀라운 경계를 만들어냈고, 문화적 차이를 다루는 익숙하지 않은 사회적 방안이 실행되었다. 이문화 훈련은 오늘날 분명한 영토나 언어의 경계가 전혀 없는, 그러면서 대단히 새롭고, 또 빨리 바뀌는 종종 가상의 경계를 만들어내는 생활세계와 관련되어야 한다. 이문화 교육의 –그 때문에 이문화 훈련의– 기초가 오늘날의 사회문화적인 환경에로의 적응이 필요하고, 그 때문에 그 기초를 다시 토론하고 깊이 생각해야 하는 징후가 증가하고 있다. 장애를 위한 근원적인 훈련체재와 훈련내용을 다른 국가-사회의 상황으로 바꾸는 것도 마련되었다. 상호문화성에 대한 접근은 보편적이 아니어서 이문화 훈련과 훈련수단들은 다른 문화적 환경에 이용할 때 비판적으로 읽어내고 또 적응하는 것이 필요하다는 인식이 일반적으로 널리 알려졌다.

3.1 문화이론

문화인류학의 위치

이문화간 의사소통 실습의 방향설정과 이 영역에 있어 매체를 통한 눈에 띄는 대처("함정 학습")는 이문화 훈련을 위한 이론형성에 결코 유리하게 작용하지 않았다. '이문화 훈련 편람'[2]의 세 개의 판은 그때그때 시점의 대표적인 전망을 나타내는 주장을 제시하였으나, 그 안에서는 주로 심리학, 커뮤니케이션학, 교육학 측면의 실습중심의 결합이 나타난다. 편람 내용을 비교하면, 이론적인 토대에 대한 관심이 시간이 흐르면서 대단히 줄었다는 인상을 얻게 된다. 어떤 판에서도 '문화'에 대한 이해를 주제로 한 기고를 찾지 못한다. 문화가 문화-학습을 다루는 핵심대상이고, 각 훈련의 시작에 "문화란 무엇인가?"라는 강령으로 들리는 질문이 있지만 훈련 문헌에는 보통 인종적인 문화이론이 없이 꾸려진다. 이러한 역설적인 느낌의 상황 설명은 1956년 FSI의 폐쇄 후 개발 전망을 제공한다(Chen & Starosta 1998, 8-13; Rogers & Hart & Yoshitaka 2002, 13-15). 홀의 작업은 인류학의 동료들에게서 거부당했는데, 그것은 그들이 이문화 영역을 이론적으로 거의 중요하지 않는 것, 게다가 윤리적으로 애매한 것으로 간주하였기 때문이다. 그러자 홀은 자신의 학문적 경력을 인류학자로서 이어나갔으며, 그러나 여전히 개인으로는 문화상호성의 문제에 몰두하였다. 70년대를 지나면서 이문화간 의사소통 작업은 문화비교 심리학과 대인관계 의사소통의 영향 밑에서 점점 자라났다(Rogers & Hart 2002, 4 이하). 미국 대학

---

2 Landis & Brislin 1983; Landis & Bhagat 1996; Landis & J. Bennett & M. Bennett 2004; 각각의 판은 완전히 새로운 논문들의 모음집을 제공한다.

에서 이문화 교육 프로그램은 오늘날 비교문화 심리학과 스피치 커뮤니케이션학 영역에서만 제공된다.

이문화 분야에서 그 주요 위치를 상실한 것에 대해 많은 문화인류학자들은 유감스럽게 여겼고, 또 다른 사람들은 비판하였다(Dahlén 1997, 21). 그러나 이문화 훈련이 문화인류학의 이론에서 거의 정착되지 않았던 것이 계속된 비판과 거부의 한 이유이기도 하다. 스웨덴 사회인류학자인 울프 하네르츠에게 훈련이란 단지 애매한 "문화충격 예방산업"(Hannerz 1992, 251)이다. 그의 제자인 토미 달렌은 이 비판을 자신의 이문화 훈련의 인종학적 연구(1997)의 시작에 내세운다. 이 연구에서 그는 미국 훈련의 가장 중요한 기관, 방법, 인물, 방안을 세밀하게 기술하고 분석하였다. 그의 관심은 무엇보다도 훈련의 이론적 토대에 있었으며, 그 실상이 그에게 강력한 비판의 빌미를 준다. 보다 새로운 발전을 위한 비판적 시각과 신중성 없이 상이한 영역과 시대에서 나온 절충적으로 결합된 개념과 방법을 "재활용"하는 것이라고 달렌은 확인한다. 특별히 그는 그것을 문화개념에서 밝히고 있다(Dahlén 1997, 151 이하).

3.2 문화개념

19세기 말 에드워드 타일러에 의한 최초의 근대적 문화 정의 이래 인류학의 학파와 노선은 각각 자신들의 '문화'에 대한 개념 규정을 발전시켰다. 이것은 모두 그때그때 탐구정신의 사회적 실상과의 논쟁에서 생겨났고, 그러므로 항상 그들 시대정신을 성찰하는 것이다. 이문화간 의사소통은 전혀 고유한 문화개념을 발전시키지 않았고, 오히려 이것을 이문화 훈련에 실제적으로 사용할 때도 항상 문화인류학 내지는 인종학에서 차용하였다. 문화개념의 지속적인 발달은 단지 문화인류학에서만 행해졌다(그리고 행해지고 있다). 또한 문화인류학에서 만들어진 것의 차용은 그래서 항상 이 분야에서 개념 발달의 각 국면을 반영한다.

1950년대 이문화 훈련의 시작은, 그 당시의 반식민주의적, 반인종주의적 경향과 일어나기 시작한 인권논쟁의 맥락에서 이해해야 하는 문화상대주의적 견해가 우세해진 것과 때를 같이했다. 상대주의적 문화개념은 문화를 영토상 서로 경계가 구분된 공간에 살고 있는, 응집력 있고 동질적인 사회적 전체성에 대한 특수한 학습된 사회적 지식으로 파악했다(Thomas 1993, 380). 거의 이동이 없는 당시의 또 정보교류가 제한된 시대에 있어 이러한 개념 규정은 확실히 적합하였다. '문화'는 객관화 할 수 있는 것으로 보였으며 –최소한 산업국가에서– 어디까지나 '국가문화'와 동일시되었다.

이러한 문화에 대한 꽤 오래된 이해는 오늘날까지 대부분 훈련의 토대를 형성하고 있으며, 많은 근간이 되는 출판물과 안내서를 통해 고정되었다. 이 견해의 장점은, 이것들의 도움으로 서로 다른 국가문화의 구성원들 사이의 상호작용을 매우 높은 확률로 예측하고, 발생된 오해를 '문화차원'의 도움으로 분석하여 처리할 수 있다는 데 있다. 그러나 단점은 이것들이 대단히 심각하게 일반화된 '국가문화'의 형상을 믿어버리도록 호도하며, 복잡한 상황들 –예컨대 다문화 사회에서처럼– 은 파악하기가 아주 어렵거나 전혀 파악될 수 없다는 데 있다. 정당한 비판에도 불구하고 그러나 오늘날 여전히 "고전적인 문화개념"에 따라 파악할 수 있는 충분히 많은 상호작용이 있다. 예컨대 외교관, 국제적 조직의 직원, 개발도우미, 파견경영인, 교환학생, 평화안전군의 군인들, 또 이방의 소수로서 일시적으로 문화적인 다수 속에 체류하는, 다시 말해 국제적인 맥락 안에 놓여 있는 직업집단의 직업적이며 개인적 일상에서의 상호작용이다. 또한 비슷한 구조가 낯선 것에 대한 경험이 없거나 미미한 사람들이 마주하는 경우에도 나타난다. 그러한 사람이 산업국가에서는 그 사이 매우 적어졌다 하더라도, 세계인구의 대부분은 어디까지나 지역문화라는 좁은 공간에서 체재하는 것이 특징이다. 그런 맥락에서 '문화'는 아마도 잘 알려진 볼 수 있는 부분과 볼 수 없는 부분을 구별하는 데서 출발하여 이 둘 사이의 인과관계를 전제하는 '문화의 빙산'이라는 은유로 표현될 수 있다.

늘어나는 세계화, 개인화, 이동성, 정보의 상호연결성의 현 시대에서 이문화적 만남의 많은 좌표들이 변하였다. 이문화 행위영역은 분명한 문화의 귀속성을 통해서는 점점 설명될 수가 없다. 지역과 결합된, 닫힌 전체성으로서의 문화에 대한 생각은 오늘날 세계의 많은 곳에서 –특히 고도로 산업화된 지역에서– 논란의 여지가 있다. 따라서 문화상대주의적인 사상을 통해 비춰진, 그 사람의 문화를 통해 개인을 측정하려는 이해는 오늘날 너무 정태적이고 결정론적이라고 비판된다(Hannerz 1995, 67).

현재의 문화인류학과 인종학에 대한 이해에서 문화는 단지 상황에 의해 또 개별 경우에서만 파악될 수 있는 구조를 제시하는 뭔가 유동적인, 복합적이고 다면적인 것이다. 그 속에서 상징, 형상, 주관적 해석이 중요한 위치를 차지한다(Auernheimer 1999; Gemende 1999; Moosmüller 2000). 이 문화개념은 다문화적 상황에서 상호작용하기 위해 분명하게 더 나은 토대를 제공한다. 다문화 사회에서 다소와 소수 간의 비대칭적 관계는 주관적으로 지각된, 더 나아가 이미지화되고, 또 스스로를 충족시키는 예언으로서 그 고유의 역동성과 실재를 발전시키는 차이들의 심화된 산물로 이어질 수 있다.

3.3 문화개념 논쟁?

문화개념의 두 가지 아주 다른 존재가 문제인가? 사실 그렇지 않다. 고전적인 문화개념을 극단적으로 현대적인 것으로 대체시켜서 보고 싶은 토미 달렌과 달리 필자는 이문화 훈련에서 오늘날 문화에 대한 양면적인 생각이 서로 양립할 수 있고, 생산적일 수 있다고 보는 견해이다. 그래서 바로 문화-학습의 시작에서 '빙산'-모델이 첫 번째의 방향설정으로 대단히 유용한 것이라고 제시한다. 초보자들에게 그들이 그것을 가지고 자기들 문화종속적인 생활세계의 경험을 정리하고 추상적인 문화개념을 스스로 구체화 할 수 있는 구조들이 제시된다. 훈련맥락, 기간, 학습욕구, 목표설정에 따라 트레이너는 두 번째 모델의 도입을 결정한다. 이 모델은 언제나 개인의 문화지식을 가지고 있되, 그것을 여는 것은 의무가 아닌 볼 수 없는 '배낭'으로 파악한다. '문화배낭'을 다루는 것은 개인이 개별적으로 또 상황에 따라 자유롭게 이용할 수 있기 때문에 훨씬 유연하다. 이 모델은 개방적이며, 고정된 '문화인물사진'으로부터 시작하는 압박을 지양하게 한다(Roth & Köck 2004, 18 이하). 두 모델은 서로 모순되는 것이 아니다. '빙산'-은유에 의해 더 잘 파악되는 맥락과 상황이 존재하며, 다른 것은 오히려 '배낭'-은유에 의해 잘 파악된다. 트레이너가 두 문화개념과 그것의 한계를 더 안정적으로 다룰수록, 더욱 더 잘 구분하여 그는 이문화 실제를 파악하며, 거기에다 적합한 이론적인 열쇠들을 찾아내서 이문화 학습과정 동안 자신의 참여자들을 동행할 것이다.

3.4 이론-실습-전이

오늘날의 이문화 훈련의 불충분한 문화이론적 기초는 여러 가지 위험을 감추고 있다. 이 불충분한 기초가 연구자로 하여금 훈련에서 물러나게 하고, 이론적으로 충분히 준비가 안 된 실무자에게 아주 맡긴다. 한 발 앞서는 것이 실무자라는 것이 분명하면 할수록, 연구자는 더 뒷걸음질을 치기 때문에 이 두 경향은 서로 굳어진다. 문화이론과 훈련실무 사이의 균형은 오늘날 더 이상 존재하지 않고, 이문화 훈련의 신뢰도에는 문제가 있다. 이런 문제점을 미국의 이문화학자들이 아주 잘 인식하고 있다. 두 가지 직업군 사이의 소원함은 고정된 사실이며, 이것은 *이문화 교육, 훈련 및 연구협회*(SIETAR)의 많은 연구자와 경험 있는 트레이너들에게서 발췌되었다(Landis 1997).

이런 딜레마에서 빠져나갈 길로서 이문화 트레이너에게 특히 근본적인 문화인류학적 개념과 구상과 관련하여 이문화 훈련을 위한 폭넓은 이론적인 기초를 스스로 만들라는 엄한 요구가 있다. 이러한 탄탄한 기초를 포기한다면 무엇보다도 내용과 방법에 대한 관리를 하지 못할 위험이 있다. 이것은 토론과 임무수행 보고에서 쉽게 볼 수 있고 트레이너는 전문성 결핍이라는 비난을 받을 수 있다. 그러한 기반과 더불어 비로소 훈련에서 이론적인 개념들의 변환과 조정이, 특히 문화개념의 조정이 이루어지고, 해당 훈련연수생의 지식상태에 적응할 수 있다. 경험이 보여주는 것은 문화학의 비전문가에게 '문화'와 같은 현상은 그 전체 복합성에서 전혀 전달될 수 없으며, 문화 또한 결코 분명하게 고정될 수 있는 모양으로가 아니라, 언제나 다른 사회적, 경제적, 정치적 현상들과의 관계에서 나타나고, 또 그렇기 때문에 결코 확실하게 격리할 수 있거나 분석할 수 없다는 것이다.

이론과 훈련실습 사이의 교류를 위해 거기서 두 가지 요구가 제시된다. 즉 (a) 교수법적 실패의 위험을 피하기 위해 이론적인 기초에 대한 끊임없는 주장과 (b) 이해를 촉구하거나 이해할 수 있도록 이론적인 개념을 훈련실습에로 책임 있게 변환하는 것. 두 차원은 트레이너가 이론적으로 기초가 튼튼할수록, 결국 그에게 일하는 것이 실제로 더 잘 이루어 질 것이기 때문에 얼핏 대비처럼 보인다. 다시 말해 이론적 지식은 볼 수 없는 포획그물망의 기능, 트레이너를 내용과 방법의 조직에서 뒷받침하는 배경지식의 기능을 떠맡는다. 이론적인 토대가 트레이너의 머리에 안정되게 정착될수록, 그는 강의를 덜해야 하고, 더 자유롭고 더 창조적으로 그는 훈련과정에서 이론을 활용할 수 있고, 자신의 방법을 조화시킬 수 있으며, 더 유연하게 자기 훈련연수생의 물음과 문제에 반응할 수 있다.

4. 윤리

이문화 훈련에서 윤리는 영어권 문헌에서 쥬디트 마르틴Judith Martin과 마이클 페이지Michel Paige의 이름과 관련된 주제이다. 그들의 출판물(Paige & Martin 1983, 1996)은 오늘날까지 이문화 학습과 교수의 영역에서 명시적인 윤리적 규범을 제시한 유일한 문헌이다. 이것은 일반적이며, 인류학의 *'윤리규범'*에 근거하고 있으며 훈련연수생의 완전무결성의 유지를 목표하는 문화상대주의적 견해에서 나온 원칙들이다. 이 견해에서 이 원칙들이 특히 중요한 관점으로 내세우는 것은 훈련에서 추구된 학습자 개성의 변환, 문화적인 자기 감수성화를 통한 감성의 동요, 이문화적 접점에서 힘의 불균형의 극복이다. 페이지와 마르틴은 이문화 트레이너를 윤리적 책임의 중심에 있다고 보고 그를 위해 직접적으로 이문화 훈련의 실습과 관련된, 그래서 실무자들이 쉽게 자기 것으로 이해할 수 있는 규칙을 만든다(Paige 1993a, 1993b). 이 규칙들은 이문화 학습과정에서 트레이너의 능력과 위험요인이라는 두 개의 범주와 관련되고, 윤리적으로 책임 있게 일하는 트레이너에게 요구하는 상세한 목록을 제공한다. 이 저자들은 윤리라는 주제를 철저하게 다룰 것을 요구하는 것이 아니다. 그들은 이 주제를 사업분야로서의 이문화 훈련의 증가하는 발달과 더불어, 점점 복잡해지는 대단히 어렵고 힘든 업무라고 본다.

독일어권에서 윤리는 이문화 영역에서 아직 대단히 새로운 주제이다. 그래서 여기서는 다른 훈련영역보다 더 많이 미국 저자들의 연구에 의지한다. 앞으로 나올 연구는 그들의 지식과 수요의 어떤 것이 유럽의 훈련맥락에서 수용될 수 있으며, 어떠한 보충이 필요한지를 보여줄 것이다. 나는 다음에서 이문화 학습처방에 관한 내 자신의 경험이 내 주의를 끌었으며 인용된 문헌에서는 전혀 제시되지 않은 몇 가지 측면들을 다루고 싶다.

4.1 방법

훈련의 이론적인 내용을 전달하기 위해 트레이너가 직면하는 방법의 선택은 윤리적 제한아래 놓인 대단히 책임감 있는 작업이다. 페이지는 윤리적으로 기초된 이문화 교육학의 문제점을 암시하기는 하나 학습활동의 윤리적 선택에 있어 보다 정확한 제시는 꺼린다(Paige 1993b, 175 이하).

트레이너는 그들 훈련방법의 선택에서 훈련 편람에 의존하고 있으며, 이는 미국의 이문화학자들의 우수성이 대단히 두드러지게 나타나는 영역이다. 즉 수많은 편람과 훈련 비디오는 예컨대 독일어나 프랑스어 시장에서 사용하는 모든 것을 뛰어넘는다. 게다가 보고서들은 이해할 수 있게 작성되었고, 예를 들어 가르쳐졌기 때문에 매력적이다. 그 때문에 이 보고서는 또 유럽의 트레이너들에 의해 곧잘 사용되었다. 그러나 문제는 미국의 중산층 고객이라는 사회적 특성에 맞춰진 방법이 유럽에 있어서도 쓸모 있느냐의 문제이다. 미국에서 실제 업무를 담당하는 트레이너들은 자신들은 무엇보다도, 외국어를 할 수 없고, 외국 것에 대한 거의 없거나 아주 피상적인 경험이 있고, 실습중심으로 배우기를 원하는 훈련연수생들과 일하기를 기대한다고 말한다. 당연히 훈련에 앞서 확인되어야 하는 이 특징들은 그래서 미국에서 훈련의 구성과 수행에서 기준으로 쓰인다.

4.1.1 흑백 대조

이런 특징으로부터 아마 흑-백 대조를 통해 문화적 차이를 설명하는 방법의 인기가 설명된다. 그래서 시뮬레이션과 사례연구, 또 가치에 대한 연습과 이문화간 대화가 보통 극단적인 문화적 대립으로부터 출발한다. 그 때문에 이 방법들은 유럽의 맥락에서 대부분 "단순한" 또는 "단축된" 것으로 간주되고, 이것의 교수법적 목표를 성취하지 못한다. 정서적인 훈련방법을 대단히 중시하는 것을 중요한 검사의 하나로 실시해야 한다. 문헌이 훈련방법을 인지적인 방법보다 분명하게 우위에 둔다하더라도 깊이 생각해야 하는 것은, 성인은 나이가 먹어감에 따라 새로운 것은 인지적으로 더 잘 수용하거나, 감정적인 자극과 성격개방의 요구에 대하여 아주 민감하게 반응한다는 것이다. 바로 개성의 드러냄, 수치, 거부라는 위험부담을 고려하여(Paige 1993a, 13-15) 성인에 있어서 이 두 종류의 방법사이의 균형을 주장해야 할 것이다.

문제는 또한 '문화동화' 방법의 투입이다. 이 방법의 고전적인 변형을, 즉 서로 다른 문화에서 온 개인들 간의 한 가닥의 갈등 이야기의 제시, 네 가지 해결가능성의 제안, 그리고 거기에 관련된 설명, 이것을 사람들은 오늘날 그 변형이 너무 직접적이고 창의적인 사고의 여지를 주지 않는다고 비난한다. 게다가 많은 이들은 어떤 "옳은" 해결이라는 개념을 거의 신뢰하지 않는다. 왜냐하면 오늘날 비전문가도 직관적으로 문화는 명백한 방향이 설정된 폐쇄 체계로서 이해될 수 없다는 것을 인식하기 때문이다. 설명이 가치 있는 문화정보를 포함했다는 반증 자체도 빠른 문화의 변화에 직면하여, 이 문화의 변화가 역사에서 적시성을 빼앗아 과거 시대의 증거로 변하기 때문에, 빠르게 무효화 될 수 있다. 이것은 특히 분명하게 문화동화에서 예컨대 동아시아 또는 동유럽에서 자체 빨리 변화하는 전환국가에 해당된다 (Schroll-Machl & Novy 2002: Thomas & Schenk 2001 참조). 동화-방법에 활기를 주려는 새로운 시도들(Triandis, 1995: Bhawuk, 2001)은 단지 그 생성하고만 관련이 있고, 형식주의이고 잘못된 안전 교육이라는 근본적인 비난을 반박할 수는 없다. 의미 있는 대안은 오늘날 낯선 것-이야기하기 방법이다. 이 이야기하기에서도 문화의 차이, 관점의 전환 등을 확인하고 파악하기 위해 검토하고 토론하도록, 훈련참여자에게 제시된 간단한 한 가닥의 에피소드가 다뤄진다.

4.1.2 처방지식

많은 이문화 트레이너는 어려운 이문화 상황에서의 행동을 위한 완성된 '처방전'을 주라는 압박이 자기들에게 가해지는 문제를 알고 있다. 그런 처방전을 무시하거나 '문화 크니게'*와 '문화인물사진'의

---

* (강제적이지 않은 서면상의) 특정한 상황에서 교제형식과 에티켓 규칙모음이나 책; 사람들과 교류에 대한 아돌프 크니게의 인간사이의 교제형식에 대한 책에서 유래함. 문화행동 강령, 문화행동 팁.

제시하는 위험한 그런 요구에 동의해야 하는가? 전문적인 트레이너에게 아주 잘 알려진 것은 '처방전'을 믿는 것은 잘못된 결론이고 이것은 문화 접촉의 복잡함을 정당하게 평가하지 않는 '거짓 친구' 라는 것이다. 고정된 규칙에 대한 압박의 근거는 잘 알려져 있다. 그 이유는 이문화적 상황에서 생겨나는 불안이다. 이는 이문화간 의사소통의 가장 잘 알려진 모델인 '두려움/불안 경영' 모델(Gudykunst 2005)이 기반이라는 사실이다. 여기에 더 어려운 것은 이문화 훈련이 "실수 이론"일 것이라는 대중적인 기대이다. 즉, "낯선 문화와 교류를 위한 안성맞춤", "실수를 피하기 위한 학습"같은 문구에 의해 여전히 훈련세미나의 광고 텍스트들이 길러내는 기대이다.

트레이너에게 이런 딜레마는 어려운 줄타기를 동반한다. 업무에서 윤리적인 트레이너가 업무수행자로서 고객의 원의를 만족시키고자 할지라도, 유능하게 또 전문적으로 문화의 차이를 다루기 위해서 '처방전'과 '응급조치'가 불충분하다는 것을 분명히 해야 할 것이다. 물론 이것은 전문적인 완전무결성과 교수법적 확신 없이는 넘어서기는 어려운, 모험이 없는 길은 아니다. 여기에 문화-학습과 외국어습득과의 유사점을 보는 것이 도움이 될 것이다. 중국인이 바른 독일어 문장을 만드는 데 독일어 사전의 암기학습이 거의 도움을 줄 수 없듯이 중국의 '실수'-어휘 습득은 독일의 기업인이 자신의 중국 파트너의 사고방식을 따라가는 능력을 거의 줄 수 없다.

4.1.3 말린체-증후군

그 밖의 문제가 많은 트레이너에게 의식되지는 않으나 나타나는 것 같다. 자신의 직업실무의 과정에서 훈련연수생들이 이 술책으로 자신의 파트너를 "더 잘 속일" 수 있는 "문화적 술책"을 요청하는 상황, 누가 훈련에서 가장 잘 처신 했는지를 인사개발담당자가 요구하는 상황, 협상 당사자들 중 하나와의 연대성이 요구되는 상황에 처해진 모든 이들에게 그 문제가 잘 알려져 있다. 이 모든 경우에 트레이너는 통역가나 협상가와 같은 전문적인 '중개자 이동go betweens'으로 잘 알려진 '중간자'로의 역할로 바뀌게 된다. 콘돈Condon과 유세프Yousef(1975, 197-208)도 전문화의 첫 단계에서도 이문화 트레이너의 이런 역할의 위험성을 첫째로 지적하였다. 그들은 소위 전문적인 문화 중개자인 트레이너가 제물이 될 수 있는 '말린체 증후군'을 경고한다. 이 이름은 16세기 멕시코 정복에서 했던 스페인 사령관 코르테스의 통역자이며 연인인 라 말린체La Malinche의 역할을 비꼰 것이다. 언어적 재능으로 빠르게 스페인어를 배웠을 뿐만 아니라, 스페인의 가치를 자기 것으로 하여 모든 협상에서 스페인 점령자를 도울 수 있었던 -자기 민족에게는 대단한 손해를 끼친- 이 여성에 대해서는 널리 알려져 있다(Todrov 1999, 100). 그때부터 말린체는 자신의 지식의 힘을 오용하여, 그 힘을 두 교섭 당사자의 단지 한 편을 위해서 사용하는, 배신의 문화중재자를 나타낸다.

놀라운 것은 이 문제가 이문화 훈련과 트레이너 역할에 대해 후에 나온 출판물 어디에서도 더 이상 언급되지 않는다는 것이다. 전 세계 인간들 간의 글로벌적 상호 접근은 이 주제에 여전히 시사성을 부여한다. 이는 이전의 학습자와 '학습대상'이 먼 거리와 시간적, 재정적인 경계로 나눠졌다면, 오늘날은 이들은 끊임없이 물리적으로나 매체를 통해서나 가까이 있기 때문이다. 이로부터 생겨난 것은 이문화 트레이너의 개인의 중립성에 대한 의무이며, 이것은 페이지의 기준 목록(1993b, 190-194)에 또 하나의 윤리적 요구로 첨가될 수 있다. 훈련에서 충성도는 관련 당사자 한쪽에게가 아니라, 주어진 과업에 부여된다. 그러나 이러한 요구를 준수하는 것은, 경우에 따라 사업적인 손실을 각오하고 또 자신 스스로에게 많은 것이 요구되며, 감정적으로 부담스런 일을 할 준비가 되어 있어야하기 때문에, 누구에게도 쉽지 않다. 특히 훈련에 참여하는 문화 집단에서 나온 트레이너에게 중립성은 어려울 것이다.

4.1.4 이문화 훈련의 '서구특성'

이문화 훈련이 모든 학습 환경을 위한 교육 형식으로서 보편적으로 전용 가능한지의 문제는 지금까지 훈련 문헌에서 전혀 나타나지 않았다. 문헌은 보편성의 문제 또는 이문화 학습방안의 내용, 방법, 교수법 목록의 문화특성의 문제에 매달린다. 미국의 맥락에서 생긴 훈련 아이디어, 훈련형식, 훈련모델은 그러면 보편적으로 사용될 수 있는지 아니면 그것은 오히려 '출생지 문화'의 반영인가?

이문화 훈련의 특정문화 속성의 문제는 미국에서 일찍 인식되었다. 로버트 콜스는 이미 1978년에 자신의 강연(Kohls 1978)에서 실습에 가까운 이문화 훈련의 문화 속성의 일곱 가지 주제를 제시했고, 자신이 '서구적'이고 '미국식'이라고 칭한 미국 훈련형식의 암시적인 전제를 보여주었다. 여기에 들어가는 것이 예컨대 훈련연수생의 학습결과에 대한 자기책임, 행하면서 배우는 방법의 높은 평가, 인지적-지성적 학습 보다는 감성 위에 기초된 실험적 학습의 우위 등이다. '이문화 훈련 편람' 첫 판은 여전히 이문화 연구에서 사회학적 접근의 '서구특성'에 대한 연구를 담고 있으나(Hamnett & Porter 1983), 그로부터 훈련을 위한 어떤 결론도 도출되지 않는다. 동일한 책의 제 삼 판에서 파울러와 블롬은 여러 가지 방법들의 사용을 "그것이 문화를 관통하여 또 문화에 대해 작동 하는가Does It Work Across and About Cultures"라는 관점에서 관찰을 시도하였고, 그들은 이상하게도 대부분의 방법에 대해 이들을 잘 전용할 수 있는 것이라는 결론에 이르렀다. 단지 자기-평가-연습과 시뮬레이션은 예외로 하였다(Fowler & Blohm 2004, 56, 62).

아직까지는 훈련방법의 '서구특성'에 대한 문제를 제기하는 것은 국제적으로 일하는 이문화 트레이너들의 실제 경험에서만 존재한다. 그들은 경험으로부터 직관적으로 훈련내용, 훈련모델, 훈련방법의 문화적 색채에 대해 알고 있다. 그러나 체계적인 연구가 없는 한, 이문화 학습방안의 "서구특성"이라는 주제는 하나의 추측에 불과할 뿐이다. 그러나 이 문제는 교육내용과 교육형식에 있어 지금의 세계화의 확산과 관련하여 매우 시사적이다. '서구특성'이 지금까지의 훈련에서 검증되었다면, 이것은 이문화 트레이너에게는 새로운 노력을 의미한다. 왜냐하면 그들이 윤리적으로 책임 있게 일하려고 한다면, 문화-학습의 과정을 훈련연수생들의 필요성과 그들의 문화적 환경에 맞추기 위해 자신들 교육에 내재된 문화특성을 항상 의식하고 있어야 하기 때문이다. 이것은 대단히 집중적인 절차인데, 그에 대한 어떤 모델도 아직 없다.

거기까지 콜스식의 주제에 그 밖의 질문을 부가하는 시도와 그 답변에서 훈련의 기본방안에 대한 문화의 상대성을 결정하는 것을 시도할 수 있다. 즉, 트레이너는 오히려 "바른" 지식에 대한 중개자인가 혹은 교육자인가? 차이에 대한 인식이 구디쿤스트 식의 AUM[=두려움/불안 경영] -이론이 제안하는 것처럼 항상 이문화 학습을 위한 동기를 유발할 수 있는가? 문화적 차이에 대해 하버마스 식의 담론윤리가 주장하듯이 항상 이성적인 토론을 끌어갈 수 있는가? 이문화 학습이 자기-성찰 없이 가능한가? 이런 질문들 각각에 확실하게 '서구식'과 '비서구식'의 답변이 주어지는가? 자신의 훈련 디자인과 자신의 훈련 연수생의 문화적 지향 사이의 최상의 적합성을 발견하기 위해서 윤리적으로 일하는 트레이너는 두 유형을 아는 능력이 있어야 할 것이다.

5. 결론을 대신하여

이문화 훈련의 실행에 대한 전문적 토론이 이제 시작이다. 그 사이에 분명해진 것은 문화적 다양성과 상호문화성에 대한 유럽적 시각이 미국에서 기인한 지식과 사례를 비판적으로 현재의 사회적 실재에 쓸모 있는지에 대해 조사하고 그것을 문화학적 사회학적 연구의 실제적인 상태와 조화시키는 것을 제안한다는 것이다. 나는 내 기술을 통해 몇 가지 민감한 측면을 제시하려고 했다. 그래서 나는 내 시각에서 중요한 몇 가지 주제에만 집중하였다. 이 작업의 한계를 나는 분명히 의식하고 있으며, 희망컨대 미래의 체계적 연구를 위해 자극을 주는 것이다.

참고문헌

Auernheimer, Georg (1999). Notizen zum Kulturbegriff unter dem Aspekt interkultureller Bildung. In: M. Gemende & W. Schröer & S. Sting (Hrsg.), *Zwischen den Kulturen. Pädgogische und sozialpädagogische Zugänge zur Interkulturalität.* Weinheim: Juventa, 27-36.

Bhawuk, Dharm P. S. (2001). Evolution of Culture Assimilators Toward Theory-Based Assimilators. In: *International Journal of Intercultural Relations 25*: 141-163.

Bennett, Milton J. (1986). A Developmental Approach to Training for Intercultural Sensitivity. In: *International Journal of Intercultural Relations 10*: 179-196.

Bennett, M. & J. Bennett (Hrsg.) (2004). *Handbook of Intercultural Training,* 3rd edition. Thousand Oaks.

Bennett, Janet M. & M. J. Bennett (2004). Introduction and Overview. In: Dan Landis & J. M. Bennett & M. J. Bennett (Hrsg.), *Handbook of Intercultural Training,* 3rd edition. Thousand Oaks: Sage, S. 1-10.

Brislin, Richard W. & T. Yoshida (Hrsg.) (1994). *Improving Intercultural Interactions. Modules for Cross-Cultural Training Programs.* Thousand Oaks.

Brislin, Richard W. & T. Yoshida (Hrsg.) (1994). *Intercultural Communication Training: An Introduction.* Thousand Oaks.

Chen, Guo-Ming & W. J. Starosta (1997). *Foundations of Intercultural Communication.* Englewood Cliffs.

Condon, John C. & F. Yousef (1975). *An Introduction to Intercultural Communication.* New York: Macmillan.

Dadder, Rita (1987). *Interkulturelle Orientierung. Anayse ausgewählter interkultureller Trainingsprogramme.* Saarbrücken.

Dahlén, Tommy (1997). *Among the Interculturalists. An Emergent Profession and its Packaging of knowledge.* Stockholm.

Ferdman, Bernardo M. & S. E. Brody (1996). Models of Diversity Training.

In: D. Landis & R. S. Bhagat (Hrsg.), *Handbook of Intercultural Training.* 2nd ed. Thousand Oaks, S. 282-303.

Ferraro, Gary P. (1990). *Cultural Dimensions of International Business.* Englewood Cliffs [2]1997.

Flechsig, Karl-H. (1999). Methoden des interkulturellen Trainings. Ein neues Verständnis von 'Kultur' und 'interkulturell'. In: M. Gemende & W. Schröer & S. Sting (Hrsg.), *Zwischen den Kulturen. Pädagogische und sozialpädagogische Zugänge zur Interkulturalität.* Weinheim: Juventa, S. 209-227.

Fowler, Sandra M. & M. G. Mumford (Hrsg.) (1995). *Intercultural Sourcebook. Cross-Cultural Training Methods. Vol 1.* Yarmouth: Intercultural Press.

Fowler, Sandra M. & M. G. Mumford (Hrsg.) (1999). *Intercultural Sourcebook. Cross-Cultural Training Methods. Vol 2.* Yarmouth: Intercultural Press.

Gemende, Marion & W. Schröer & S. Sting (Hrsg.) (1999). *Zwischen den Kulturen. Pädagogische und sozialpädagogische Zugänge zur Interkulturalität.* Weinheim: Juventa.

Göhring, Heinz (1976). *Interkulturelle Kommunikationsfähigkeit.* München.

Grosch, Harald & A. Groß & W. R. Leenen (2000). *Methoden interkulturellen Lehrens und Lernens.* Saarbrücken: ASKO Europa-Stiftung.

Gudykunst, William B. (1998). Applying Anxiety/Uncertainty/Management (AUM) Theory to Intercultural Adjustment Training. In: *International Journal of Intercultural Relations 22*: 227-250.

Guirdham, Maureen (1999). *Communicating Across Cultures.* West Lafayette.

Hall, Edward T. (1956). Orientation and Training in Government for Work Overseas. In: *Human Organization 15*: 4-10.

Hamnett, Michael R. & D. J. Porter (1983). Problems and Prospects in Western Approaches to Cross-National Science Research. In: D. Landis & R. W. Brislin (Hrsg.), *Handbook of Intercultural Training. Bd. 1. Issues in Theory and Design.* New York: Pergamon Press, S. 61-81.

Hannerz, Ulf (1992). *Cultural Complexity: Studies in the Social Organization of Meaning*. New York: Columbia University Press.

Hannerz, Ulf (1995). 'Kultur' in einer vernetzten Welt. Zur Revision eines ethnologischen Begriffes. In: W. Kaschuba (Hrsg.), *Kulturen-Identitäten-Diskurse. Perspektiven europäischer Ethnologie*. Berlin: Akademie, S. 64-84.

Hinnenkamp, Volker (1994). *Interkulturelle Kommunikation*. Heidelberg.

Hofstede, Geert (1980). *Culture's Consequences: Internatioanl Differences in Work-Relate Values*. Beverlz Hills, London.

Klyukanov, Igor E. (2005). *Principles of Intercultural Communication*. Boston, New York: Pearson.

Kohls, L. Robert (1978). *Issues in Cross-Cultural Training. Paper at the 2nd Conference on Intercultural Communication*, University of South Florida, Tampa/Florida, July 19, 1978. Unveröff.

Kohls, L. Robert & J. M. Knight (1987). *Developing Intercultural Awareness. A Cross-Cultural Training Handbook*. Yarmouth (2nd 1994).

Landis, Dan (1997). IJIR and SIETAR: One Door Closes and Another Opens. In: *International Journal of Intercultural Relations 21*: 291-297.

Landis, Dan & R. W. Brislin (Hrsg.) (1983). *Handbook of Intercultural Training. Bd. 1. Issues in Theory and Design*. New York: Pergamon Press.

Landis, Dan & R. S. Bhagat (Hrsg.) (2004). *Handbook of Intercultural Training*, 2nd Edition. Thousand Oaks: Sage.

Landis, Dan & J. M. Bennett & M. J. Bennett (Hrsg.) (2004). *Handbook of Intercultural Training*, 3rd edition. Thousand Oaks: Sage.

Leeds-Hurwitz, Wendy (1990). Notes in the History of Intercultural Communication: The Foreign Service Institute and the Mandate for Intercultural Training. In: *Quarterly Journal of Speech 76*: 262-281.

Maletzke, Gerhard (1970). Intercultural and International Communication. In: Fischer, H. D. u. a. (Hrsg.), *International and Intercultural Communication*. New York, 409-416.

Maletzke, G. (1984). Interkulturelle und internationale Kommunikation. Vorschläge für Forschung und Lehre. In: Ders. (Hrsg.), *Bausteine zur*

Kommunikationswissenschaft 1949-1984. Berlin, 57-72, 169-178.

Maletzke, G. (1996). *Interkulturelle Kommunikation. Zur Interaktion zwischen Menschen verschiedener Kulturen*. Opladen.

Martin, Judith & Th. K. Nakayama (2000). *Intercultural Communication in Contexts*. Mountain View.

Moosmüller, Alois (2000). Die Schwierigkeit mit dem Kulturbegriff in der Interkulturellen Kommunikation. In: R. Alsheimer & A. Moosmüller & K. Roth (Hrsg.), *Lokale Kulturen in einer globalisierenden Welt. Perspektiven auf interkulturelle Spannungsfelder*. Münster: Waxmann, S. 15-31.

Müller, Bernd-Dietrich (1980). Zur Logik interkultureller Verstehensprobleme. In: *Jahrbuch für Deutsch als Fremdsprache 6*: 102-119.

Müller, B.-D. (1986). Interkulturelle Verstehensstrategien - Vergleich und Empathie. In: G. Neuner (Hrsg.), *Kulturkontraste im DaF-Unterricht*. München: Iudicium, 33-84.

Paige, R. Michael (1993). On the Nature of Intercultural Experiences and Intercultural Education. In: Ders. (Hrsg.), *Education for the Intercultural Experience*. Yarmouth, 1-19.

Paige, R. M. (1993). Trainer Competencies for International and Intercultural Programs. In: Paige, R. M. (Hrsg.), *Education for the Intercultural Experience*. Yarmouth, 169-200.

Paige, R. Michael & J. M. Martin (1983). Ethical Issues and Ethics in Cross-Cultural Training. In: D. Landis & R. W. Brislin (Hrsg.), *Handbook of Intercultural Training. Bd. 1. Issues in Theory and Design*. New York: Pergamon Press, S. 36-60.

Paige, R. Michael & J. M. Martin (1996). Ethics in Intercultural Training. In: D. Landis & R. S. Bhagat (Hrsg.), *Handbook of Intercultural Training*. 2nd edition. Thousand Oaks: Sage, S. 35-60.

Pusch, Margaret D. (2004). Intercultural Training in Historical Perspective. In: D. Landis, J. M. Bennett & M. J. Bennett (Hrsg.), *Handbook of Intercultural Training*, 3rd Edition. Thousand Oaks: Sage, 13-36.

Rehbein, Jochen (Hrsg.) (1985). *Interkulturelle Kommunikation*. Tübingen.

Rogers, Everett M. & W. B. Hart & M. Yoshitaka (2002). Edward T. Hall and the History of Intercultural Communication: The United States and Japan. In: *Keio Communication Review 24*: 3-26.

Rogers, Everett M. & W. B. Hart (2002). The Histories of Intercultural, International and Development Communication. In: W.B. Gudykunst & B. Mody (Hrsg.), *Handbook of International and Intercultural Communication*. Thousand Oaks: Sage, S. 1-18.

Roth, Juliana & C. Köck (Hrsg.) (2004). *Culture Communication Skills. Interkulturelle Kompetenz. Handbuch für die Erwachsenenbildung*. München: BVV.

Schroll-Machl, Sylvia & I. Novy (2002). *Beruflich in Tschechien. Trainingsprogramm für Manager, Fach- und Führungskräfte*. Göttingen: Vandenhoek & Ruprecht.

Thomas, Alexander (1980). Psychologie des interkulturellen Handelns. In: H. Haase & W. Molt (Hrsg.), *Handbuch der angewandten Psychologie, Bd.3*. München, 720-733.

Thomas, A. (1985). *Interkultureller Austausch als interkulturelles Handeln*. Saarbrücken.

Thomas, A. (Hrsg.) (1991). *Kulturstandards in der internationalen Begegnung*. Saarbrücken.

Thomas, A. (Hrsg.) (1993). *Kulturvergleichende Psychologie. Eine Einführung*. Göttingen: Hofgrefe.

Thomas, Alexander & E. Schenk (2001). *Beruflich in China. Trainingsprogramm für Manager, Fach- und Führungskräfte*. Göttingen: Vandenhoek & Ruprecht.

Todorov, Tzvetan (1999). *The Conquest of America*. Norman: University of Oklahoma Press.

Triandis, Harry C. (1995). Culture-Specific Assimilators. In: S. Fowler & M. G. Mumford (Hrsg.), *Intercultural Sourcebook: Cross-Cultural Training Methods. Bd. 1*. Yarmouth: Intercultural Press, S.179-186.

Weber, Horst (1976). Interkulturelle Kommunikation und Landeskunde. In: Ders. (Hrsg.), *Landeskunde im Fremdsprachenunterricht. Kultur und Kommunikation als didaktisches Konzept*. München, 214-224.

방법·과정·개념

야외-훈련을 통한 이문화 학습

미하엘 야겐라우프 (Michael Jagenlauf)

“자연에서 하나라는 느낌-그것이 팀 정신에서 빠지면, 회사는 그 직원을 과다한 서류작업 절차에 빠뜨린다.”(Die ZEIT 지 99년 5월 27일자)

“밧줄의 놀라움 –야외-훈련 붐이 일다– 경영인들과 성직자들처럼 자연에서 팀워크 능력을 키우도록 훈련한다.(Deutsches Allgemeines Sonntagblatt 23호 1999년 6월 4일)

A) 다국적 팀을 위한 기획관리

급격하게 진행되는 세계화의 흐름에서 국제화를 지향하는 기업의 기획관리는 다국적으로 구성된 팀의 발전을 위해 새로운 접근과 형태가 필요하다. 그 같은 팀 발전과정은 믿을 만하고, 적은 비용으로 또 생태적 자원의 “지속적” 사용이라는 관점에서 방대한 규모로 소위 야외-활동을 통해 촉진될 수 있다. 이는 다음에서 설명되고 증명된다.

1. 배경

세계화의 경향, 특징 및 배경은 일반적으로 알려져 있다. 이러한 세계화의 원동력이며 희생자는 –경제적 차원에서– 기업이다. 기업의 조직과 –이 조직의 안전을 위해– 기업 교육이 상당한 도전 앞에 놓여 있다는 점에서 희생자이다. "학습하는 조직"이라는 은유에 대한 새로운 해석과 함께 중요한 궤도수정이 이루어졌다. 이는 계속교육이 이제 더 이상 전해 내려오는 지식내용과 경험내용을 확산시키고 심화하는 데 우선적으로 기여하는 것이 아니라, 이제 이런 내용 자체가 포괄적인 조직 및 인력개발을 위해 있기 때문이다.

2. 기업과 세계화

기업은 특히 증가하는 세계화에 노출되어 있다. 기업은 경쟁력을 유지하기 위해 생산성과 효율성을 증가시켜야한다. 구조조정 대책, 지속적 개선활동, 회사전체 품질경영 및 변화경영의 과정에서 위계를 세분화하고 작업과정은 최적화 한다. 그밖에도 즉각적인 전환과 혁신적 제품의 시장도입과 같은 발전이 많은 기업의 생존을 보장한다. 이로부터 나타난 것은 "*학습하는 기업*"에서 지속적인 능력향상과 발전을 통해서만 자신의 일자리를 보장할 수 있는 직원들에게는 새롭고 점점 복잡해지며, 더 광범위해진 요구들이다. 변화는 그냥 일상이 되었다.

페터 셍에Peter Senge는 "제 5의 영역"이라는 자신의 책에서 "학습하는 조직"에 주어진 중요한 요구들을 기술하였다. 이 영역은 무엇보다도 많은 기업들에서 아직 개발되어야 하는 열려있고 믿을만한 의사소통을 통해 뒷받침된다. 성공적인 의사소통의 전제조건은 개방성 외에도 우선 위계나 자기 자만을 고려하지 않는 대화에 대한 준비자세이다(이에 대해 '경험 및 학습 잡지 Zeitschrift e & l 2004년 5호의 주제: 팀- 및 조직개발' 참조).

행동의 자기 통제력과 일반적인 행위능력은 전문능력 외에 오늘날과 또 앞날에 모든 분야에서 직원에게 가장 중요한 요구들이다. 인력개발 담당자의 목표는 직원의 잠재력과 능력을 발견하고 개발해야 하고 그럴 것이다. 기업의 계속교육의 과제는 직원의 이러한 능력개발을 촉진시키는 방법을 제공해야하고 그럴 것이다. 의례적이며 단지 재생산적인 인지중심의 세미나방식은 이러한 배경에서 더 이상 사용할 수 없다. 이 방법은 최소한 예컨대 소위 액션-러닝 또는 프로젝트 학습(Götz 1999, 127 이하 참조)과 같은 *새롭고 전체적이며 행위 중심의 학습방법*에 의해 보충되어야한다. 이로써 인력개발과 기업의 계속교육에서 직원들에 대한 요구도 마찬가지로 더 복잡해진다. 그들의 전문성은 오늘날 무엇보다도 창의력과 혁신능력에 의해 나타난다. 이 창의력과 혁신능력은 그들의 전문성을 행위 중심적인 방법의 개발에서 체계적이고 교육적으로 바꿔 놓아야하며, 여기서 경험 중심적 모델이 더 자주 이용된다(de Cuvry & Jagenlauf 1998 참조).

3. 기획관리와 팀 개발

기획관리는 (대부분) 위험성 많고 복잡하고 일상과는 거리가 먼 계획을 수행하기 위해 기업의 내부나 외부에서 이끌어지고 조정되는 일정

기간의 조직형태로 정의될 수 있다. 이러한 기획관리에 관련된 사람들은, 기획과 관련하여 국가적이고 국제적 수준에서 정해진 업적, 비용, 시간이라는 목표를 가진 다양한 자격과 다양한 계층 구조의 직원들이다.

간부 관리 조직이든 매트릭스 조직*이든 또는 "순수 프로젝트 조직" 이든 상관없이 성공적인 기획관리의 기본은 창의적이고 적극적으로 활동하며 목표를 추구하며 일하는 기획팀이다. 그와 같은 팀에서 일하는 팀원으로부터 일반적으로 *협업능력, 합의노력, 관용, 편견으로부터 자유, 비판능력, 개방성, 문제해결능력, 성격특성 이상의 뭔가 다른 것이 요구된다*(Jagenlauf 1993 참조). 팀원들에 있어 그러한 수준 높은 전제조건들 –여기에 각 기획조직의 난관이 있다– 은 그러나 항상 주어져 있는 것이 아니라, 개발되어야하고, 또 많은 조치들이 강구되어야한다. 이는 집단 심리학(집단역학)*이 절대적으로 필요하다.

* 프로젝트 조직과 기능식 조직을 혼합 · 절충한 형태의 조직. 조직의 구성원이 원래 속해 있던 종적계열과 함께 횡적계열이나 프로젝트 팀의 일원으로 속해 동시에 임무를 수행하는 조직형태로, 한 구성원이 동시에 두 개의 팀에 속하게 된다. 매트릭스 조직의 특징은 계층원리와 명령 일원화 원리의 미적용, 라인 · 스태프 구조의 불일치, 프로젝트 임수 완수 후 원래 속한 조직업무로의 복귀 등이 있다.
* 어떤 사회적 상황에서 집단 구성원들 간의 상호작용과 그 상호작용을 일으키는 힘에 관하여 실증적으로 연구하여 일반적 원리를 발견하려고 하는 사회심리학의 한 영역.

4. 다국적 팀에서 이문화 학습

시장과 기업의 세계화 흐름에서 기획관리는 지속적으로 두 나라 또는 다국적 구성의 팀에 의해 뒷받침된다. 팀에서 일반적으로 작용하는 집단 및 사회 심리학적 조직문제에 그 밖의 문제들도 덧붙여진다. 즉, 언어, 방언, 국가 특유의 관습, 국가 역사, 문화, 철학 등 영향을 주는 요소들이다(이에 대해 Thomas & Hagemann 1992, 181 이하 참조). 그밖에도 서로 다른 일의 방식, 생활습관, 경영원칙, 사회적 신분, 국가적 파벌형성 또는 전문능력과는 무관한 가능한 한 동일하게 분배된 경영 직책의 할당 등 소위 *다국적 갈등영역*은 다국적 팀의 업무를 아주 두드러지게 어렵게 한다(Dürer 1992, 37 참조).

> 야외-활동의 경영원칙에 대한 오스트레일리아, 캐나다, 영국, 뉴질랜드, 미국에서의 야외-직원에 대한 비교연구에서 예컨대 "문제-해결 기술, 안전 능력, 기술적인 자질, 조직 능력 등의 요소들과 관련하여 현저한 차이가 나타났다. 이러한 차이는 여러 가지 이유가 있을 것이다. 설명이 가장 필요한 것은 소송에 대한 관심일 것이다. 이것은 모든 응답 전문가들 사이에서 산업안전에 대한 긍정적인 태도가 나타나기는 했으나, 소송은 북아메리카에서 주요 관심사였다. 소송에 대한 그들의 관심 때문에 캐나다 전문가들은 안전 능력을 최고로 중요하다고 여겼다. 반면에 문제해결능력은 영국인에게는 북아메리카 전문가들에게서 만큼 중요한 것이 아니었다. 영국인들은 북아메리카에서와 같은 법적 책임의 문제를 경험하지 않았다. 따라서 문제해결능력이 덜 중요한 것이다. 또한 어떤 전문가들은 영국이라는 국가는 그와 같은 야외 지도자 준비에 대한 "소프트" 스킬의 중요성을 받아들이는 데 아주 느리다고 지적하였다"(Warren 등 1995, 375).

물론 이와 같은 차이를 인식하고 참아내는 것만으로 충분하지 않다. 더욱이 기업과 관련된 기획관리의 테두리에서는 전혀 그렇지 않으며, 이런 차이는 이것이 중요한 역할을 하는 팀 발전과정의 테두리에서 구조적으로 극복 되어야 한다. “자신에게 낯선 문화의 사람들과 효과적으로 의사소통하고 상호작용 하려고 하는 사람은 –이렇게 토마스는 기술 한다– 낯선 문화 사람들의 행위방식을 이해하기 위해서는 그들의 정향체계와 상징체계를 알아야 한다. 이러한 능력이 효과적인 이문화간 행위를 위한 기본 전제이다.”(Thomas 1992, 37).

행위 이론적으로 보면 이문화 행위와 이문화 학습은 상호의존적이기 때문에 부합한다. 이문화 행위에서 이문화 학습이 생겨나고(행동학습), 이문화 학습은 이문화 행위에서 발생한다. 이는 일반적으로 개인적 우정으로 형성된 집단에서나 다국적으로 채워진 기획팀에서나 해당한다.

이문화 행위/이문화 학습은 두 가지 차원에서 시작할 수 있다. 우선 –순수 이상적으로– 사회적 차원에서, 사회적인 관계들, 인구학, 문화, 어떤 다른 나라의 사회적 기회에 대한 탐구적 논쟁이며, –다시금 순수 이상적으로– 개인적 차원에서, 구성원이 자신의 서로 다른 언어습관, 사상, 성찰, 행위 가능성을 서로 경험하고 시험하면서 맞대결하는 그런 차원이다. 이를 위해 아주 다른 수많은 인력개발-대책들이 있다. 특히 소위 교차-문화-경영 목표를 위한 훈련들. 다국적 팀을 위한 기획관리는 반드시 두 가지 차원에서 수행되어야 할 것이다. 이는 팀 발전의 조정을 위해 강력하고 아직까지 전혀 해결할 수 없는 도전이며, 지난 10년 동안 증가하면서 –최상의 성공 목표를 위해– 소위 야외-훈련의 형태에서 소위 경험 중심적이며 행위 중심적인 팀 구성과정을 이용하는 도전이다. 유감스럽게도 이에 관해 출판물이 거의 없다.

B) 야외 훈련 - 기원, 형태, 효과

1. 체험 교육학적 토대

체험 교육학적 방법과 프로그램은 1980년대부터 괄목할만한 도약을 경험하였다. 많은 학술지, 고유한 박람회, 수많은 대규모 전문가 회의, 거의 헤아릴 수 없이 많은 문헌 등이 이 생각과 활동영역을 확산시키고 있다(Heckmair & Michl 2004 참조). 경험-교육학은 보통 다음의 것과 동일시되거나 연결된다. 유랑 교육학, 실외 교육학, 야외-훈련, 모험 교육학, 행위중심 교육학, 경험-학습, 생존훈련, 사막체험, 옥외 개발, 경험교육학, 도전 프로그램, 아웃워드 바운드 교육학, 행동학습, 모험 프로그래밍 등등. 모든 방법에 있어 공통적인 것은 세 가지 특징인데, 이는 집단 활동의 맥락에서, (그 속에서 또 극단적으로) 자연 공간 (야외) 안에서, 주관적인 개인의 –아주 제한적으로 만들어질 수 있는– 체험이라는 것이다. 거기서 집중적으로 "체험된" 경험이 지금까지의 태도(예컨대 집단행동, 자기주도력, 끈기, 창의성 등)를 성찰하고, 새로운 행동양식을 시험하고, 이것을 일상생활로 옮기는(전이) 청소년과 성인들의 능력을 개발시킨다. "체험 교육학을 통한 인격형성"이 단기(강좌, 훈련)이건 장기(개별지원, 공공지원)이건 간에 거의 관련된 모든 훈련들(개별 보조, 홈 케어)의 모토이다.

루소Rousseau, 소로우Thoreau, 듀이Dewey 및 개혁 교육학의 사상을 기초로 쿠르트 한Kurt Hahn(1886-1974, 살렘* 설립자)이 1940년대에 소위 아웃워드 바운드 요소들을 고안하였다. 즉, *신체훈련(최적의 건강)*, *구조의 업무(참여)*, *프로젝트(면밀함, 신중함)*, *탐험(자기주도성, 끈기)*. 이것들은 오늘날도 체험 교육학적 강좌의 기본 틀을 제시한다.

지난 수년 동안 체험 교육학의 붐이 일어난 원인들은 다양하다. 행위 중심적 디자인(프로젝트방식, 안내텍스트 방법,* 놀이)을 통한 전통적 세미나식 학습에서 탈피, 많은 생활영역(체험공동체)에서 체험중심과 실외 지향, 생태 감각 증가, 교육에서 통합적 접근(신체, 가슴, 손)의 추진, 지도자 훈련에서 스포츠에서 있어 소위 새로운 게임, 특히 부분적으로 극적인 이벤트와 활동(예컨대 래프팅)의 수용.

관련 강좌와 참여의 효과는 미국, 영국, 독일에서도 다양하게 평가되었으며, 그 사이 체험 교육학의 근본적인 성공은 더 이상 의심할 여지가 없게 되었다. 이를 위한 설명이 다음 모델들에서 유도될 수 있다.

---

* 독일 바덴-뷔르텐베르크 주에 있는 김나지움 형의 기숙학교.

* 안내텍스트 방법Leittextmethode은 학습자가 관련 서류 - 텍스트를 통해 실천적 과제를 자기 것으로 하는 교육방법.

성공을 통한 학습(피드백은 소위 성찰-국면의 맥락에서 일어난다), 문제를 극복함에 있어 (팀 구성자의) 능동적인 도움, 강도 높은 (자연 및 집단) 체험을 통한 (트레이너의, 때로는 참여자의) 정체성 강화, 소위 숙달효과mastery-Effekte를 통한 자기 효능감의 강화, 즉 체험 교육학적 활동의 맥락에서 이 능력의 장악은 고유의 자기 효능, 자신감을 높이는 특정한 능력이 습득되어야 한다(예. 밧줄의 안전성). 또 목표와 공동합의의 빛에서 의식적 행위.

지금 토론되는 것은 은유적인 학습(예컨대 우리는 모두 한 배에 앉아 있다!)을 통한 전이 효과가 얼마나 계속해서 증대될 수 있는가이다. 체험 교육학은 부분적으로 생태적 관점(자연이 목적을 위한 수단으로만 쓰인다)에서나 또는 교육학적 관점(예컨대. 고도의 밧줄 연습장에서나 "원숭이 스윙"에서의 과잉 행동주의, 영웅, 모험과 같은 강한 남성적 이상을 향한 방향설정 등)에서 비판받고 있다.

체험 교육학 영역에서 우선시 되는 활동은(Kölsch & Wagner 2004 참조) 보트경주(특히 모터보트), 카누타기, 트래킹과 탐사, 산타기, 자일타기 및 자일에 안전하게 매달리기, 회전스키, 터널주행, 고무보트타기, 뗏목타기 등 수많은 소위 자기주도 및 문제해결 시합(거미줄 훈련, "벽", 산성 연못 섬에서 보물찾기, 믿고 떨어지기, 고르디우스 매듭 게임 등등)이다. 거의 모든 코스(보통 한 주의 기간)는 승차, 액션 플랜, 수행과 실습 및 성찰의 순서로 이어진다. 학교 밖의 청소년 활동을 넘어서 건강 단련(자기 및 체력 체험), 생태 교육(자전거, 도보 탐색), 개인위주 교육(자신의 능력과 잠재력 체험)의 차원에서 체험 교육학과 체험 지향의 방법들이 있다. 또한 가족 교육(공동의 체험), 외국어 교육(토스카나로 도보여행), 문화 교육(역사적 문헌적 발자취 찾기), 더 나아가 직업견습생을 위한 교육과정(우리는 한 팀이 되고자한다), 특히 (학교 내에서의) 교사 연수(우리와 우리 학교!), 이것들이 수년 전부터 특별하게 붐이 일고 있는 기업의 계속교육이다.

2. 프로그래밍으로서 야외

일반적으로 현장과 전문적인 세계에서 다음의 개념들이 구분된다.

- "모험 학습" - 소위 모험을 통한 학습. 이때 행동변화가 새로운 강력한 도전(모험)으로부터 불확실성과 불안전을 통해 생겨난다.
- "체험 학습" - 체험에 기초한 학습이다.
- "경험 학습" - 소위 경험된 학습. 체험은 성찰을 통해 비로소 경험이 된다.
- "프로그래밍" - 사람들을 도와 변화를 달성하도록 하는 트레이너의 계획된 목표 지향적 행위이다. 이때의 도움은 직접적인 개입으로 이해되기보다는 일종의 동반하는 과정을 의미한다(Priest & Gass 1977 참조).

"프로그래밍"은 그때그때 전문적인 야외-주최자에 의해 주로 구현되고, 거기(그 모델)에 그 밖의 행동들이 관련되는 학습모델이다.

> 야외-경영-개발-훈련은 그 목적과 기능 때문에 인력개발을 위한 도구이며, 직업에 중요한 인간의 역량과 기술 향상에 기여한

다. 이것은 경험 학습(체험 학습, 액션 러닝, 도전 학습)의 영역에 속하며, 이때의 학습 장소는 방법-교수법적 이유로 야외로 옮아간다 (Kölblinger 1997, 16).

야외-훈련(이와 관련한 자세한 기초에 대해 Schad & Michl 2004 참조)은 —다른 그 밖의 체험 교육학적 제안들과 비교하여— 일련의 부가적인 독특한 특징들을 제시한다. 이것은 이미 구성된 집단과 함께 자주 수행되며, 이때 팀은 각 팀원의 인격형성보다는 발전되어야할 조직으로서 중요하다. 디자인은 일반적으로 확산된 체험 교육학적 연출(집이나 특정 장소를 떠나는 아웃워드 바운드)에 따르기보다는 개별 활동의 구성과 순서는 예컨대 (여기서) 팀 발전이라는 특별한 의도를 지향한다. 시간적인 이유로 그러한 훈련은 종종 며칠 내로 제한되며 체험 교육학적 요소인 "여정/탐사"는 대부분 제외된다. 수많은 활동이 —다시금 시간 때문에— (인위적으로 구성된) 소위 로프-코스(고공 자일 훈련장)에서 이뤄지고, 중요한 것은 상호과제를 수행하는 것이고, 또 그 과제의 구조와 팀에서 일어난 사건에 의거하여 길고 자세하며 세분된 성찰단계와 전이단계를 수행한다는 데 있다. 이 단계는 그 사이에 많은 훈련 프로그램 제공자의 경우 거의 훈련 시간의 40%를 할애하고 있다.

3. 보기

현재 독일어권에서 특히 수많은 국제적 조직, 예컨대 아랄Aral, 드래거Dräger, 드레스덴 은행, 다임러-크라이슬러Daimler-Chrysler, 렘츠마Reemtsma, 지멘스Siemens 등 대기업은 전체 팀과 경영진을 야외-훈련에 짧게 보낸다. 특히 알려진 것은 뤼베크에 있는 주식회사 드래거 공장으로 자신들이 연출 감독하여 수행한 소위 야외-체험-세미나이다. 또한 독일연방방위군은 평화-유지-의무라는 테두리에서 점차 야외-훈련을 이용하고 있다. 네덜란드와 영국군도 마찬가지이다. 앵글로 색슨 지역 특히 미국과 오스트레일리아에서 훈련을 제안하는 붐은 셀 수 없이 많다. 그러한 훈련들은 순수 야외훈련 전문가부터 기업 상담자에 이르는 이들에 의해 설계되고 개최된다. 독일에서 특히 이런 훈련의 제공자로서 유명하게 된 곳은 '아웃도어 바운드 독일'(뮌헨), 며칠 간 체험일 프로그램 제안들을 제시하는 'GFE'*/ 체험일'(뤼네부르크), '미래 훈련과 컨설팅'(그래펠링), '야외 무제한 훈련'(카이저스라우터른)이다.

그래서 "야외"는 예컨대 XYZ라는 회사를 위해 자신의 "XYZ 마케팅 아카데미"를 지원하는 구성요소인 셈이다. 다국적으로 이뤄진 이런 아카데미의 코스(예를 들면 11개 국가에서 온 18명의 참가자)에서 야외 훈련은 자연의 스포츠 종류(자전거 타기, 자일 타기, 등반하기, 자일다리 놓기, 도보, 무선통신 여행), 체조, 놀이, 이벤트(예: 야외-아침식사), 소위 "소통하기"의 형식으로 구성되었다. 이러한 15분에서 30분 동안 지속되는 소통하기에서 활동들은

기량/ 팀워크 / 재미를 증진시킬 목표로

"갈퀴-잡기" 참여자들이 긴 줄을 사용하여 상상의 연못에서

* **재단:** Gesellschaft zur Förderung der Erlebnispädagogik mit Ihrem Angebot Erlebnistage.

나온 대상물을 낚아 올리기 위해 자동집게를 사용한다.

“기차-놀이” 참여자들이 두 줄로 맞서서 나무젓가락으로 공이 굴러가야하는 궤도를 만든다.

협업/ 문제해결/ 활동을 증진시킬 목표로

“거미줄” 참여자들이 서로의 도움으로 (위로 올리기, 운반하기 등) 거미줄 실을 건드리지 않고 커다란 거미줄 네트를 통과해야한다.

“평균대” 참여자들이 좁은 나무 들보 위에 서서 빔에서 떨어지지 않고 특정한 기준에 따라 정렬해야한다.

“줄에 매듭짓기” 참여자들이 일렬로 서서 동시에 밧줄을 손에 잡고, 밧줄을 놓지 않은 채 밧줄에 매듭을 지어야 한다.

“믿고 떨어지기” 참여자들이 그룹 구성원들이 팔을 뻗어 만든 단의 뒤쪽으로 떨어진다.

고공자일훈련장-방식의 도움으로 예를 들어 개인에게 중요하거나 오히려 집단 또는 팀에게 중요한 주제들이 처리된다(이에 대해 ‘경험 및 학습 잡지 Zeitschrift e&l 2004년 1호와 2호 참조). 개인에게 중요한 주제들은 예를 들면 다음과 같이 나타날 수 있다(Siegl & Vetter 1998, 25 이하 참조).

- 자기 및 타자 인식
- 자기 존중

- 자신의 폐쇄성 인지
- 자기 폐쇄성 풀어내기, 해결하기 및 극복하기
- 용기와 모험 각오
- 긍정적인 원리로서의 태도
- 고유의 의사소통 태도
- 지원을 주고 요청하기
- 팀에서 자신의 태도
- 고유의 리더십 태도
- 개인적 목표 추구

집단-팀에게 중요한 주제들은 예를 들면 다음의 것일 수 있다.

- 원칙으로서의 서로간의 차례를 지향함
- 기회와 방법의 시너지
- 소통하는 팀 자세
- 팀에서 문제해결 지향작업
- 역할에 대한 명확한 설명과 역할 분담
- 팀에서 지원체계들
- 긍정적인 위기 극복
- 공동의 목표 찾기, 목표 추구, 목표 도달
- 팀-자원의 최적화된 투입

4. 성과 분석

야외-훈련의 현재의 성공적 결과에 대단히 중요하게 공헌한 것은 수많은 제안자들의 높은 전문성이다. 이 전문성은 특히 성찰 및 전이 과정에서, 또 완벽한 설계와 특별한 활동에서 나타난다.

> 사람들이(……) 왜 (……) 야외-코스에서 뛰어나게 배울 수 있는가……, 왜 역할극에서는 할 수 없는가? '왜냐하면 거기서는 편안하게 의자에 앉아서, 전략적 태도를 취하거나 아주 관여하지 않을 수 있기 때문이다'라고 베를린 카르슈타트[**역주**: 백화점계열주식회사]사의 인력개발부의 이리스 메르츠Iris Merz는 말한다. 모두가 함께 할 때만 해결 될 수 있는, 또 어려운 조건들이 소통하고 협업하도록 밀어붙이는 자연에서는 다르다. 예를 들면 '길 찾기-여정'에서. 이때 두 팀이 예를 들어 산 정상이라는 같은 목표를 향하여 다른 루트로 출발한다. 문제: 경로 설명은 각각 다른 팀한테 있다. 이 집단은 무선으로 서로 이끌어 가야한다. 정해진 몇 번의 무선연락만 허락된다. 13 킬로미터의 도보가 소통과 기획 부족으로 금방 힘든 30 킬로미터의 행진이 된다. '거기에는 스트레스가 있고, 따르지 못하는 동료가 있고, 다른 그룹이 정보를 이해하지 못한다!' 라고 이리스 메르츠는 말한다. '아니면 리더가 교차점에서 길을 잘못 택한다. - 나는 동료로 무엇을 해야 하지?', '수많은 변화가 있는 순수 현실 상황에서'(Deutsches Allgemeines Sonntagsblatt 23호, 1999-06-04).

야외-훈련을 포함한 체험 교육학의 또 체험 중심의 프로그램 성과와 성과의 원인들에 대해 그 동안 거의 헤아릴 수 없이 많은 경험적 연구들이 있다. 꽤 광범위한 체험 교육학의 지금까지의 제안들을 필자는 1985년부터 1989년에 걸쳐 동료들의 도움으로 '독일 아웃워드 바운드'의 위탁을 받아 구상하고 조직하였다(Jagenlauf 1992 참조). 설문 받은 이들의 평가에서 이 제안된 코스의 다양한 체험 교육학적 요소들에 대한 대단한 성과를 보증할 수 있었다. 예를 들어 자기 확신과 다른 사람들에 대한 확신, 팀 정신, 배려와 관철 능력 등의 영역에서 대단한 개선이 있었다. 더 나아가 코스 참여자의 70% 이상이 야외-활동이 그들의 넓어진 품성 개발에 대단히 영향을 끼쳤다고 확인하였다. 야외-훈련의 성과와 교류에 대한 자세한 개괄을 '경험 및 학습 잡지Zeitschrift e&l' 중점주제 발간 호 96/5와 96/6이 전해주고 있다. 야외-훈련에 대한 출발점과 경험 연구의 광범위한 설명을 하이네킹 Heineking(1995)이 내 놓았다(Schad & Michl 2004도 참조). "성공적인" 야외-훈련에 대해 경영진들에게 한 다양한 질문에서 다음의 학습 효과들이 나타났다.

- 팀에서 협력에 대한 새로운 인식
- 협약을 지키고 잘못을 시인할 필요성에 대한 통찰
- 긴장을 해소하고 배려하기
- 어디서나 활동적이어야 하는 것이 아니고, 전면에 나서야 함
- 자신의 태도에 대한 성찰
- 편견 없애기
- 신뢰 구축
- 아주 불안한 조건에서라도 생각할 시간을 갖기
- 문제 상황에서 바로 침착과 평온을 보이기
- 위기 상황에서 자기 통제

야외-경영-개발에 대한 수많은 연구들은 미국과 오스트레일리아에서 이루어졌다. 연구에서 분명한 것은 체험 중심적인 자질향상 교육은 집단의 태도를 매우 개선하고 또한 개인의 태도 방식에도 긍정적으로 작용한다는 것이다. 경험에서 자주 확인된 체험 중심의 프로그램의 효과와 결과는 학습 현장으로부터 "기업"이라는 직무 현장으로의 장기적인 전이 효과가 아주 확실하게 추론될 수 있다. 이는 교육경영이 그러한 체험 중심적 프로그램을 전문적으로 마련하고 복습시킬 때 가능하다(Ertel & Kraft 1999 참조).

C) 팀에서 야외-훈련을 통한 이문화 학습

1. 팀 개발

팀 개발 과정은 학문적으로 다양한 관점에서 설명된다. 사회심리학 이론은 한 팀의 구성원 사이의 상호작용을 강조하고, 집단 심리학 이론은 특별히 다른 구성원에게 매이는 개인 심리적 과정을 비추는 한편, 집단 활동 이론은 집단형성과 집단조직의 개별 단계를 특히 조명한다. 일반적으로 집단의 발전과 조직에 대한 다음 네 가지 단계가 구분된다.

첫째 단계 *시작 단계*, 여기서는 기획과제가 만들어지고 기획 참여자들이 통합된다.

둘째 단계 *조직 단계*, 여기서는 내적 집단관계가 이루어지고,

이에 대한 표지는 지속적인 토론과 갈등을 조정하는 것이다.

셋째 단계 *융화 단계*, 여기서는 협업과 합의로 시급한 문제들이 해결된다.

넷째 단계 *통합 단계*, 여기서는 집단이 팀으로서 공통의 문제를 가진 단위로 체험 중심적으로 일한다.

2. 이문화 학습과 행위

다국적 팀들도 원칙적으로 팀 발전 맥락에서 시작 단계에서 통합 단계에 이르는 이 네 단계로 진행된다. 이 때 특별한 것은 그 같은 다국적 팀에서는 각 개별 단계에 있어 독특한 집단조직의 문제들과 편차들이 훨씬 더해져서 소위 다국적인 긴장 현장(Dülfer 1992 참조)에 의해 중첩되고, 그로 인해 이문화 학습을 보장하는 고도의 역동적 사회 구조를 형성한다. 왜냐하면 "이문화 학습은 －토마스Thomas(1987)에 의거한 산트하스Sandhaas(1988)의 정의－ 한 인간이 낯선 문화의 특징과 직접 또는 간접적인 만남에서 얻은 경험의 결과로 자신의 인식, 사고, 감성과 행위를 변화시키는 과정을 나타내기"(Sandhaas 1988, 429) 때문이다. 이문화 학습은 다양한 훈련방법으로 소급될 수 있다(이와 관련 Thomas & Hagemann 1992, 184 이하 참조). 다국적 팀에서(소위 상호-문화-경영) 개발 과정의 조직과 관리를 위해 무엇보다도 다음 세 가지 방안이 권장된다(Maletzke 1996, 179 이하 참조).

- *현장-시뮬레이션 방안,* 그에 따르면 통제되고, 현실에 가까우며, 신빙성 있고, 이문화적인 중첩상황에서 문화에 적합한 행동이 확인되고 촉진될 수 있다. (제1 방안)
- *행동-변화 방안,* 여기서는 예컨대 피드백, 보상과 보강과 같은 수많은 학습심리학적 원칙들이 체계적으로 이용된다. (제2 방안)
- *상호작용 방안,* 여기서는 상호작용을 통해 아주 다양하며 또한 부담스러운 상황에서 팀의 각 구성원은 자기 고유 문화적 장벽을 지속적으로 경험하며 –상호작용을 통해 계속해서 고무된– 성찰 안에서 의식적으로 극복한다. (제3 방안)

3. 야외-훈련 - 이문화 학습의 최적의 영역

체험과 행위 중심적인 프로그램의 일부로 야외-훈련은 아주 거의 완전히 신뢰할 만하고 *현실적인 상황*(제1 방안)을 낳는다. 야외-훈련은 또한 이문화 학습과 이문화 훈련을 위해 프로그램을 아주 흥미롭게 한다. 이 상황에서 도전적인 활동과 실습을 통해 다양한 *상호작용의 변이*(제3 방안)가 –서로를 보증하는 것에서부터 상호 협력을 넘어, 함께하는 요리부터, 문제 해결을 함께 하는 것부터 공동의 성찰과, 학습 현장에서 얻은 경험을 공동으로 업무 내지는 기획과제라는 기능영역으로 전이시키는 데까지– 구성된다. 이 훈련은 체험되고 경험되며, 이때 직접적인 피드백, 보강, 시도 경험과 오류 경험(제2 방안)과 같은 풍부한 *심리적인 원칙*들이 부분적으로는 집단에 의해, 부분적으로는 트레이너에 의해 지속적으로 활용된다. 바로 이러한 다양한 방안들의 혼합이 다국적인 팀 개발의 경우에(도) 야외-훈련의 대단한 성과와 또 –전체적으로 보아– 성공의 원인이다(이에 대해 '경험 및 학습 잡지 Zeitschrift e&l 2004년 5호의 주제: 팀 개발 및 조직개발' 참조).

이러한 야외-훈련의 전체 조직에서 벌써 대단한 성과가 –세계적으로 가장 명성 있는 경험 교육의 학자 시몬 프리스트Simon Priest에 따르면– 다음과 같은 그 밖의 요소가 고려된다면 더욱 증진될 수 있다(Priest 1997).

- *맥락:* 훈련-설계는 그 구조에 있어 직장의 구조에 상응해야한다. 프리스트는 이와 관련하여 "동형"을 말하며, 이것을 일상현실과 가장 광범위하게 같은 구조의, 그렇기 때문에 혼동될 수도 있는 학습상황을 특징짓는다(예: 문제의 작업).
- *지속성:* 참여자의 개별적 학습과정은 기업의 전체 조직의 배경보다 먼저 시작되어야 한다(예: 학습하는 조직으로서의 기업).
- *결과: 중요한 것은 지속적으로 학습경험이 가능해야 하는 상황의 심각성이다(예: 기업에서 변화의 부담).*
- *보살핌:* 참여자들의 심리적이고 신체적인 부담이 -기업에서처럼- 예를 들어 설비에 있어 안전 수칙과 마찬가지로 고려되어야 한다. 코스의 관리자와 트레이너들은 우수하고 기술적으로 도움이 되며, 전문적으로 체계가 잡혀 있고, 교육학적 능력을 증명할 수 있어야 한다.

참고문헌

Bergemann, Niels & Sourisseaux, Andreas L. J. (Hrsg.). (1992). *Interkulturelles Management.* Heidelberg: Physica-Verlag.

Cuvry, Andrea de & Jagenlauf, Michael (1998). Erlebnisorientiertes Lernen in Veränderungsprozessen und Organisationsentwicklungsmaßnahmen. In: Schulz, M. & Stange, B. & Tielker, W. & Weiß, R. & Zimmer, G. M. (Hrsg.): *Wege zur Ganzheit - Profilbidung einer Pädagogik für das 21. Jahrhundert.* Weinheim: Beltz.

Dülfer, E. (1992). Zitiert in Pfaller, P. Klischees prägen modernen Mythos vom Multi-Kulti. In: *management & seminar 1992*, S. 36-42.

Ertel, Marion & Kraft, Susanne (1999): Stellenwert und Bedeutung von Outdoor Trainings für die betriebliche Personalentwicklung - Ergebnisse einer Evaluation. In: *GdWZ - Grundlagen der Weiterbildung* (Luchterhand), Heft 4.

Götz, Klaus (1999). *Führungskultur- die organisationale Perspektive.* München: Hampp.

Heckmair, Bernd & Michl, Werner (2004, 5. Aufl.) *Erleben und Lernen - Einstieg in die Erlebnis-pädagogik.* München: Reinhardt

Heineking, Anja (1995). *Outdoor Training - Konsequenzen, Stellenwert und Bedeutung für die Personalarbeit.* Berlin: GBI.

Jagenlauf, Michael (1992). Wirkungsanalyse Outward Bound - ein empirischer Beitrag zur Wirklichkeit und Wirksamkeit der erlebnispädagogischen Kursangebote von Outward Bound. In: Bedacht, A. & Dewald, W. & Heckmair, B. & Michl, W. & Weis, K. (Hrsg.): *Erlebnispädagogik: Mode, Methode oder mehr.* Alling: Sandmann 1992.

Jagenlauf, Michael (1993). Lernen durch Herausforderung - die Bedeutung der Erlebnispädagogik für das Bildungsmanagement lernender Organisationen. In: *e&l - erleben und lernen, Heft* 2/3, S. 9-14.

Kölblinger, Mario (1997). Perspektiven zum Umgang mit Unsicherheit und

Angst im Outdoor-Management-Development-Training. In: *Zeitschrift für Erlebnispädagogik, Heft 9,* S. 16-22.

Kölsch, Hubert & Wagner, Franz Josef (2004, 2). *Erlebnispädagogik in der Natur.* München: Reinhardt

Kölsch, Hubert (1995). *Wege moderner Erebnispädagogik.* Alling: Sandmann.

Maletztke, Gerhard (1996). *Interkulturelle Kommunikation - Zur Interaktion zwischen Menschen verschiedener Kulturen.* Opladen.

Outdoor-Training (1998). *e&l - erleben und lernen (Sonderheft).* Berlin: GBI

Priest, Simon (1997). Zitiert in: Paffrath, F. Hartmut (Hrsg.): *Zu neuen Ufern. München*: Sandmann, S. 93.

Priest, Simon & Gass, Michael A. (1997). *Effective Leadership in Adventure Programming.* Champaign: Human Kinetics.

Sandhaas, Bernd (1998). Interkulturelles Lernen - zur Grundlegung eines didaktischen Prinzips interkultureller Begegnungen. In: *International Review of Education - Internationale Zeitschrift für Erziehungswissenschaft - Revue Internationale de Pédagogie XXXIV* (1988), 415-438.

Schad, Niko & Michl, Werner (Hrsg.). (2004): *Outdoor-Training-Personal- und Organisationsentwicklung zwischen Flipchart und Bergseil.* München: Reinhardt.

Schuppert, Dana & Papmell, André & Walsh, Lan (Hrsg.). (1994). *Interkulturelles Management.* Wiesbaden: Gabler.

Senge, Peter (1996). *Die fünfte Disziplin: Kunst und Praxis der lernenden Organisation.* Stuttgart.

Siegl, Charly & Vetter, Werner (1998). Lernen auf höchster Ebene. In: *e&l - erleben und lernen, Heft 2,* Berlin: GBI

Thomas, Alexander & Hagemann, Katja (1992). Training interkultureller Kompetenz. In: *Bergemann 1992.*

Thomas, Alexander (1987). *Psychologische Grundlagen interkulturellen Lernens.* (unveröffentlichtes Manuskript)

Thomas, Alexander (1992). Zitiert in Pfaller, P.: Klischees prägen modernen Mythos vom Multi-Kulti. In: *management & seminar 1992*, S. 36-42.

Warren, Karen & Sakofs, Mitchell & Hunt, Jasper S. (Hrsg.). (1995). *The Theorie of Experiential Education.* Westmark Drive (USA): Kendall/ Hull.

Zeitschrift für berufliche Bildung und Weiterbildung. N*eue Perspektiven. Zum Thema - Interaktion im Bildungsprozeß. 3. Jg.* Heft 2, 1998.

이문화 코칭

우테 클레멘트 / 울리히 클레멘트 (Ute Clement / Ulrich Clement)

1. 이문화 경영에서 무엇을 위한 코칭인가?

국제적 차원의 경영에서 거래하거나 협상하는 사람은 자신의 고유문화, 그 문화의 가치, 행동스타일과 상호작용에 대한 기대의 배경에서 이를 행한다. 이문화 경영은 특정문화에 속한 매니저들에 의해 이루어진다. 외국 경험이 있는 관리자는 자기 자신도 자신의 대화 상대방도 어떤 문화에도 종속되지 않을 수 없다는 것과 국제적인 사업관계에서 상대방의 문화적 배경을 고려하는 것이 협력의 경제적 성공에 결정적이라는 것을 알고 있다. 따라서 이문화 능력은 결코 스타일상의 또는 미적인 덤이 아니라 국제적 합병에서도 일정 기한의 프로젝트에서도 협력의 핵심을 건드리는 것이다. 협상양식과 교류형식에서의 지속적인 세계화에도 불구하고 국제적인 사업관계가 "문화적 실수"에 취약하다. 즉, 자극의 원인을 서로 인식하지 못한 채 쌍방이 겪어보지 않은 문화에서 기인한 추측에 부딪히면 양 쪽에서 발생하는 것은 의도하지 않은 무례, 잘못, 당혹감, 불쾌감이나 오해 등이다.

이러한 자극이 이문화 코칭의 주제이다. 이문화 코칭이란 이문화 경영에서의 의사소통 문제 해결에 있어 관리자를 돕는 것이다. 자기 문화와 자기 행위가 문화에 종속되어 있다는 한계성과 상대성을 평가할 수 없고, 그것을 극복할 수 없는 사람은 이문화 경영에서 어떤 성공도 거둘 수 없다. 이문화 경영은 문화와 결합된 행위양식의 영향을 인지하고 고려하는 데 목적이 있다. 이문화 경영의 계기가 실패한 또는 비판적 상황, 또 국제적인 사업파트너와의 관계이더라도 목표는 반드시 그것들을 완전히 피해 가는 데 있지 않다. 문화오류-제로라인이 목표가 아니라, 사업파트너의 자기문화 중심적인 평가, 행동의 기대와 협상의식에 대한 가치를 존중하는 시각이다.

협상파트너에 의해서 기대될지도 모르는 동일한 문화오류-제로-목표는 파트너의 모든 문화적 특징을 제거해버린 문화중립적인 의사소통이라는 애매한 이상이 초래될지도 모른다. 그러한 목표는 비현실적일 뿐 아니라, 매력적이지도 않다. 사업적 성공이 첫 번째 목표라 할지라도 이문화 경영의 과정은 문화적 특징들의 매력으로 인해, 또 사업이 이루어지는 과정에 동반되는 크고 작은 자극으로 인해 살아있는 것이다. "매력"이란 여기서 물론 비판적인 상황이 극복될 때 (또는 돌이킬 수 없이 수포로 돌아갔을 때) 비로소 모습을 나타낼 수 있는 전리품이라고 말하는 유머로 이해된다. 진행과정에서 이 민감함은 언짢고 장해로 느껴진다. 이문화 경영의 기술은 바로 대부분 불편한 감정이 동반되는 장애를 "연구결과"로 해독하게 하고 행위를 위한 새로운 전망으로 도약하는 데 있다.

2. 코칭이란 무엇인가?

이문화 코칭의 개별적 측면들에 들어가기 전에 간단히 코칭에 대한 일반적인 우리의 이해가 약술 되겠다. 이에 따르면 코칭은 일과 관련된 자기성찰로 가장 잘 정의된다. 코칭과정에서 "사람"과 "기능"의 이음새를 따라 밀접하게 일이 이루어진다. 따라서 코칭과정은 개인과 조직의 현실을 동일하게 고려한다. 코칭은 관계지식과 조직지식, 즉 인간적 관계의 역동성에 대한 지식과 조직의 작동성에 대한 지식에 기초하고 있다.

체계적 관점에서 코칭은 코칭수용자("사람")라는 체계의 고유논리와 코칭수용자-작업("기능")이라는 체계-환경-상호작용을 다룬다. 코칭수용자의 내적 관점에서 중요한 것은 체계-환경-관계("나와 일")이며, 코칭수용자의 외적 관점에서는 코칭수용자라는 체계와 기관이라는 체계의 구조적인 상호연결이 중요하다.

이로써 형식상 세 가지 초점이 다뤄진다.

- 체계-환경-관계의 "입력Input"-면에서 복잡성의 감소와 그것과 결합된 선택 메커니즘의 문제. 내용적으로 바꿔 말하면 이것은 인지의 모든 측면, 즉 코칭수용자의 현실구조에 해당된다. 이문화 코칭에서는 특히 문화 종속적 인식 패턴을 의미한다. 이 초점의 주요 질문: 무엇을 내가 인식하는가?
- "처리량Throughput"-차원에서 환경과 무관하게 구조 결정론에 대한 질문과 체계요소의 상호접속. 내용적으로 중요한 것은 코칭수

용자의 정체성, 자신의 느낌, 자신에 대한 생각과 미래에 대한 비전이다. 이 초점의 주요 질문: 내가 누가인가?

- "출력Output"-면에서 체계-환경-관계의 만일의 경우에 대한 질문. 즉, 체계의 행동옵션의 문제. 내용적으로 코칭수용자의 행동이 문제이다. 이문화적 맥락에서 코칭수용자의 이문화적 행위능력이 여기에서 나타난다. 이 출력 면의 주요 질문: 내가 어떻게 행동하는가?

이 세 가지 초점 모두 구분할 수는 있으나, 서로 밀접하게 연결되어 있기 때문에 까다로운 코칭은 이 셋 모두를 고려해야 한다. 그러므로 해야 할 것과 하지 말아야 할 것Do's und Don't, 즉 출력 면에 제한된 이문화 워크숍은 우리 생각으로는 너무 짧게 다루고 있다. 이 워크숍은 행위자의 개인적인 인지와 특성을 고려하지 않고 낯선 문화 맥락에서 행동의 표준화를 의도하고 있다. 이문화 코칭이란 평균적이고 일반적인 문화-성향(예: 미국인과의 독일인의 협업)이 아니라, 특별한 이문화 맥락에서 개인에 집중된(예: 독일-미국 프로젝트에서 M씨) 코칭이다.

3. 이문화 능력: 이문화 코칭의 가이드라인

이문화 코칭은 이문화 능력이라는 이상을 향하고 있다. 이것은 태도이면서, 실질적인 지식이기도 하다. 태도로서 이문화 능력은 의식을 의미한다. 즉, 고유문화는 많은 문화들 중의 하나일 뿐이라는 의식, 또한 각 문화에는 무엇이 "실제적"인지, 무엇을 사람들이 표현하지 않으면서도 서로 기대할 수 있는지에 대한 그 문화 고유의 관념이 존재한다는 의식이다. 이러한 의식은 이런 차이를 아는 지식은 결코 아니다. 그러나 이것은 낯선 것에 대한 호기심을 위한 중요한 전제이며, 발견자의 자세이다. 이런 자세 없이는 어떤 지식도 내용이 없을 것이다. 반면 낯선 것을 주의 깊게 서술하지 않고, 자기 문화 중심적인 평가를 통해 이를 경시하는 이문화 능력은 모순적이다.

그러한 평가하는 태도는 낯선 이와 모르는 이에 대한 두려움으로 나타난다. 다른 방식으로는 자기 세계상의 혼란으로 체험되며, 또 모든 것을 평가절하 함으로써 보호한다. 이러한 인지는 너무 선별적이어서 이미 존재하는 지식은 확인되고, 그래서 일치하지 않는 것은 무시되고 하찮은 것이 되고 만다.

4. 정보가 되는 장애

국제적 협력의 맥락에서 문화는 일차적인 관심사가 아니다. 문화는 단순히 사업 진행과정의 배경이다. 그래서 문화적 차이는 보통 사업 진행이 별 갈등 없이 진행되는 한 문제시 되지 않는다. 문화 차이가 더 이상 단순히 양식상의 주변현상으로 "함께 실행" 되는 것이 아니라, 자극과 장애로 이끌어지면 바로 이것이 중요하게 된다.

예술이란 그러한 장애를 정보로 보고, 장애를 단순히 부족함이나 손실로 받아들여 가능한 한 빨리 제거하려고 하는 대신, 그것을 소위 친구로 만드는 데 있다. 인종심리 분석가인 조르지 데브로Georges Deverux(1973)는 이것을 낯선 사람과 만남에서 방법론적 원칙으로 발전시켰다. 그의 평가에 따르면 모든 종류의 방법은 (예를 들어, 측정, 데이터 찾기, 또 태도규칙, 의복규정과 같은 상호작용의 형식화) 인간들 사이에서 그들이 낯선 사람(즉 알지 못하는 다른 문화나 다른 문화에 속한 사람들)과 마주하는 것을 볼 때 생기는 두려움을 감소시키는 데 도움이 된다. 데브로에 따르면 모든 만남에서 발생하고 두려움을 동반하는 장애는 정보로 볼 수 있으며, 적절하게 이용될 수 있다. 따라서 이문화 코칭을 위해 이끌어낼 수 있는 표어는 "장애를 억누른다" 대신 "장애를 이용한다"이다. 이는 협상파트너는 보통 평탄한 흐름에 관심이 있으며, 일차적인 심리작용은 언제나 장애를 넘어서거나 억제하는 쪽으로 가기 때문에

장애를 **억누른다**	장애를 **이용한다**
• 장애를 보이지 않는다	• 장애를 나타낸다
• "올바른" 진행으로 돌진한다	• 규정을 따른다
• "더 많이 같은 것"	• 잘못된 자명성을 물어서 확인한다
• 자신의 인지를 "실제"라고 나타낸다	• 관점의 보다 많은 가능성을 개입시킨다
• 장애에 대한 과실을 정의한다	• 메타적 의사소통
• 문화차이에 반해서 일한다	• 책임을 묻지 않고, 상호작용기대의 "적합성"을 검토한다
	• 문화차이에 종사한다

표 1: 이문화간 의사소통에서 장애의 취급

이러한 태도는 직관에 반대된다. 그러나 이문화 차이에서 오는 장애의 억제를 협력파트너가 그것이 자기의 이익, 자기에게 자명한 문화 또 자존심을 대신하는 대가라는 인상을 받게 되는 어쩔 수 없는 부작용이 있을 수 있다. 그 같은 장애의 제거는 종종 그 장애 제거의 방식도 문화에 얽매이기 때문에 문제를 해결하는 대신 더 날카롭게 할 수 있다.

장애에 대한 이러한 생각은 아주 중요하다. 오류-제로-입장의 기업에서 온 협상파트너에게 장애 –이렇게 이해하면 사실 두려움이다– 를 이용하는 것은 그것이 기업문화와는 양립할 수 없는 것으로 보이기 때문에 대단한 도전이다. 경험에 따르면, 시작단계에서 장애 억제를 통해 이뤄진 표면상의 시간벌기가 종종 이문화 프로젝트에서 나쁜 결과를 초래한다. 왜냐하면 문화차이가 비록 시작에서는 함께 고려되었다하더라도, 문화차이가 고려되지 않으면 중간의 구현단계에서 영향을 끼치고 또 보다 더 복잡한 수정으로 이어질 것이기 때문이다.

5. 인지적 지식

호프스테드Hofstede(1991, 258)는 이문화 의사소통 학습을 세 가지 단계, 즉 의식, 지식, 역량으로 구분한다. 호프스테드의 특징을 시간의 단계로서 구분하지 않더라도 역량은 지식에 우선할 수 있고, 반대로 의식이 반드시 지식을 전제하지는 않는다. 또한 우리 생각에는 이문화 코칭이 투입되는 차원을 기술하기 위해서는 복잡성의 정도와 성찰의 수준에 따라 구분하는 것이 의미가 있다고 본다.

외국체류에 앞서 국외거주자에 의한 브리핑이나 집중훈련강좌는 보통, 언어교육, 일상생활의 교류를 위한 언행-규칙, 사용법 같은 역량차원에 집중된다. 이런 강좌는 그것이 배경지식 그리고 –가장 나쁜 경우– 문화 인식의 기본태도, 즉 의식이 없다면 "쓸모없을" 것이다. 우리 생각으로는 이문화 코칭은 이 세 단계 모두를 다뤄야하며, 이때 원칙적으로 각각의 차원에서 접근이 가능하다. 국제적으로 일하는 관리자에게 가장 생산적이며 최상의 연결 가능한 차원은 중간차원의 지식이다. 이것은 의식보다 더 효과적이고 더 중요하게 사용되며, 사소한 것에서 사라질 위험이 역량 차원보다 덜하다. 게다가 이 지식은 상황에 매이지 않고 학습이 가능하게 하고, 계획할 수 없거나 미리 말할 수 없는 상황으로의 전이를 가능하게 한다.

아주 잘 연계할 수 있는 모델로 폰스 트롬페나스Fons Trompenaars(1993)의 모델이 제시된다. 이 모델은 이문화 교육의 참여자로부터 대단히 적합한 것으로 인정되었는데, 트롬페나스는 자신의 모델을 비즈니스와 관련하여 아주 자세하게 설명하고 있기 때문이다. 다른 사람과의 관계에 관한 5개의 차원, 시간과 관련하여 1개의 차원, 또 다른 하나는 자연을 다루는 차원이다. 표 2는 이러한 차원들을 간략한 형식으로 기술해준다.

보편주의 대 특수주의

보편주의 문화는 개인적인 관계에 있어 보편타당한 규칙과 규범을 세운다.

개별주의 문화는 개인적인 관계를 높이 평가한다.

개인주의 대 집단주의

개인주의: 사람들 사이의 관계는 느슨하고 자율을 강조한다.

집단주의: 의존성이 강한 밀접한, 종종 대가족의 관계. 이 관계에서는 집단의 이익이 개인의 이익에 우선한다. "아니오"는 강한 대립으로 통용된다.

(표현)중립적 대 감성적

중립적: 자기 통제와 냉정한 객관적 행동이 선호된다. 웃음이 적고, 신체 접촉은 피한다.

감성적: 제스처 표현과 신체 접촉이 일상적이다.

한정적 대 확산적

한정적: 업무와 사적 상황이 구분된다. 관계는 특수한 상황에서 이뤄진다. 우정관계는 빨리 맺어지고 빨리 끝난다.

확산적: 직업과 사생활은 섞여있다. 관계는 목적이 없다. 우정관계는 천천히 맺어지고 길게 간다.

성취지향 대 귀속지향

성취지향: 상사에 대한 존중은 성공에 기인한다. 성별과 나이는 업무에 중요하지 않다. 직함은 그것이 부여된 맥락에서만 통용된다.

귀속지향: 상사에 대한 존중은 회사의 위치에서 생겨난다. 관리자는 대개 중년이며, 남성이고 그들의 "배경"에 의해 부여된다. 칭호는 맥락과 관계없이 신분표지이다.

시간적으로 단일 시간적 대 복합 시간적 처리

단일시간: 업무는 순서대로 처리된다. 일정표가 (일의) 진행을 결정한다. 시간엄수는 높은 가치이다. 경과된 시간은 손실이다.

복합시간: 여러 가지 업무가 병렬적으로 진행된다. 사람과의 만남이 일정표보다 우선한다. 오늘 경과한 시간은 내일 다시 온다.

자연의 외적조정 대 내적조정

외적조정: 인간은 자연의 일부이다. 다른 사람들과 타협과 화합을 모색한다. 파동, 변혁, 순환과정은 "자연적인, 당연한" 것으로 허용된다.

내적조정: 인간이 자연을 지배한다. 다른 사람들 관계에서 우월과 조정을 추구한다. 환경이 조종할 수 없는 것으로 보이면 심기가 불편하다.

표 2: 문화 차이의 주요 차원 (트롬페나스)

국제적 비즈니스에 있어 높은 타당성과 적합성 외에 이 차원은 특정문화를 특별하게 기술하는 하는 대신, 다문화 팀이나 회담에서 중요한, 문화적으로 주목되는 점들을 일컫는 큰 장점이 있다. 이문화 코칭-설정에서 이런 차원이 전형적인 갈등상황과 그 해결에 대한 예에서 나타난다.

6. 정서적 지식

지식전달의 인지적 차원은 강연, 강의, 비디오를 통해서도 전해질 수 있다. 그러나 이문화간 의사소통의 감성적인 요소들과 학습자 개인이 포함되는 체험주도의 학습은 코칭수용자를 꽤 당혹하게 하고 예측할 수 없게 하는 이문화적 상황을 만들어낸다. 정서적 학습은 갈등상황에서 직관의 세분화를 목표하며, 표준적인 문화 맥락을 넘어서 바로 사라지는 추정된 행동의 자기 확신을 시사하는 것보다 유연한 목표에 도움이 된다.

우리는 정서적 학습이 특수한 효과가 있으며, 독특하고 실용적인 것으로 본다. 즉, 확산된 감정을 중시하는 것이 아니라, 당혹스러운 상황에서 자신의 감정적 반응이 이문화적 이해의 지표로서 실제 이용될 수 있는 과정으로서 이해한다는 것이다. 이점에서 모호한 것에 대한 내성을 개발하는 것과 발견의 태도는 정서적 학습에서 중요하다. 정서적인 차원에서 위에서 기술한 "장애의 이용"은 예컨대 특정한 상황에서 분노나 조급함이, 바로 인지할 수 없는 어떤 법칙을 훼손하는지를 숙고하는 계기가 된다는 것을 의미한다. "정서적 학습" 목표에 대해 소극적인 코칭수용자에게는 정서적 자극을, 실용적인 힌트, 즉 모르는 규칙에 대해서는 "걸려 넘어진다는 것"을 알도록 도움 주는 것이 쉬울 수 있다. 이러한 참여자들에게 혼란을 "운동경기로" 받아들여, 알지 못하는 규칙들을 찾아보도록 하는 것이 더 쉬울 것이다.

7. 상호작용 지식

상호작용 지식 또는 관계지식은 이문화간 대화 파트너들과 함께하는 구체적인 행위에서 나타난다. 따라서 우리는 존중하는 것을 상호작용 지식의 핵심 태도로 강조하는 데, 이 존중이 모든 이문화 행위규칙의 최소 공통분모이기 때문이다. 낯선 문화와 그 대표자와 상징에 대한 존중은 자기 문화에 대한 존중을 전제한다. 존중이란 동일한 가치 존중의 차원에서 상호작용 파트너의 차이를 인지하고 높이 평가하는 태도이다. 복종은 오만 만큼 존중하는 것이 아니다. 비즈니스 협상에서 존중은 상대의 조건 모두를 수용하거나 상대방을 맹목적으로 신뢰하는 것이 아니고, 상대방도 다른 문화적 조건의 토대에서는 과정에 대한 다른 이해와 다른 협상전략이 있다는 사실을 인정하는 것이다.

문화로 인한 자극은 대단히 감정적일 수 있다. 자극이 더 감정적으로 느껴질수록, 존중하기는 더 어렵다. 예를 들어, 보다 강한 분노와 함께 겪게 되는 보다 감정적인 자극은 쉽게 평가절하 된다. 상대방을 평가절하는 하는 것은 자기 존중을 규제하고, 또한 문화적으로 민감하게 의사소통을 이끌어가는 것을 어렵게 한다. 특히 스트레스를 부담시키는 상황은 생각 없이 자신의 문화척도로 되돌아가게 할 수 있다. 다음의 예들이 감정적으로 하나는 약하게, 하나는 강하게 경험된 자극의 차이를 나타내준다.

예 A:

독일과 미국의 대기업 합병에 있어 아주 많은 이문화적 자극이 있었다. 코칭에서 한 부서의 장이 다음의 갈등을 묘사하였다. "우리가 영어로 미국인들과 회의를 할 때 내 직원에게 'Mr. Schneider'라고 말을 걸면 그들의 귀에 이상하게 들린다. 그들은 내가 자기 상사가 전혀 아닐 때 그렇게 한다는 것이다. 다른 측면에서 독일에서 내 직원들이 나에게 Du를 사용하면 확실히 불쾌하게 느낀다. 지난 20년 동안 누구도 업무에서 내게 Du를 사용하지 않았다. 이제 우리의 사장이 심지어 Du 사용을 제안했으며, 나는 이제 그에게 'Georg'라고 말해야 한다. 우리가 이름을 부르면서 'Sie'를 사용하는 데, 내가 나의 오랜 비서에게 지금 Waltraud라고 말해야 한다면, 이것은 아주 이상하다. 이름을 나는 거의 내 입에 담지 않는다."

코칭의 대화에서 코치에 의해 우선 한정 대 확산의 차이가 제시되었다. 보다 한정적인 독일 문화에서 공적이고 직업적 교제와 또 개인적 교제는 확산적인 미국에서 보다 훨씬 분명히 구분된다.

이 코칭에서 감정적인 몰입은 제한되었다(불쾌함 그러나 전혀 격하지 않은 반응). 코칭이 정보를 주는 인지 차원에서 운용될 수 있는 한 이문화 존중은 위태롭지 않다. 코칭수용자는 자신의 독일 문화에서 통용되는 사적인 것과 직업적인 것의 구분이 미국인에게 같은 방식으로 적용되지 않음을 배우게 된다. 여기서 코칭수용자는 자기 독일 동료들에 대해 한계와 존중을 잃을지도 모른다는 두려움을 심각하게 받아들임으로써, 자신의 문화적 원천에 대해 감수성을 발달시킨다. 이문화적으로 과도하게 적응할 필요가 없으며, 다른 나라의 규칙을 배경도 묻지 않고 수용해야 할 필요는 없다. 그는 코치와 함께 영어로 대화할 때 자기 동료들의 이름을 부르고, 독일어 대화에서는 다시 성으로 돌아가는 식의 차이를 발달시킨다.

예 B:

한 직원이 물건을 판매한 경우인데, 타일랜드 사업파트너가 5-공-바퀴-테를 주문했고, 그 나라에 이미 납품이 되었을 때 조립되어야 할 바퀴에는 10-공-바퀴-테 만 적합하다는 것이 알려진 것에 대해 엄청나게 화가 났다. 차량을 위한 공급 기한은 급박하였다. 코칭수용자의 질문: "내가 어떻게 타일랜드 사람들에게 그들이 정말 엉망이라는 것을 말해야 합니까?" "명백한" 잘못이 행해졌는데, 왜 내가 안색을 바꾸지 않고 대화해야합니까?

우선 노력해서 얻은 것은, 갈등에서 먼저 잘못한 사람을 찾는 것은 개인 차원을 넘어서며, 문화종속적인 의사소통 틀이라는 것이다. 일중심주의 때문에 여기서 힘든 것은 잘못된 납품에 대한 격정적 분노에 상대방의 반응이 포함된 것이다. 공동으로 다음의 해결책이 나왔다. 코칭수용자는 주문이 어떻게 이런 형식이 되었는지 대화파트너의 생각을 물어야 할 것이며, 다음으로 다시 공동의 문제라는 것과 그에 대해 해결책을 찾아야 한다는 것을 확인해야 할 것이다. 그래서 객관적 문제가 부정되지 않으면서 사업파트너가 체면손상을 두려워해야 하는 것을 면할 수 있었다. 코칭작업은 코칭수용자를 곧 바로 평가자태도("그들이 또 다시 실수했다")에서 물어보고 알아보는 태도로 만들어 가는 데 있다.

8. 타인조정 대신 자기조정

이 보기에서 분명해진 것은 문화로 인한 자극 –우선적으로 감지된 충격과 다르게– 에서는 다만 자기 태도만 변화될 수 있다는 것이다. 낯선 문화와 "교훈적인" 교류는 불가능하다. A의 예에서 미국인 동료들에게 구분시키는 것(개인적 또는 비즈니스 상황에 따라 이름 또는 성의 구별)을 기대하는 것은 가망이 없다. 그 나라 문화에서는 그런 태세가 갖춰지지 않았다. 여기서는 독일 코칭수용자가 사용할 수 있는 하나의 해결책만 가능하다. B의 예에서 타일랜드 사업파트너에게 잘못을 증명했다면, 그가 체면을 잃었을지도 모른다. 그래서 얼굴을 붉히지 않는 의사소통 쪽으로 자신의 태도를 통제함으로써 해결책으로 나갈 수 있고, 장기적인 사업관계를 유지할 수 있다.

참고문헌

Devereux, G. (1973). *Angst und Methode in den Verhaltenswissenschaften.* München: Hanser.

Hofstede, G. (1991). *Interkulturelle Zusammenarbeit.* Wiesbaden: Gabler.

Trompenaars, F. (1993). *Handbuch Globales Managen: Wie man kultureve Unterschiede im Geschäftsleben versteht.* Düsseldorf, Wien, New York, Moskau: Econ.

MBA는 이문화 훈련인가?

데트레프 크란 (Detlev Kran)

"기업경영/비즈니스 관리 영역에서 국제적인 질적 성장을 목표로 하는 MBA-프로그램은 교과과정의 설치에서 분명히 국제적이고 이문화적인 목표를 포함시켜야하고, 참여자들에게 세계화의 경영맥락에 대한 안목을 강화시켜야한다. 이는 강의, 업무집단의 구성, 문제해결에서 국제적으로 비교하는 방법의 강조와 같은 방법적 도구들을 통해, 또 일반적으로 다언어를 통해 프로그램에서 성취될 수 있다."[1]

MBA(경영학 석사)는 독일에서 점점 더 많이 설치되고 있다. 자동차산업, 은행, 화학기업, 식품콘체른에서도 협회들에서도 관심이 급속도로 증가하고 있다.

1994년에 독일에 약 35개 MBA가 제공되었다면 1998년에는 벌써 85개, 2001년에는 대략 100개 정도 설치되었다. 독일에서 그동안 200여개 프로그램(2006)의 평균 기간은 약 21개월이다. 선택의 폭은 상설 정규 프로그램이 약 11개월, 통신교육 프로그램은 48개월까지이다. 입학 절차는 보통 일차적으로 대학 졸업이 요구된다. 독일에 있는 3개의 외국 기관은 아무것도 요구하지 않는다. 학업과정의 허가를 위한

1 FIBAA(2002). Qualitätsstandards der FIBAA für Studienprogramme mit dem Abschluss *Master/Magister*(und "MBA" als spezielle Form) in Deutschland, Österreich und der Schweiz. Bonn.

다른 조건은 종종 여전히 GMAT(경영대학원 입학시험)와 같은 41개 프로그램의 수강을 요구하는 입학시험이 있다. 언어 시험으로 TOEFL(외국어로서의 영어 시험)은 94개 프로그램에서 허가 조건으로 전제되어 있다. 그 밖의 허가조건은 내부 입학절차 허가의 성공적 통과, 내부실시 언어시험, 인터뷰와 추천 등이다.

수업료는 "무료"부터 대략 5만 유로에 이르기까지 그 폭이 엄청 넓다. 집필자 185명에 의해 평가된 기관의 평균은 대략 16,000 유로이다. 전체적으로 그러나 연구자를 위한 프로그램이 무료이거나 1,000 유로 이하인 19개 제공기관이 있다. 보통은 이 상설정규 프로그램들은 국립 대학교 및 전문대학*에 있다.

MBA 가이드 2006[2]에 목록이 등재된 독일의 185개 전체 프로그램에서 대략 5,400개의 (수강)자리가 있다. 독일 학생들이 외국에서 추가로 얼마나 등록되었는지는 단지 추정될 뿐이다. 미국의 IIE(국제 교육기관)의 수치에 의해서만 몇 년 전부터 US-비니니스 스쿨에서 독일의 MBA 과정 학생 수는 대략 900명 정도 달한다. 독일의 통신교육 수강자의 알려진 수에 따르면 영국에 250명 정도 학생이 있다. 프랑스에는 50명 정도로 계산되고, 오스트리아와 스위스에는 약 200명 정도이다.

평균 연령은 제공기관들의 보고에 의하면 대략 31세 정도이다. 상시 프로그램에서는 평균 27세로, 시간제 프로그램의 경우 약 33세이다. 통신교육 프로그램과 경영간부-프로그램은 34세 정도가 된다.

* 독일의 전문대학(Fachhochschule)은 우리나라 개념과 달리 특정 전공 영역 중심의 말 그대로 특정 분야에 있어 전문적인 대학을 의미한다.

2 Brackmann, H. J. & Kran, D.(2006). *MBA-Guide 2006*. Luchterhand. Köln.

상시 프로그램에서 기관에 의해 요구되는 최소한의 업무 경험은 "업무 무경험"부터 7년에 이르기까지 유동적이다. 학생의 실제 직업 경험은 평균 6.3년이다. 시간제와 통신교육 프로그램에서 요구되는 업무경험은 보통 2년 이상이다 이 프로그램의 여성 비율은 대략 33% 이다. 프로그램의 국제적인 학생들의 정확한 비율은 30%이다. 열 두 기관이 질문에 답하지 않았다. 국제적인 학생들의 비율은 5%에서 95%까지 이른다.

92개의 MBA 프로그램 제공기관은 50% 이상 영어로 (그중 100% 영어는 66개 기관) 제공된다. 58개 기관은 순수 독일어이거나 외국어 비율은 25% 이하이다. 졸업하는 학업집단의 평균 수치는 12%이다. 수업방식은 32%까지 사례연구 작업으로 이뤄지고, 37%는 전통적인 강의이다. 학업 마무리에서 졸업논문은 거의 모든 기관이 계획하고 있다. 미국 또는 영국의 전문대학 프로그램을 제공하는 3개의 기관에서만 졸업논문이 항상 명기된 것은 아니다. 거의 모든 기관은 최소한 한 주부터 삼 개월에 걸치는 단기외국체류를 규정하고 있다.

졸업생의 수에 관련하여 기관들의 보고를 종합하면, 현재 평가된 프로그램의 14,000명 정도의 졸업생이 있다. 일련의 프로그램들은 2003년 내지는 2004년에 시작되었기 때문에 평가 시점(2005년 8월)에 졸업생이 없었다.

종합해서 다양한 국내, 국제적 출처의 평가에 따르면 추정되기를 지난 15년 동안 20,000명 이상의 독일인이 MBA-졸업을 했다는 것이다.

세계적으로 약 5,000개의 MBA-프로그램을 제공하는 1,500이 넘는 기관들이 나타나 있다. 해마다 약 150,000-170,000의 MBA-졸업생이 대학을 떠나며, 그 중 115,000 정도가 미국, 40,000 정도가 유럽이다. MBA-프로그램의 질적 상태는 대단히 다양하다. 직함거래자부터 명문-MBA에까지 모두 시장으로 나온다.

1. 기업의 기대

졸업생들은 대단히 다양한 업무 분야와 직무에서 일하고 있다. 그렇기 때문에 고용주들 요구 또한 많이 다르다. 일반적으로 노동시장의 상황은 고용주가 얼마나 까다롭게 지원자에게 요구를 내세울 수 있는지의 물음에 영향을 끼친다. 지원자가 현저하게 부족한 직업에서는 고용주도 평균적인 졸업학점의 지원자나 비전공자도 받아들인다. 반대로 비교적 몇 안 되는 자리에 지원자들이 경쟁한다면, 측량 잣대는 대단히 높다.

이것이 지난 수년 전부터 대부분의 직업에 해당되었다. 기업은 우수한 전문적인 능력만 요구하는 것이 아니라, 전공이외의 능력도 요구했다. 기업은 외국경험이 있는 넓은 폭의 전공영역의 지원자를 선호하고, 예외적으로 특수전문가를 원했다. 이것으로 하여금 기업이 고용자 수가 감소되더라도 시장의 요구대로 직원을 유연하게 배치할 수 있게 하였다. 고용주는 지원자가 바로 필요한 자리의 프로필에 상응하는 이전의 업무경력을 제시할 수 있으면, 기꺼이 만났다. 고용주가 단연 갓 졸업한 ("졸업생") 대학교육 수혜자를 찾는다면, 학기방학 동안 널리 행해지는 실습은 어쨌든 경쟁에서 이익이 되었다. 이것은 아주 당연한 일이 되었다. 학업과 주어진 자리의 실무와 맞아떨어지는 것은 중요했다. 왜냐하면 고용주는 졸업자가 자신의 학업기간을 목표에 맞게 이용했었다는 것을 기대했기 때문이다.

MBA에서 일자리의 구분[3]

새로운 MBA-졸업생들이 고용된 영역					
노동 시장	기업 분야				
	부서	지방 기관	지역 기관	국가 기관	세계 기관
	(n = 61)	(n = 131)	(n = 101)	(n = 239)	(n = 101)
회계 업무	12%	19%	22%	25%	37%
컨설팅	19%	33%	27%	22%	27%
자영	4%	5%	3%	4%	6%
재정	41%	44%	46%	58%	67%
일반 경영	12%	13%	23%	23%	36%
인력	4%	10%	9%	11%	23%
IT	11%	15%	12%	13%	37%
마케팅	36%	21%	22%	46%	40%
판매 & 운송	17%	13%	16%	21%	34%

GMAC, 2005, 새로운 MBA-졸업생들이 고용된 영역

더 나아가 기업은 기술된 자격을 지닌 지원자가 실제적인 전공지식을 이용해서 비교적 소박하게 원하는 수입을 실현시키려하고, 학

[3] GMAC(2005). *Global MBA Graduate Survey.* McLean.

습능력도 있고 학습하려고 하며, 야심이 있으며, 다른 지역으로 이동했다는 것에서 출발하였다. 많은 고용주의 의견에 따르면 가능한 한 확실한 영어와 통상적인 오피스 지식, 그때그때 특수하게 활용되는 IT-프로그램 지식이 직무명세서를 완성하는 것이다. 생활경험, 전문영역경험, 관리경험이 중요한 곳에는 나이 제한이 있으며, 제한된 나이부터는 일자리 찾기가 더 어려워졌고, 평균보다 더 높아졌다.

그밖에 국제적 경영의 기업이 의존하는 것은 직원이 다른 문화와의 교류에서 능력이 있다는 것이다. 국제적 만남에서는 번번이 자기나라의 표준이 보통 타당하다고 전제된다. 이는 종종 아주 심각한 의사소통 문제와 관계단절로 이어진다. 비싼 값을 치르는 오해와 잘못된 결정을 피하기 위해서는 문화적 영향이 고려되어야 한다. 이런 배경의 지원자는 특히 긍정적으로 주목받는다.

많은 기업에서 외국어지식은 그 밖의 중요한 피고용자의 자질이다. 허나 이것은 국제적 경영의 기업연합(콘체른)에서는 더 이상 해당되지 않는다. 경제의 세계화가 점점 중소기업에도 해당되기 때문이다. 새로운 판매시장이 개척되어야 하며, 국제적인 경쟁에서 존립하기 위해서는 외국어 지식은 필수적이다.

독일의 노동시장에서 가장 자주 찾는 국제적 능력은 영어이며, 또한 BIBB(연방직업교육기관)[4]에서도, 신문의 고용광고의 분석에서도

4 Busse, Gerd & Paul-Kohlhoff, Angela & Wordelmann, Peter(1997). *Fremdsprachen und mehr Internationale Qualifikation aus der Sicht von Betrieben und Beschäftigten Eine empirische Studie über Zukunftsqualifikationen*. BIBB. Berlin.

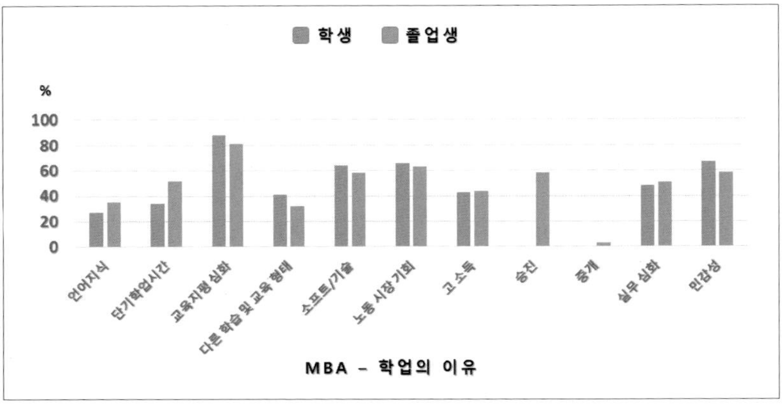

MBA-학업의 이유, BMBF, 2000[5]

마찬가지이다. 광고의 거의 40%가 영어능력을 요구한다. 여기서 거의 대부분 (90%까지) 상급 또는 최상급 능력이 있어야 한다고 제시된다.

기업의 관점에서 학생들에게 필수능력의 교육에 있어 현실적이고 중요한 사안이 문제라는 것을 많은 연구들이 보여주고 있는 데, 이 연구들은 수많은 대학 졸업생들이 이점에서 자격이 부족함을 확인해 주고 있다. 소위 예상된 수많은 소프트 스킬은 광범위하고 다채롭다. 가장 많이 인기 있는 성격 특성에 속하는 것은 유연성, 팀 능력, 소통 능력 및 독자적인 업무능력이다.

거기에 결정적인 것은 지난 몇 년 전에 활성화된 구조적인 인력관리/인적자원관리에 지속적으로 영향을 끼치는 기업의 변화이다. 증

5 Bundesministerium für Bildung und Forschung(2000). *Der MBA in Deutschland, praxisnah und international.* Bonn.

가하는 기업의 국제화 경향은 그 문화와 조직을 변화시키고 있으며 – 완만한 위계와 군살을 뺀 조직으로 관리직책들이 없어져, 그래서 특히 불과 몇 년 전보다 분명히 더 빨리 책임이 신진세대에게 넘겨져야 한다. 이런 변화에 대처하기 위해 신진관리자는 더 높은 잠재력이 있어야 하고, 이 잠재력을 더 빨리 발달시켜야 한다. 예컨대 외국체류의 환경에서 얻은 경험과 개성은 이와 관련된 해당 전문지식만큼 중요하다.

질문 받은 모든 기업의 기술자와 전산전공자의 경우 59%, 경영전공자의 경우 45%가 이러한 결손을 기록하였다. 이는 2000년에 나온 독일경영연구소의 한 연구에서 나타났다.[6]

지난 3년 간 해당 전문분야의 대학교육 수혜자를 고용한, 그래서 새로 고용된 대학졸업자들과 함께 할 수 있었던 경험이 있는 그런 기업만 기반으로 하는 경우, 능력부족이 확인된 기업의 비율은 상승한다. 이런 기업에서 기술자 73%와 60%의 경영전공자가 전문분야에서, 특히 학제간의 능력에서 부족함을 인식하고 있다.

그에 반해 두 교육수혜자 집단에서 전문지식의 양과 깊이에 있어 결손은 가장 중요하지 않은 문제로 나타났다. 능력부족을 흠잡는 기업의 각 십분의 일 정도가 여기서 크거나 매우 큰 결핍으로 밝히고 있다.

---

6 Institut der Deutschen Wirtschaft (2000). *Möglichkeiten zur Förderung des Erwerbs von Schlüssel- qualifikationen durch Studierende - Anforderungsprofile von Unternehmen und Ausbilungsstand von Hochschulabsolventen im Vergleich.* Köln.

2. 프로그램 내용과 주제

MBA-연구과정에서 참여자의 학습계획은 기업과 조직에서 중요한 직무영역에 대한 공통된 기반지식을 전달해야한다. 이것은 학업에서 통합적으로 다루어져야 해서 경제학적, 경영학적 직무와 관리는 전체 하나의 과정으로 이해되고, 또 기업정신으로 장려된다.

분야와 주제의 제시는 선택된 연구과정 특성에 맞춰져야하며, 자체 세워진 과제를 충족해야한다. 따라서 MBA-교과과정은 경영에서 중요한, 기업경영의 기초지식과 양적방법론과 결합되어 있는 업무영역, 특히 회계제도, 재정학, 마케팅과 판매, 기업공정관리/운영관리, 법, 전산시스템-관리, 인력 경영/"HRM"의 포괄적인 범위를 제공한다.

경영과 기업전략 /"비지니즈 정책과 전략"은 근본적으로 대단히 통합적으로 착수된 연구를 위한 기업의 법적형태를 형성한다. 지식의 습득 이외에 MBA-연구과정의 과제는 이론을 실습에 적용하는 권한을 부여한다. 여기에 덧붙여 학업과정에서 참여자들의 인격적 발전이, 팀 작업, 지도력, 기업적 사고, 협동망의 구축, 의사결정 행위, 협상 기술, 발표 기술 등을 통해서 촉진되어야 한다. 그래서 예컨대 FIBAA(The Foundation for International Business Administration Accreditation)의 MBA-프로그램에 대한 신임장 부여에 대한 기대가 있다.[7]

MBA-프로그램에서 모든 것이 항상 최상으로 이행되지 않는다. 헨

---

7 FIBAA (2002). *Qualitätsstandards der FIBAA für Studienprogramme mit dem Abschluss Master/Magister (und "MBA" als spezielle Form) in Deutschlan, Österreich und der Schweiz.* Bonn.

리 민츠버그Henry Mintzberg 같은 비판자들은 오랫동안 MBA-교육의 부족함을 비판하였다[8]. 미국 대학들이 미국을 뛰어 넘어 지금의 경영자 교육시장을 장악하고 있다. 대부분 2년의 수업과정은 표준화된 교과과정에 근거하고 있다. 그 결과 미국 틀에 따라 세계적으로 대단히 획일화되어 있다. 바로 미국의 비즈니스스쿨이 재정, 마케팅, 회계에 중심을 두고, 가르치는 것은 종종 직업적인 맥락으로부터 이탈되었다. 그래서 특히 막 시작한 경영자들이 서류와 숫자에 의거해 빨리 결정하는 것부터 배운다. 반면 사회적 상황은 드러나지 않으며, 이는 숫자에서는 거의 파악되지 않거나 전혀 나타나지 않는다. 사실과 논리의 힘을 믿는 것이 민츠버그에게 너무 편파적으로 보인다. 많은 MBA-교과과정이 뛰어난 분석력을 사회적 무능력과 조합시킨다고 보는 민츠버그의 연구결과를 더 많이 생각하는 사람은, MBA가 –아주 역설적으로 들리는 데– 기업연합에서 변화와 혁신으로 끌어가는 것보다 훨씬 더 관료주의로 이끈다는 결론에 이르게 된다.

민츠버그가 요구하는 교육은 기업경험이 이론과 동등한 관계에 있고, 젊은 관리자는 직원의 협력이 어떤 역할을 하고, 변화과정에서 직원의 정신적 태도, 문화적 가치와 감정을 어떻게 포함시키는지를 배우는 것이다.

MBA의 강점과 약점을 역시 2005년에 미국의 GMAC(경영대학원교육위원회)의 연구가 분석하고 있다. 질문 받은 고용주들은 MBA-교육에 원칙적으로는 만족한다. 그러나 학생들에게 필요한 부가적인 능력의

---

8 Mintzberg, H. (2004). *Manangers not MBAs*, Berett-kohler, San Francisco/Bonn.

몇 분야가 있다는 것이다. 특히 "전략적 사고", "의사소통", "리더십" 분야의 MBA-교육을 기업들은 만족해 하지 않는다. 산업을 위해 MBA-학생의 다음 능력은 아주 중요하다. 분석적인 사고, 전략적 사고, 정량 능력, 리더십, 창의적 문제해결전략, 구두의 표현능력, 전산작업. 반대로 "문화적 감수성"은 완전히 뒷자리를 차지한다. 이것이 좋은 징조인지는 더 이상 논의하지 않는다. 거의 모든 프로그램이 그 사이 더 자주 전문적인 지평을 넘어 바라보며, 경영 활동을 경제적, 사회적, 정치적 상황과 결합시켜 생각하고 있다.

강점과 약점: 기술 갭 분석

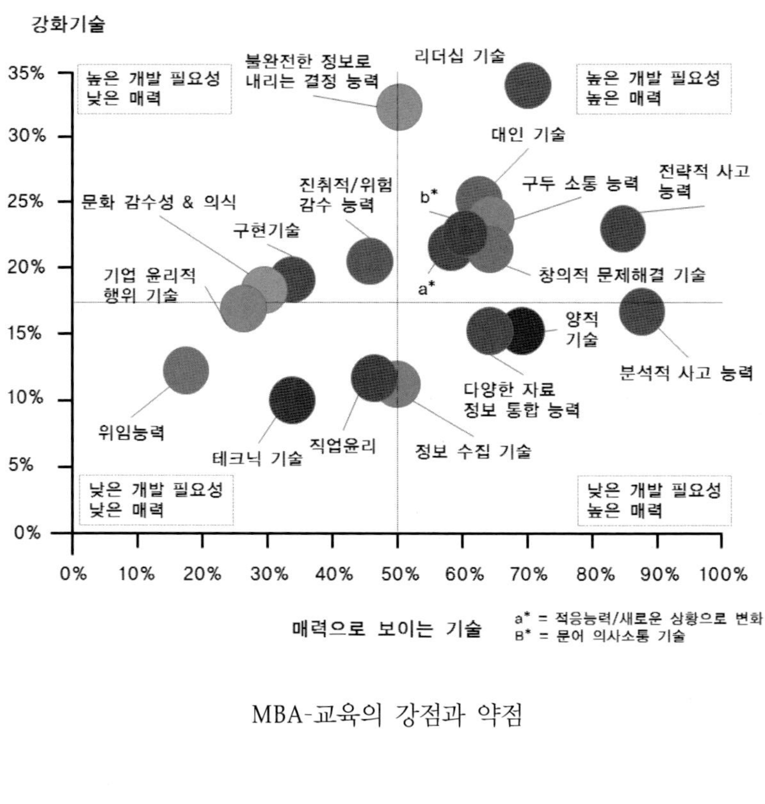

MBA-교육의 강점과 약점

여기에 새로운 교육의 우선순위가 부가된다. 이는 관리기술, 협상기술, 발표와 의사소통능력이다. 목표는 이문화 이해와 상호학습의 전제를 강구하는 방법을 개발하고 진력하는 것이다.

미래를 위한 결론: MBA가 있거나 학위의 중요성을 신뢰하는 국제적 배경을 가진 젊은 경영인이 몇 년 안에 점점 더 많이 간부계층으로 몰려들 것이며, 미국에서처럼 독일에서 MBA를 알리고 갈망하게 할 것이다. MBA 학위는 과소평가되지 않고 가장 성공적이고 가장 전도 유망한 학위로 나타날 수 있다.

3. 국제적 현장에서 경향들

EFMD(경영발전유럽재단)의 단체장인 에릭 코넬Eric Cornuel은 "대학은 미래에 대학교육을 현대 경영학의 실상에 맞춰야한다"고 한다. "몇 년 전부터 MBA-교육에서 많은 문제들이 드러났으나, 아직 아무도 그 문제를 다루려하지 않는다. 경영의 매우 빠른 변화, 세계화는 많은 비즈니스스쿨에서 아직 논제로 포착되지도, 행위능력으로 구현되지도 않았다. 이는 걱정스러운 데, 왜냐하면 바로 내일의 경영자들에게 글로벌한 책임이 중요하기 때문이다."

현재의 토론에서 확인되는 그 밖의 흐름:

- 보다 많은 실무적 관련성: 많은 비즈니스스쿨은 자문 프로젝트와 비즈니스 프로젝트를 제공한다. 학생에 의해 실제 행해지는 기업 자문은 교육에서 점점 확고한 위치를 차지한다. 목표는 기

업과 밀접한 관계를 형성하는 것이야 하며, 이때 기업이 연구 프로젝트 안에 포함되어야 한다.

- 새로운 내용: 몇 전문가는 대부분 MBA-프로그램이 너무 "하드웨어"*에 기반이 있고, "소프트스킬", 특히 "리더십"과 "경영관리"는 MBA-교육에서 거의 고려되지 않는다고 주장한다. 이들은 현재의 MBA-교육의 형태가 관리자 품성이 갖추는지에 대해 뚜렷한 의구심을 품고 있다. 그래서 예컨대 감정이입, 갈등해결력, 책임수용태세, 관용이라는 이문화 능력 향상도 점차 MBA 내용에 통합되고 있다.
- 국제성: 세계화 이념이 점점 분명하게 수업내용을 특징짓는다. 이것은 늘어가는 국제적, 다문화적 경영, 국제금융 또는 마케팅과 같은 수업분야를 교과과정에서 제시한다. 그러나 변화는 유감스럽게도 아주 제한되어 있다. 수많은 미국 프로그램은 바로 이점에서 아직 부족한 것을 상당히 보충할 필요가 있다. 유럽에서는 MBA-인증기관인 EQUIS*-주도로 상당히 진전시켰다. 많은 유럽의 인증기관은 아주 일찍 국제적인 문제들을 포착하였다. 전체적으로 언어능력, 정신의 유연성, 다른 문화권에서 업무처리능력 등 주요능력의 국제화가 정착되었다. 앞으로는 국제적인 다문화 방향의 비즈니스스쿨들만이 강좌내용과 앞을 내

* 생산, 마케팅, 재무, 회계, 인사조직 등의 일련의 경영전문지식.

* **European Quality Improvement System:** '경영발전유럽재단European Foundation for Management Development'에 의해 운영되는 경영 및 비지니즈 관리에서 고등교육을 평가하고 승인하는 국제적인 제도.

다보는 방향에서 진정으로 국제적이 될 것이다.

- 기업가정신: MBA-기관은 결코 타고난 기업가를 배출하는 것이 아니라, 스스로 그렇게 되려고 하는 졸업생에게 필수적인 장비와 그 길을 위한 중요한 관계를 제공한다. 장기간의 연구가 MBA-졸업자들이 자주 컨설팅 또는 투자영역 또 대기업근무로 승차하기를 선호한다는 것을 알려준다. 그러나 그사이 많은 MBA 출신자들이 중소기업으로 가고 싶어 하거나, 과감하게 자영업 쪽으로 발걸음을 내딛는다.

- E-비즈니스: 여러 학장들은 현재의 경기침체에도 불구하고 E-비즈니스를 미래의 전망분야로 내다본다. 몇 몇의 비즈니스스쿨은 E-비즈니스를 독립적인 강좌로 제공하고, 다른 비즈니스스쿨은 의무모듈로 지금의 프로그램 안으로 통합을 시도한다. 그리하여 평생교육과 고객유지 차원에서 지속적인 학습이 쉬워지도록 가장 새로운 기술의 이용이 필요하다.

- 네트워크: 점점 많은 비즈니스스쿨은 강의자, 내용, 학습자 교류를 위해 상호간 네트워크를 조직한다. "하드웨어" 외에 이문화 훈련이 이런 네트워크 설립을 위한 또 다른 배경이다. 특히 대학은 다양한 문화적 특성을 가진 사람들과 교류하는 능력, 또 외국에서의 적절한 태도와 이해의 능력을 향상시키고자 한다.

4. 어떤 MBA?

유감스럽게도 보편타당한 해결책으로서의 "MBA"는 없다. 구분되는 것은 상시 프로그램 기관과 큰 기관의 시간제 프로그램과 통신교육 프로그램이 있다. 전형적인 MBA –상시 및 시간제– 는 학위과정 교육이다. 보통 MBA-프로그램의 참여자들은 2-3년의 직업 경험이 있으며, 고위관리자-MBA-프로그램의 경우 참여자들은 대개는 심지어 10년 정도 업무에 종사한 사람이다. 전체적으로 4가지 MBA의 기본 모델로 나눌 수 있다.[9]

- 미국의 오리지널-MBA
- 유럽-영국식 모델
- 유럽-국제적 모델
- 특정 분야 MBA

미국의 오리지널-MBA[10]는 2년의 풀타임교육 내지는 3년에서 4년의 파트타임교육에 기초를 두고 있다. 미국에서 2년의 시간 내에 마쳐지는 풀타임-MBA는 가장 자주 제공되는 프로그램 구조이다. 이 프로그램이 대학교육 기관과 결합되어 있기 때문에, 프로그램도 이에 맞춰 학기로 조직되었다. 그래서 2년 MBA는 꼭 12개월이 아니라 네 학기에서 여섯 학기 지속되며, 이 학기는 각각 10주에서 14주 지

9 Kran, D. (1998). *MBA-Praxisnah/Flexibel/Teamfähig oder Wie finde ich den richtigen MBA,* IBV - Informationen 43/98, 387ff, Nürnberg.

10 Zur Geschichte des MBA vgl. Carter, Daniel A. (1998). *MBA: The first Century.* Bucknell. London.

속된다.

우수한 프로그램에는 3년 내지 4년의 업무경력을 가진 학생들이 있다. 미국의 많은 MBA-프로그램의 약점은 강의자들의 부족한 외국경험, 학생들의 부족한 외국어능력, 또 거의 없는 외국경험이다. 실습과의 관련성 부족과 몇 기관에서는 한 학년이 800에서 1,000명에 이르는 너무 큰 집단이라는 것이 비난받기도 한다. 1968년에 17,795명의 MBA 졸업생이 있었다면 1988년까지 이 수는 69,230의 졸업생으로 급격하게 늘었다. 1998년에 이 수는 97,000으로 계산되며 2003년에는 벌써 120,000명이 되었다.

유럽-영국식 모델은 우선 대학교의 교육과정과는 독립적으로 개발되었다. 목표 집단은 경영학 교육을 받지 않은, 그러나 지속적인 직업적 발전을 위해서 경영학이 필요한 경영자들이다. 프로그램에서 많은 기초과목의 내용들이 다뤄진다. 보통 영국의 MBA는 풀타임에서 12개월, 파트타임으로 2-3년 지속된다. 1980년에 대략 1,100명 1985년에 2,200명 학생이 MBA 프로그램을 마쳤고, 현재 영국에는 해마다 8,000명 정도의 MBA-졸업자가 있다. 그 중 2/3가 시간제 및 통신교육 프로그램 졸업생이다.

유럽-국제적 모델은 대단히 높은 자질과 혁신적 발전으로 유명하다. 수강생들은 약 27세에서 35세의 관리자들인 국제적 엘리트로 구성되어 있다. 프로그램은 시간제로 14-24개월 또는 상시 프로그램으로 10-16개월 지속된다. 둘 다 강도 높은 작업량과 자가 학습을 요구한다. 각 프로그램 구조에 매여 학기의 방학은 없다.

많은 비즈니스스쿨은 풀타임-MBA와 또 예컨대 독일대학 졸업과 연계하여 수행되는 연구과정을 더 많이 제공한다. 그래서 참여자는 종종 아직 업무경험을 제시할 수 없으나, 과정에 참여함으로써 후일의 경력시작을 희망하는 대학 졸업생들이다. 여기서 교육의 질, 국제적 경향과 시간투자가 적합하다면, 경력시작에서 디플롬 학위는 유익한 것으로 입증되어야 할 것이다. 그러나 이러한 학업과정이 "고전적인 MBA"에 대해 확고한 위치를 차지할 수 있을지는 미지수이며 연구되어야 할 것이다.

대부분 직업과 병행하는 프로그램은 2년에서 3년이 걸리며, 이것은 시간제로는 최대 8년까지 진행될 수 있다. 기본적인 학업내용은 본질적으로 상시 프로그램과 같고, 다만 긴 시간이 소요된다는 것이다. 보충과목의 제안 또는 선택과목의 수는 반대로 종종 축소된다. 직업과 병행하는 프로그램을 마친 학생 다수는 이미 몇 년 전부터 직업에 종사한다.

MBA의 평가에서 고려해야 할 것은 모든 MBA-학생의 60-70%가 시간제 또 통신교육 프로그램에 참여하여 직업과 병행하면서 연구했다는 것이다. 그러므로 고전적인 MBA-연구는 직업생활의 시작을 준비하는 것이 아니라, 부가적인 능력을 성취하는 것이다. 이와 관련하여 MBA 주변의 또 다른 현상이 중요하다. 영국에서 약 90% 이상의 MBA-학생은 경영학도가 아니다.[11]

---

[11] Association of MBAs (1997). *MBA Salary and Career Suvery.* London.

직업 영역	MBA-학생의 평균	범위
엔지니어/공학	32%	20%-56%
사업/금융/경영학	32%	16%-51%
사회학/과학	15.5%	8%-27%
법학/인문학/기타	15.5%	11%-42%

MBA-학생의 과정 이전의 직업교육[12]

유럽 대륙에서와 미국 기관에서는 사정이 다소 다르다. 대략 MBA-학생의 2/3가 여기서는 자연과학도, 사회학도, 법학도 등이며, 이들은 일반적인 기업경영업무를 위해 능력을 갖추고자 한다.

특정 분야 MBA는 예컨대 마케팅연구 석사(MMR), 기술경영 석사(MMT) 등이다. 그 사이에 대략 100개의 그런 프로그램이 생겨났다. 비즈니스 경영 석사와 공인회계 석사(MBA/CPA)와 같은 프로그램도 있다.

5. 경력 기회의 개선

유럽의 전통적인 1년의 상시-MBA-프로그램 또는 미국의 2년의 MBA-프로그램은 계속해서 직업병행-프로그램 내지는 고위관리자-프로그램으로 대체된다. 직장인은 교육 때문에 1년 또는 몇 년 휴직하는 것을 자신에게 거의 허용하지 않는다. 기업도 이런 유형의 교육을 선

12 20개의 유럽의 풀타임 MBA-프로그램이 저자에 의해 평가됨.

호한다. 직원들은 계속해서 능력을 향상시키고, 기업은 학습된 것을 바로 이용한다. 그래서 시간제 프로그램이 보통 기업에 의해 장학금, 근무의 면제 등으로 지원된다. 상시 프로그램에서는 예외이다.

프로그램 구성을 위한 실제적인 교실수업시간은 250시간에서 1,000시간에 걸쳐있고, 평균은 대략 600시간이다.

출석 유형과 자가 연구 학업은 근본적으로 구분되어야 한다. 자기 연구 부분은 종종 1,000시간 또는 그 이상이다. 특히 더 높게 나타나는 경우는 통신과정인데 여기서는 출석이 거의 요구되지 않기 때문이다.

MBA 교과과정은 보통 경영학(미시 및 거시), 전산기술학, 문제해결 전략 개발 등의 경영의 중요요소를 망라하는 핵심강좌로 구성된다. 이 강좌는 의무과목, 프로젝트, 선택과목에 의해 수행된다.

특화된 MBA-프로그램의 도입을 통해 이런 식의 넓게 펼쳐진 분야의 섭렵은 당연히 변화한다. 소프트스킬(예: 발표, 이문화 능력, 팀 능력, 자기성찰 등)과 하드스킬(비즈니스 경영) 사이의 개략적인 균형이 있어야 한다. 고전적인 MBA는 테스트, 시험 등을 통해 학생들을 평가하는 데 중점을 둔다. 만일 일반적인 업적평가가 평가도구로서 의미를 잃게 되면, 보다 새로운 프로그램 유형의 일부도 너무 "사용자 친화적"이라고 인식된다. 영어로 쓴 졸업논문(석사논문)과 교수들 앞에서 구두심사는 미국과 영국 밖에서는 좋은 규범에 속한다.

요약해서 MBA는 일반적으로 경력 쌓을 기회를 개선할 수 있는 기회로 간주된다고 설명할 수 있다. MBA-지원자의 모집에서 엄격한 선별이 기대되나, 실제로 항상 그렇게 되는 것은 아니다. 예컨대 Ernest & Young*-연구의 경제신문이 그렇게 보고하며, 이 연구는 바로 프랑스의 몇몇 전문대학Grandes Ecoles이 계속되는 지원자 위축으로 어려움을 겪고 있다고 증명한다. 그 사이에 MBA-제공기관들의 경쟁전쟁과 응모자 모집에 대한 압박으로 입학기준이 느슨해지는 쪽으로 가고 있다.

성별과는 무관하게 MBA는 많은 이들에 의해 추구되는 경력의 국제화를 위한 (부가-) 가치를 보증하는 데, 심지어 부분적으로 경외심을 불러일으킬 정도이다. MBA를 위해 벌써 미지의 세계로 간 관리자 후속세대에게는 국제적인 지역으로의 도약이 최상이다. 베른 대학교, 스트래스클라이드 대학교(영국, 글래스고우), 성 갈렌 스위스경영포럼, 크렘스 도나우대학교(오스트리아, 일반경영프로그램), 성 갈렌 대학교(두개 프로그램), 취리히의 GSBA(경영전문대학원)의 프로그램이 그 순서대로 가장 많은 독일인이 있으며, 덧붙여 이들은 독일 밖에서 돈을 벌고 있다. 이는 FAZ[13]의 조사이다.

독일 프로그램-기관에 있어 자신들을 외국기업에게 알리고 그에 맞는 국제적인 "파트너들"과 네트워크를 구축할 수 있는 것이 아직도 불충분한 것 같다. 예외적인 것은 베를린의 FHW(경영전문대학, 현재

* '**어네스트 앤 영**'은 회계, 세무 상담, 기업 자문, 경영자문 영역에서 법적으로 자립적이고 독립적인 글로벌 기업의 네트워크이다. 현재는 그 이름을 EY로 바꿨다.

13 Barthold, H.M. (2005). *MBA-Programme im Vergleich. FAZ* - Hochschulanzeiger, Frankfurt.

는 HWR)와 WHU(Otto Beisheim 경영학교)인데, 그 기관의 독일 졸업자들은 네 명 중 한 명이 자기 나라에서 고용주를 구하여 찾는다. 반대로 NIMBAS(네덜란드), WHU, 하노버의 GISMA, 함부르크의 HWP, 로이틀링엔의 ESB(풀타임 프로그램), 엣스링엔의 전문대학, 비 독일인 MBA-학생을 위한 베를린의 ESCP-EAP 같은 기관들은 반대로 현지 노동시장에서 우수한 관문으로 증명되고 있다.

6. 가이드라인으로서 품질 보장

인증절차[14] 프레임, 또 인증위원회, 문화각료 컨퍼런스, 학장 컨퍼런스의 보고서류와 "국가 능력자격 조건"(정보: www.akkreditierungsrat.de)에서도 "이문화 능력"이라는 개념이 교육목표로 나타나지 않는다. 이것을 좋게 말해 "체계적 능력", "사회능력", "의사소통 능력"에 대한 개념과 요구에서 이끌어낼 수 있다. 다만 FIBAA 인증기관의 경우 "이문화 능력"이 직업능력 향상의 요소로 나타난다. 그래서 FIBBA는 외국어와 국제관련 내용 이외에 특히 얼마나 이문화적 측면이 학업에서 직접, 간접적으로 참여자들에게 전달되는지에 대해 묻는다.

---

[14] Kran, D. (2005). *Der Akkreditierungsprozess - Durchführung des Verfahrens in Handbuch Qualität in Studium und Lehre*, Stuttgart. GMAC (2005). *Bologna Projekt Tast Force Releases Report.* McLean.

7. 요약

외국경험이 없는 학생들은 무엇보다도 MBA-과정의 국제성, 또 그와 연결된 이문화적 지평의 확장으로부터 이익을 얻기 때문에 원칙적으로 우선 외국에서 MBA-과정을 추천할 수 있다. 여기서 어쩌면 "부차적으로" 이문화 과정도 가능하다. 이문화 내용들이 교과과정에서, 강의자들과 수강생 집단에게 계획되어 반영되면 더 좋을 것이다. 물론 호평 받는 외국-MBA도 빛난다고 다 황금은 아니다. 대부분 경우 미국의 프로그램에 없는 것은 유럽 학생들에게 아주 중요한 미국-시장의 지평을 내다보는 것이다. 또한 별로 유명하지 않은 독일과 유럽의 기관에서는 소규모이면서 효과적인 수업집단이라는 일반적인 특전을 포기해야한다. 더 나아가 효율적인 비용-편익-계산에 대해 비싼 가격이 요구된다. 최고의 비즈니스스쿨 입학에는 평균적으로 아주 긴 과정 계획이 필요함은 말할 것도 없다. 그밖에도 우수한 독일 프로그램은 교과과정을 통해, 캠퍼스에서 강의자와 학생들과의 화합을 통해 국제성을 경험하게 되며, 거기에 또 능력 있는 파트너 대학에서의 외국체류 의무가 더해진다.

참고문헌

Association of Business Schools (1998). *Pillars of the Economy - The contribution of UK, business schools to the economy 1997*, London.

Association of MBAs (1997). *MBA Salary and Career Survey*, London.

Bundesministerium für Bildung und Forschung, (2000). *Der MBA in Deutschland, praxisnah und intemational*, Bonn.

Barthold H. M. (2005). *MBA-Programme im Vergleich*, FAZ - Hochschulanzeiger, Frankfurt.

Birkerstaffe, G. (2005). *Which MBA*, The Economist Intelligent Unit, Harlow.

Brackmann, H. J. & Kran, D. (2006). *MBA-Guide 2006*, Luchterhand, Köln.

Busse, G. & Paul-Kohlhoff, A. & Wordelmann, P. (1997). *Fremdsprachen und mehr Intemationale Qulifikationen aus der Sicht von Betrieben und Beschäftigten. Eine empirische Studie über Zukunftsqualifikationen*. BIBB., Berlin.

Carter, A. D. (1998). *MBA: The first Century*, Bucknell. London.

Crainer, S. & Dearlove, D. (2001), M8A Planet - The Insider Guide to the Business School Experience, *Financial Times*, London.

Crainer, S. & Dearlove, D. (1999). *Gravy Training - Inside the Business of Business School*, Jossy-Bass, San Francisco.

IIE - Institute of International Education (2005). *Open Doors 2004, Report on International Educational Exchange*, New York.

Duke University (1998). *1998 Survey of MBA Graduates from Top-Tier Programs*, Durham, The Fuqua School of Business.

Ederleh, J. & Griesbach, H. (1998). *Ausbildung und Qualifikation von Ingenieuren: Herausforderungen und Lösungen aus transatlantischer Perspektive* A6/98. HIS, Hannover.

FIBAA (2002). *Oualitätsstandards der FIBAA für Studienprogramme mit dem Abschluss MASTER/Magister (und "MBA" als spezielle Form) in Deutschland,*

Österreich und der Schweiz, Bonn.

Fraunhofer-Institut für Systemtechnik und Innovationsforschung (ISI). (1998), *Delphi' 98,* Karlsruhe.

GMAC (2005). *Global MBA Graduate Survey,* Mclean.

GMAC (2005). *Corporate recruters Survey,* Mclean

GMAC (2005). *Bologna Project Task Force Releases Report,* Mclean

Institut der deutschen Wirtschaft Köln (Hrsg). *Möglichkeiten zur Förderung des Erwerbs von Schlüsselqualifikationen durch Studierende - Anforderungsprofile von Unternehmen und Ausbildungsstand von Hochschulabsolventen im Vergleich,* Köln, 2000

Kran, D. (1998). *Der Markt der MBA-Programme,* CH-D Wirtschaft 10/98, Zürich.

Kran, D. (1998). *MBA-Praxisnah/Flexibel/Teamfähig oder Wie finde ich den "Richtigen MBA",* IBV - Informationen 43/98, Nürnberg.

Kran, D. (2005). *Der Akkreditierungsprozess - Durchführung des Verfahrens in Handbuch Oualität in Studium und Lehre,* Stuttgart.

Mintzberg, H. (2004). *Managers not MBAs,* Berrett-Kohler, San Francisco

List, J. (1997). Universitäten im internationalen Wettbewerb. Wie attraktiv sind deutsche Hochschulen für ausländische Studenten? In. Institut der deutschen Wirtschaft Köln (Hrsg.), *Beiträge zur Gesellschafts- und Bildungspolitik. Nr. 215,* Köln.

Peterson's (2005). *Peterson's MBA Programs 2005,* Thomson, Lawrencville.

Reingold, J. (1997). *Corporate America Goes To School.* Business Week. Hightstown.

The Wall Street Journal (Hrsg.). (2006). *Top Business Schools.* Random House, New York.

이문화 훈련과 응용

심리적 능력과 효과 측정

뤼디거 트림포프 / 티모 마인하르트 (Rügider Timpop / Timo Meynhardt)

해마다 수백만의 직장인들이 국가 간에 서로 "교류 한다". 우선 유럽연합, 국제적으로 활동하는 회사, 관광 또는 증가하는 학생교류, 외국인노동자 또는 망명자로 인해 국제적인 생활공동체와 노동공동체 속에서 우리는 살고 있다. 따라서 우리가 이문화적 문제제기에 관여할지가 중요한 것이 아니라, 적극적으로 만들어갈지 아니면 소극적으로 반응할지의 문제가 등장하는 것이다.

이 주제의 선택은 아직은 모든 조직에서 똑같이 중요하지는 않다. 펀햄Furnham(1997)은 외국활동의 유형과 범위에 따라 네 가지 조직유형으로 구분한다. 외국과의 접촉과 대응하는 증가의 정도에 따라, 자회사-모회사의 밀접한 관계나 파트너기업의 일부로 국제적 관련 정도에 따라 국내적, 국제적, 다차원적, 글로벌로 구분된다. 국제적으로 활동하는 기업이 추구하는 것은 직원교류의 진행과정을 조정하고, 예컨대 신상품 도입과정에서 노하우를 전하거나 얻거나, 새로운 기계사용에 배석하기도 하고, 세금으로 수출입이 제한된 나라에서 경력

조건으로 고객과의 접촉을 안정시키기도 하는 것이다. 모든 경우에 환경에 따라 인력 교류는 필요하다. 그러나 외국체류가 성공적으로 이루어질 수 있는지 또는 계속 개선될 수 있는지, 또 어떻게, 무엇을 통해서 이루어질 수 있는지는 불분명하다. 몇몇의 학술적인 경영관련 데이터를 살펴보면, 비관적인 모습이 제시된다.

지금까지의 외국 체류는 대부분 효과적으로 진행되지 않고 있다.

외국체류의 성공적 평가는 기업에 의해 30% 이하로 보고된다. 즉, 모든 외국파견의 70% 이상이 실패로 시인된다! 그렇다면 "파견배치"가 얼마나 잘 또는 아주 잘 이루어졌는지를 보면 아마 10% 범위이다. 이 범위는 학문적으로는 우연이라는 결과의 경계에 해당한다. 발생비용은 매우 많다. 랜디스Landis와 바가트Bhagat(1996)는 미국의 "해외 경영자"의 절반 이하가 자신의 "배치업무"를 성공적으로 수행한 것으로 보고하였다. 거기서 발생한 비용은 파견 건당 25만 불에서 백만 불에 이른다.

이렇게 썩 좋지 않은 성공비율은 왜 나오는가? 기대치가 너무 높았는가? 적절하지 않은 평가척도가 사용되었는가? 준비대책과 현장에서, 또 돌아와서 지원활동이 불충분하였는가?

우선 전문능력에 따른 파견된 자의 선택은 성공적이었고, 그들 중 30%만 준비훈련에 참여하였고 이 30% 중 10% 만이 재입국 훈련에 참여한다고 기업은 보고한다. 이 "재입국"-요인이 특히 중요한 데, 이는 성공하지 못한 체류 후에 복귀는 파견된 사람이 재편입하는 데 대단한 어려움이 나타날 수 있기 때문이다. 이전 자리는 이미 채워졌고, 성공하지 못했기 때문에 새로운 자리는 받을 수 없다. 혹은 "변화경영"-과정 때문에 복귀에 계획된 자리는 없어지거나 내용적으로 완전히 변해버렸다.

파견된 자의 고충은 오래 전부터 문헌에서만 기술된 것은 아니다. 파견된 사람들 자신이 "문화충격" 현상(적응문제)과 가정적인 문제를 핵심문제로 꼽고 있다. 그러므로 실패를 피하기 위해서 선·후 준비과정과 적응과정이 개선되어야 한다. 추측된 요인이 경영적, 기술적 또는 지식과 관련된 능력의 문제가 아니라, 일차적으로 심리적이거나 사회적이기 때문에 훈련은 정규직원에 의해서는 거의 수행될 수 없다. 고전적인 교육 이외에 훈련으로 들어가는 입구를 찾지 못한 지식교육이라는 다른 형태가 있다. 정기적인 워크숍, 국제적 태스크포스 팀, 글로벌 훈련연수생 프로그램, 최상-실무 교류, 수용자 설문 등등이 다음 장에서 자세히 기술될 이런 훈련에 적용될 내용 중 몇 가지이다.

3장에서는 평가연구의 실용적인 예제를 통해 제시된 것처럼, 거의 75%의 실패 비율에서 입증할 수 있는 실용적인 해결책 외에, 외국파견과 훈련 프로그램을 위한 이론적인 토대도 마련되어야 한다. 2장은 성공을 결정하는 몇 가지 심리적인 과정을 기술하고 그것을 본보기로 문제영역과 훈련내용에 적용한다. 이렇게 하여 검사항목 명세표처럼 합당한 평가방법, 적용방법 그리고 평가내용을 마련할 수 있는 분류체계가 생겨난다. 이런 기준의 기초에는 능력교육, 가치교육, 행위교육과 같은 근본적인 개념들이다. 이것에 대해 –주로 이론적으로– 1장에서 다뤄진다. 이렇게 외국체류와 준비훈련의 복합적인 체계를 위한 토대가 마련되어야 한다.

1. 문화, 가치와 이문화 능력의 연관성에 대해

이문화간 행위는 문화 내적인 행위와 관련하여 대단히 복잡하다(Deller, 1996). 이 때문에 행위자는 강하게 잠재적인 자기조직의 힘에 의지한다. 이 과정에서 심리적 정향체계는 문화와 함께 만들어진 가치에 근거하고 있다. 거기에 자아인식과 세계상도 해당한다. 이들은 "입력-데이터"를 여과하고 평가하는 토대이다. 이들은 우리가 세계와의 접촉에서 신뢰와 안정을 구축하는 데 도움이 된다.

이제 문제는 개인적인 맥락 밖에서 사회적 사건들이나 "표준문화"(Thomas, 1993)를 평가하는 데 아마도 자기 잣대와는 다른 것이 관철되고, 이로써 자신의 "세상-가운데-있음"은 더 이상 현실에 맞지 않는다는 것이다. 그래서 잘 알고 있는 –적합한– 규범과 가치는 더 이상 쓸모가 없다. 원래 검증되고 믿을만한 평가 틀은 거부되고 깨어진다. 자기 고유의 언어 개념마저 애매해지거나, 섬세한 차이를 위해 언어능력이 충분하지 못하면, 자극은 극대화된다. 상호작용 파트너의 반응방식도 더 이상 "예상대로" 나타날 수 없다. 다른 가치들과 마주하는 것이 위협적인 것으로 나타나면, 그 대면은 "맨 먼저, 깊이 내면화된, 전 생애에 걸친 사회화에서 생겨난 가치의, 특히 감각개념의 복합체로서 파악되어야 할 자기 정체성을 의심"(Erpenbeck *et al*, 1995)하게 된다.

그렇기 때문에 새로운 이문화적 상황에서, 능력과 자기 고유의 가치 평가척도를 면밀히 검토하는 것, 또 어디에서 필연적으로 수정할 것인지가 중요하다. 인지적, 감성적으로 불안한 상황에서 자기구조 안에 포함된 가치요소는 그 의사결정과정의 적합한 대처가 지식, 방법에서 또, 인지적이고 감성적인 에너지와 관심에서 높은 준비비용이 필요할지도 모르는 의사결정과정을 단축함으로써 효과적인 행위를 낳는다. 에르펜벡(1996)에 따르면 가치개념은 불충분한 지식 또는 지식이 완전히 결여된 경우 결핍된 지식의 "틈새를 메우고, 지식과 실질적인 경험과 행위 사이의 간격을 메운다"(240). 그에 따라 낯설고 불안한 상황에서 고유한 개인의 생각, 특히 자부심은 시험대에 서게 된다.

조직에서 이문화 능력은 직업적 행위능력의 부분이다. 행위능력은 가치개념과 관련된다. 행위능력은 능력의 구성소이고, 따라서 가치개념에 근거를 둔다(Heyse & Erpenbeck 1997). 이문화적 상황에서 고도의 사회적 복합성이 계산된다는 전제에서, 기존의 방향설정을 위한 토대가 반드시 "기능하지는" 않기 때문에, 자기조직의 창의적인 행위에 특별한 의미가 부여된다.

능력은 개인의 자기조직성향으로서 모델화할 수 있다(Heyse & Erpenbeck 1997). "능력이란 지식에 기초되고, 가치를 통해 확립되고, 자질로 자리 잡아, 경험에 의해 다져져서, 의지로 실현 된다"(Erpenback 1998, 58).

하이제와 에르펜백은 다음을 구분하였다.

- **전문능력과 방법능력:** 정신적으로 스스로 조직하는 행동 성향이다. 전문적 지식과 전문적 기술을 가지고 창의적으로 문제를 해결하고, 지식을 의미에 따라 정리하고 평가하는 것이다. 또한 도구적으로 자기조직을 하는 행동 성향이다. 즉 활동, 과제, 문제해결을 방법상 창의적으로 설계하고 또한 그로부터 정신적인 접근방식을 구성하는 것이다.

- **사회-의사소통적 능력:** 정보전달과 협력에서 스스로 조직하는 행동 성향이다. 즉 다른 사람과 창의적으로 논쟁하고, 개괄하며, 새로운 계획과 목표를 발전시키기 위해 집단 및 관계 중심적으로 처신하는 것이다.

- **개인 능력:** 성찰 면에서 스스로 조직하는 행동 성향이다. 즉 스스로를 소중하게 여기며, 생산적인 생각, 가치 유지, 동인, 자부심을 발달시키고, 자신의 재능, 의욕, 성과 지향을 펼치고 업무 안팎에서 창의적으로 자신을 개발하고 학습하는 것이다.

- **활동 능력 및 행위 능력:** 총체적으로 스스로 조직하는 행동 성향이다. 즉 앞서 말한 여러 혹은 모든 능력들을 통합할 뿐만이 아니라, 실제로 적용하는 것이다.

이문화 능력, 가치, 문화 사이에는 과연 어떤 관련성이 있는가? 고정된 가치는 근본적으로 문화적 맥락과 관련이 있다. 다른 문화에서 성공적으로 행위하고 또 거기에 상호 문화적으로 실제로 생활하는 능력은 심리학적 전망에서 적어도 부분적으로라도 거기에 존재하는 가치관의 습득을 요구한다. 거기에는 예컨대 한 문화의 사회화에서 습득된 가치체계의 일부로서 자기평가도 들어간다. "자아개념"의 틀로서 예컨대 자기 개성에 대한 태도는 사람-환경-관계의 관리에서 중요한 역할을 한다.

마우러Maruer(1973, 823)에 따르면 문화는 "…… 인간이 자신과 자신의 세계로부터 만들어내는 그러면서 그가 생각하고 말하는 것" 이다. 에르펜벡(1996)은 확인한다. "어쩌면 문화와 가치의 연관성의 가장 확실한 진수는 막스 베버로부터 나온다. '문화'라는 개념은 가치개념이며 (……) '문화'는 세계정세라는 무의미한 무한성에서 나오는, 인간의 관점에서는 의의와 의미를 마련해주는 유한한 단면이다. 이렇게 가치와 가치평가는 문화개념의 본질적 핵심범주가 된다"(Mauer 1973, 234).

이문화적 접촉에서 개인적 차원과 관련하여 이것은 본래 중요하다. 문화충격은 바로 가치충격이다. 사람간의 의사소통 상황에서 언제나 "개인의 문화"가 서로 만난다. 다시 말해 관계된 사람들은 특정한 하위문화에 속하며, 그들 문화에서 지배적인 가치체계의 (다만) 어떤 특정 부분을 "주관적 가치"(Triandis 1972)로 실제로 자기 것으로 한다. 이점에서는 관련자들은 전형적이면서 동시에 비전형적이다.

지금까지 설명된 것은 가치개념의 통상적인 개념규정과 잘 연결된다. "일반적으로 '가치'는 여러 가지 이유로 실제로부터 부각된 무엇과, 또 개인이건 공동체 집단이건 혹은 개별적 개인이나 개별 집단을 대표하는 기관이든지 간에 가치평가를 수행하는 사람에게 바람직하고 필요한 것으로 등장하는 무엇을 칭하는 데 소용된다."(Baran 1991, 805 이하).

가치는 아마도 분명히 단지 기능적이거나 적합할 수 있으나, 그 자체 '진실이지' 않을 수 있다. 가치가 삶을 살아가는 데 있어 "입증되는" 한, 개인에게 부족한 지식을 메꾸는 데 실용적인 결정수단이다. 바로 이것이 이문화적 맥락에서 우선은 보통의 경우일 것이다. 왜냐하면 낯선 가치체계는 학문적으로 재구성할 수 있으나 그 가치체계의 실질적 체험 없이는 완전하게 경험할 수 있는 것은 아니기 때문이다.

개략적으로 설명된 능력모델의 배경과 막스 베버에 따른 가치개념에 앞서 개인적인 가치체계와 그 경영의 역할은 뚜렷하다. 게르트 호프스테드의 주장(1994)에 따르면 "국제적 비지니스의 업무는 문화이다" 그래서 분명한 것은 개인의 가치경영은 다소간 기능적일 수 있다. 낯선 문화의 부분적인 습득은 낯선 문화체계의 부분적인 내면화를 의미한다. 자기경영 능력과 자기학습과정은 예컨대 개인 능력으로 기술될 수 있다.

여기서 이해된 의미에서 능력은 –이미 암시된 대로– 가치개념에 근거한다. "능력이, 기존의 실현능력(의지)에서 개인이나 조직의 행위에서 구체화될 수 있는 자기조직을 하는 인간의 개인적-심리적, 사회적-협력적-의사소통적 가능성을 파악한다면, 가치는 그 (가능성)의 결정적인 구성요소가 되어야 한다."(Heyse & Erpenbeck 1977, 11). 이들에 따르면 가치는 헤르만 하켄Hermann Haken의 공동작용의 시너지 의미로 "정돈자"로서 사용되고, 행위를 안정시킬 수 있다(위 글 28 이하, Götz와 Häfner의 기업에서 협동적 공동작용에 관해: 1999 참조). 개인의 가치경영은 이문화 능력 개발의 핵심일 것이다. 그러나 가치의 변화가 반드시 능력의 확장과 함께 나타나지 않는다.

설명된 능력모델에서 능력개념은 입장Position 개념이 아니라, 성향Disposition 개념이다. 능력은 또한 자격Qualifikationen과 같은 것이 아니다. 그러므로 능력 진단은 특별한 방법이 필요하다. 왜냐하면 "학습과정이 기능적으로 더 정확하게 파악될수록, 또 그 결과가 더 정확하게 점검될수록 (개별 자격), 이 학습과정은 (반드시 필수적이라 할지라도) 개인, 기업, 결국 경제의 장기적 발전을 위해서는 흥미가 덜하기 때문이다. 반대로 학습과정이 기능적으로 정확하게 파악되지 않을수록 (자기조직과정은 이런 의미에서 불확정적이다) 그리고 그 결과가 성향으로만 제시되고 전혀 점검되지 않고, 평가되기만 하면(능력), 학습과정은 개인과 기업, 결국은 경제의 장기적 발전을 위해 더 중요하다"(Erpenbeck & Heyse 1996, 113). 여기서 추측될 수 있는 것은 외국파견을 위한 성공요인에 대한 수 년 동안의 그러면서 아직까지 만족스럽지 못한 탐색은 다음의 사실과 관련되어 있다는 것이다. 즉, 중요한 자기조직성향은 자격처럼 확인할 수 있는 것도 아니며, 고전적인 테스트 이론의 모델에서 완전히 파악될 수도 없다는 것이다.

능력발달은 전문지식을 전달하고 학식을 전달하는 것과는 구분되는 특별한 방법이 필요하다. 가치경영이 그렇게 중요하다면, 상이한 가치개념에 대한 단순한 지식은 효과적 행위를 위한 전제일 뿐이다. 이로써 가치변화나 창조적인 가치개념의 고착을 위한 "유도Induktion" 질문은 각각의 개입Intervention의 근본적인 기준이 된다. 가치학습은 그 자체가 목적이 아니라, 바로 이문화적 행동을 위해서 필수적이다.

2. 성공에 중요한 심리적 요인과 과정

성공요인에 대한 예측능력의 검증이 어렵더라도(Deller 1996), 직접적으로 능력이라고 지시될 수 있거나 적어도 본질적으로 능력을 통해 규정되는 요인은 명명된다. 특히 우선 자신을 평가하고, 창의적 생각, 가치보존, 동기, 자아개념을 발전시키는 개인의 능력은 중요한 역할을 한다.

2.1 특정문화의 요인들

이문화적으로 구분되어야 할 가치와 태도방식에 대한 선구적 연구에서 호프스테드(1980)는 수 십년 동안 세계 40개국 이상의 IBM에서 지사들과 자회사들 117,000명의 종사자들과 연구를 수행하였다. IBM-직원이 어떤 국가의 일하는 사람들의 평균을 나타내는 대표가 아닌 것이 분명하기는 하나, 기업문화에서 이 차이들이 한편으로는 국가문화를 통해 특징이 드러나고, 다른 한편으로는 그 나라 자체에서 강하게 드러난다고 하는 데서 출발한다.

가치 차원	핵심적 진술
권력 거리	의견 표현에 대한 두려움
불확실의 회피	규칙성, 안정성
개인주의	자율성, 개인적인 작업 구성
여성성	관계 중심
남성성	경쟁 중심

표 1: 가치에 다른 범주화 (호프스테드, 1980)

물론 다른 직업군은 다른 가치의 차원을 발달시킬 수 있고 잉엘하르트Ingelhart(1989)에 따르면 가치는 시간에 따라 변한다. 그러나 이러한 일련의 연구는 다른 나라들에서 다른 관습만이 아니라, 또한 다른 조직문화의, 업무와 관련된 가치와 관점이 있다는 것을 보여준다. 이러한 심리적인 차원은 조직연구와 동기연구에서 나온 이론적인 구상에 의해 뒷받침된다. 그래서 "권력거리"라는 차원은 예컨대 60년대 나온 "업적중심 대 실패중심의 성취욕구"에 관한 성격접근방법에서도 보인다. "여성성"과 "남성성"의 구분은 업무중심과 동료중심(예 Fiedler)에 대한 관리이론에서 혹은 "거래"(행위중심의) 리더십 대 "변혁"(관계중심의) 리더십(Geyer & Steyrer 1998)에서 발견된다. "개인주의"라는 차원은 무엇보다도 집단작업의 구상, 그러나 또한 핵크맨Hackman과 올드햄Oldham(1980)의 자율성이 중심역할을 하는 직무 특성 모형과 같은 이론적인 구상에서 시작되었다. 달리 말하면 호프스테드에 의해 발견된 차원들은 조직연구 내에서 중요한 길항작용자Agonisten를 발견한다는 것이다. 그러나 다양한 모습의 문화, 하위문화, 가치체계와 관계 네트워크(Schein 1985, Likert 1967)를 가진 하나의 조직 안에 커다란 적응과 조화의 문제가 있다면, 역사적으로 서로 다르게 발생한 가치, 언어규범, 태도규범이 있는 문화들 사이에 이 적응과 조화의 문제는 틀림없이 강하게 나타날 것은 당연하다.

2.2 이문화적 체류와 훈련을 위한 심리학적 방법

이것에 대해 거의 "기저"라고 말할 수 있는 일련의 심리적 과정이 나타난다. 이는 이 과정이 자동적으로 많은 상황에 "영향을 끼치기" 때문이다. 그래서 전체적으로 인성과 관련된 특성 (개성적 사회적 능력)이라고 말한다. 이것은 이문화적 맥락에서 성과개발을 위한 성공요인의 분기점처럼 보인다(Deller 1996). 여기에서 세 가지 중요한 성공요인들이 기술되어야하고, 체류에서 성공요인의 효과가 기술되어야하며, 훈련을 위한 결론이 끌어내져야 한다.

감성적 조화와 균형에 대한 노력: 그로스베르크Grossberg와 구토브스키Gutowski(1987)는 그들의 "정서적 균형이론"에서 솔로몬Solomon (1980)의 "상대 프로세스 이론"에서처럼 인간은 감성적 조화와 균형을 추구한다는 데서 출발한다. 바라지 않거나 너무 강한 감정 상태를 균형 잡기위해 감정적 과정과 대응이 발생된다는 것이다. 감정적 과정과 대응은 추구하는, 항상성 상태의 개연성을 높여야 하는 인지와 행동에 의해 동반된다. 개인이 외국에서 감정적으로 높은 불안정과 모호함을 느끼면, 그는 감성적 균형을 위해 강하게 애쓴다. 즉, "익숙한" 안정된 방법으로 극복하려고 상황을 피하고자 하든지, 단순히 잘 아

는 사고방식의 의미로 상황을 바꿔 해석하는 것이다. 이런 적응과정 각각은 잠재적으로 오해, 잘못된 인식, 그릇된 기본입장으로 이끈다. 따라서 훈련은 다른 문화, 맥락 그리고 감정적으로 불안한 사고 틀의 인식을 모의실험해보고, 경험하고 극복하도록 해야 한다.

도전과 조정 사이의 균형: 모험항상성이론(Wilde 1982, 1996)과 모험동기부여이론(Trimpop 1994)에서 이 저자들은 인간은 도전(Zuckerman 1979)과 조정(Burger & Cooper 1979) 사이의 균형이 있기를 지속적으로 추구한다는 것에서 출발한다. 모험은 "위험"과 "기회"라는 요소로 구성되어 있다. 그래서 인간은 자신의 환경을 그렇게 만들어서, 지루한 상황에서 도전을 찾고, 위험이나 불안이 높게 인식되는 상황에서는 안정을 추구하기를 애쓴다. 조정 또는 "지배"에 대한 욕구는 최적의 도전이 있는 항상적인 상호작용 안에 있는 것이다. 발달하는 능력과 더불어 최상의 자극에 –칙스센트머하이Czikszentmihalyis의 "플로우Flow[**역주**: 최상의 심리적 몰입 상태] 방법"(1975)의 의미에서도– 도달하기 위해 도전의 필요성은 높아진다.

이문화 파견에서 이 두 과정은 중요하다. 우선 파견된 사람은 인식된 불안에서 잘 아는 것을 찾고자 하고 강하게 "고향의 것 지키기" 사고의 틀과 행동양식을 보인다. 그러나 이것은 새로운 환경에 굳이 적응해야하는 것은 아니다. 이런 행동을 통해 인지된 안정과 습관이 이루어지면, 새로운 자극이 탐색되고, 주관적 인식이 객관적으로 균형이 이뤄지지 않은 채로 증가된 "모험"을 무릅쓰게 된다. 여기서 나타날 수 있는 것은 상황에 대한 잘못된 평가인데, 이 평가는 다시금 부정적인 피드백 후에 앞으로 나아가면서 과정을 강화시킨다. 훈련방법은 주관적인 또 객관적인 위험과 기회 사이의 조정을 가르치고, 대안적인 도전기술과 평정기술을 교육하는 그러한 과정을 제시해야 할 것이다.

심리학적 모순에 대한 조처: 여기서 가치 있는 지침은 인지적 불협화에 대한 이론을 제공하는 것이다(Festinger 1957). 이 조처는 바라는 것과 현실 사이의 인식된 불일치는 편치 않음("심리학적 불유쾌함"), 즉 불협화를 만들어내며, 또 개인은 이것을 없애려고 노력한다는 데서 출발한다. 이는 스트레스 요인의 제거하거나 변화시킴으로써 외부 환경에의 적응을 통해, 또는 가치내용의 변화와 같은 자신의 사고구조를 바꿈으로써, 혹은 선별적인 인식과 해석을 통해 이루어진다. 외국파견에서 어려움들이 항상 환경 속에서 제거될 수는 없다. 따라서 파견된 사람은 자신의 인식과 해석을 "변형시켜서", 어려움을 스스로가 장악할 수 있는 부담으로, 또 극복해나가는 스트레스로 바꿔 해석한다(Lazarus의 스트레스 플랜 보기, 1966). 그 결과 파견된 사람은 그때그때의 사고 틀에 맞는 환경의 관점에서 선택적으로 받아들인다. 이런 고유한 인식은 그렇게 주변 환경에 투사되고 귀속된다. 경험 틀 또는 개성 틀에 따라 그 같은 귀속성(Heider 1958, Kelley 1972)과 사회적 정보처리(Fiske & Maddi, 1984) 과정은 자신이나 타인에게 지속적인 책임전가를 유도할 수 있다.

훈련에 있어 여기서 특별히 주시되어야 할 것은 자신의 것을 자동적으로 다른 사람에게 전이시키는 대신 상대방의 동기와 생각에 대한 상황을 알아보는 것이다. 그런 잘못된 귀속에 대한 예는 시간의 정확성, 관료적 질서, 의복규정, 이름의 호칭, 업무시간 등등에 관한 서로 다른 개념과 생각인데, 이런 경우에 자신의 국가적, 지역적, 개인적 표준과 행동양식의 동인이 다른 사람의 것에서 철저하게 벗어날 수 있다. 이같이 대단히 애매한 것에 대해 관용을 베푸는 것이 훈련에서 추구할 가치 있는 목표일 것이다. 다음 표는 이런 관련성에서 능력차원으로서 제시될 수 있는 몇몇의 중요한 심리학적 구상 이론에 대한 전망을 보여준다. 배열은 그때그때 중요성에 따른다.

개인적 능력	사회적 능력	전문 능력, 방법 능력	활동 능력, 행위 능력
- 자기 개념 - 자기 가치 - 자기 능률 - 주도권 - 성취 속성 - 의미에 대한 생각 - 자율성 추구 - 비판적 자기 인식 - 추진력 - 애매성에 대한 관용 - 역할 거리 - 자기 감정의 건설적 조종/처리	- 책임 의식 - 의사소통 능력 - 협업 및 갈등 해결능력 - 신뢰 자세 - 팀 능력 - 감정이입과 감수성 - 집단 과정의 조정 - 설득 및 표현 능력	- 지식 - 경험 - 정보 처리 - 인지 능력 - 이문화적 문제들과 교류(예: 문제 해결), 자신의 조정(예: 자기 인식) 및 다른 사람과 교류(예: 협상 기술)에서 방법 능력	- 변화에 대한 방향성 ("무엇을 움직이고자 함") - 모험에 대한 준비 - 책임을 떠 앉는 자세 - 우월성의 추구 - 관리 경영에 대한 요구 - 변화 자세 - 자동운동

표 2: (이문화) 능력의 맥락에서 심리학적 구상 이론

문헌에 나오는 "성공 명세서"(Kealey 1989 참조)는 그때그때 이런 차원들의 조합으로 돌아간다. 이런 배경에 앞서 수많은 (이문화적) 능력 목록은 항상 네 가지 언급된 능력 영역으로 소급될 수 있다는 것은 타당하다.

2.3 외국 업무에서의 심리적 체험: 문화충격

퍼른햄Furnham과 보크너Bochner (1988)는 거의 모든 "국외 거주자"는 개별적으로 다양한 수준의 "문화충격"을 겪는다고 기술한다. 이 문화충격은 상실감, 향수, 거부, 역할 혼란, 분노, 혐오, 조정의 결핍, 의지할 데 없음, 자긍심 상실, 수락, 놀람, 기쁨, 도전, 자극, 성장, 성공을 포괄한다. 외국체류의 진행국면은 보통 무사함의 U-곡선으로 기술된다. 즉, 출발 상태가 지나면 쾌적함은 내려가고 상당한 동안 떨어진 상태로 있다 다시 처음 수준으로 되돌아온다(Lysgaard 1955, Oberg 1960). 오베르그는 허니문, 위기, 회복, 적응의 네 단계를 기술한다. 퍼른햄(1982)은 문화동화의 W-곡선을 말한다. 즉 비슷한 문화충격은 귀국 후에도 경험되고 새로운 적응과정을 거쳐야 한다는 것이다.

이 U-곡선 내지 W-곡선은 외국체류에 대한 많은 보고에서 일화의 형식으로 재발견된다. 처어치Church(1982)의 메타분석은 그러나 U-곡선과 7개의 다른 진행과정을 나타내는 7개의 스케치를 보여준다. 진행과정이 반드시 보편적이라는 것에서 출발할 수 없고, 개인과 상황에 따라 많이 다르다는 것이다. 그러나 훈련을 위해서는 시간이 얼마 지나면 그런 효과들이 있을 수 있고 거기에 반해서 뭔가 행해져야 한다는 것을 제시하는 것이 바람직하다.

2.4 문화동화에서 심리적 과정

문화동화과정은 가치경영의 과정이다. 보크너(1982)에 따르면 적응과정에서 심리적 반응이 범주화 될 수 있다.

문화 통합 단계	반응	특징적 표현 형식
통과	동화	자기 문화 단념, 새로운 가치체계의 수용
국수주의	대립	새로운 문화 거부, 부메랑-효과 ("자기문화 높이기")
한계성	격리	새로운 문화와 옛 문화 거부, 자기 속으로 후퇴
조정	통합	새 문화와 옛 문화의 개인적인 통합

표 3: 통합과 투신

이 설명은 두 문화 사이의 긍정적인 차원에서의 통합이라는 최적의 해결책과, 더불어 모두를 위한 분명한 이익을 시사한다. 개별 경우에 "혼합유형"이 더 일반적이더라도, 훈련에서는 새로운 가치와 낯선 상황과의 지금까지의 교류가 다뤄져야하며, 반응의 다양한 결과는 충분히 이야기되어야하고 역할극에서 체험되어야 한다. 이유는 어떤 소속감, 정체감, 투입자세를 가지고 직원들이 새로운 상황에 반응하는지가 바로 조직을 위해 중요하기 때문이다.

투신의 정도				
옛 회사	낮음	높음	낮음	높음
새 회사	낮음	낮음	높음	높음
심리적 반응	격리	대립	동화	통합

표 4: 투신의 범주화 (Black, Gregerson & Mendenhall, 1992)

이 저자들은 보크너의 구상에 준하여 투신에 있어 상이한 발전이 있을 수 있다는 데서 출발하고 있다. 그래서 낮은 특성의 경우 두 회사/ 지사에 자기 목표를 분명하게 추구하면서 격리로, 새로운 환경의 회사가 확실히 부담스런 경우는 대립으로, 반대로 새로운 가치에로 필요이상의 수용이 나타나는 경우는 옛 회사로의 투신은 없는 쪽으로 나아간다. 또한 여기에서 통합은 기회를 제공하는 데, 이는 두 기업의 긍정적인 요소로부터 배우고, 그리하여 조감도를 가지고 높은 투신의 자세와 정체성을 발달시키는 기회이다. 그래서 훈련에서는 문제발견과 문제해결에 집중하는 것 외에 다른 과정, 가치, 상호작용에서 학습기회를 보고, 긍정적이며 전용 가능한 측면을 능동적으로 찾고 알아보는 능력이 교육되어야 한다.

2.5 문화동화과정에서 영향요소

문화동화과정에 영향을 끼치는 요인은 예컨대 다음과 같다.

범주 요인	조직 요인	개인 요인
기간 자발성 목적 거리 문화적 차이	업무의 과제 통합 준비 성공에 대한 희망 경력의 의미 기능	경험 나이 성별 가족 상황 가족 유대감 인성

표 5: 문화적응과정에서 영향 요인

구체적인 적용에서 이런 요인들은 항상 복합적인 구조로 작용한다. 예컨대 델러Deller(1996)는 국외체류자의 관계그물망의 중요성을 기술한다. 이 관계자는 회사내부의 관계만이 아니라, 외부와의 관계에서 또 중앙관리본부, 체류국가 및 고국 정부와의 관계, 무엇보다도 변화된 가족과의 관계에서 안전하게 처신할 수 있어야 한다.

비트너Bittner(1996)는 준비하는 사람의 심리적 상황을 자세하게 기술한다. 그래서 훈련집단 안에서 도취할 정도로 미리 기뻐하는 데서부터 강력하게 거부하는 기본적 태도들이 고려될 수 있다. 출국이 중요한 주제인 경우와 출국은 목적을 위한 수단으로 보는 경우의 중심이 어떻게 되는가? 어쩌면 "자국 도피"의 동인은 없는가? 이 경우 외국에 대한 매력 요인은 얼마나 강한가? 출국결정이 개인의 이력에 전체적으로 어떤 역할을 하는가?

그 외에도 언제 "경험의 이점"이 유익하게 작용할 수 있는지 또는 경력에 대한 야심이 오히려 방해로 작용하는지 등도 불분명하다. 이러한 설명 없이 계속 따라가는 것은 심리적 상황이 출국에 앞서 개개 경우에 아주 복잡할 수 있으며, 또 참여자들에게 대단한 요구를 한다는 것이 밝혀질 수 있다.

3. 평가연구를 위한 실습 예

3.1 실험 방법

실험 방법의 장점은 영향변수들, 참가자들의 우연한 편성을 조정할 수 있다는 데 있다. 이를 통해 모든 영향변수를 조사했다면, 개별적인 차이는 균형이 잡히고 인과적인 관련성이 증명될 수 있다. 단점은 이런 영향들이 고립된 경우이다. 왜냐하면 실제로는 항상 여러 가지, 서로 간에 다른 중요성으로 영향을 끼치고 겹쳐지는 영향요인들이 작용하기 때문이다. 이것은 종종 매니저에게 전혀 그들의 경험배경을 추측하도록 하지 않는 학생들과 관련된다. 그러나 많은 이런 약점들을 보충하는 실험이 여기서 원형적으로prototypisch 기술될 것이다.

토마스Thomas와 라블린Ravlin(1995)은 문화적인 귀속성을 기업에서 실험적으로 설정하여 연구하고자 하였다. 이론 틀로서 하이더Heider(1958)와 켈리Kelley(1972) 그리고 피스크Fiske와 테일러Taylor(1984)의 사회정보처리론의 귀속성이론을 이용하였다. 예측은 다음과 같았다.

- 지각된 유사성은 낯선 것으로서 다른 동기 (귀)속성과 연결된다.
- 지각된 유사성은 보다 높은 효과 (귀)속성과 연결된다.
- 자문화 정체성의 의미가 (귀)속성을 결정한다.

임의추출 표본은 우연히도 다양한 조건으로 분류된 일본 콘체른의 미국지사의 277명의 직원으로 구성되었다.

연구 설계는 우선 하나의 예비테스트를 계획하였다. 하나의 독립적이고 비교할 수 있는 임의추출 실험(N=63)이 촬영된 관리자들의 행동에 있어서 미국 대 일본의 스테레오 타입 귀속을 결정했으며, 이로써 항목 설정을 유도해냈다.

두 번째 예비테스트는 일본인(Scott사의 H)으로부터 독립적인 귀속성 범주를 파악하는 데 쓰였다. 문화적 유사성이 조작으로서 문제해결 논의행동을 변화시켰다. 어떤 일본 매니저는 촬영에서 "일본식으로" 또는 "미국식으로" 라는 미리 제기된 매니저의 기대에 따라 행동하였다. 의존적 대중으로서 촬영매니저와 자신 사이의 유사성이 국가적 자기 정체성, 잠재적 성공리더십, 의도적 행동의 속성이 되었다.

가설이 일반적으로 중요한 결과로 증명될 수 있었다. 그러나 예상되는 유사성은 다만 가설과 일치시키는 효력을 발휘한다. 즉, 일본 매니저한테 미국식의 행동이 전혀 기대되지 않으면, 이 행동은 연극적으로, 끼워 맞춰져, 신뢰할 수 없게 되는 영향을 미친다. 부정적인 동인이 부여되고, 리더십의 성공은 낮게 평가된다. 일본 매니저가 이미 미국식 생활에 적응했다는 데서 출발하는 사람들은 분명하게 긍정적인 속성과 성공에 대한 기대를 보였다.

여기에서 훈련의 딜레마가 생겨난다. 향후 직원들의 기대에 따라야 하는 것은, 미리부터 부정적인 고정관념에 의해 지배되지 않고, 그래서 성공 확률을 감소시키지 않기 위해서는, 타문화 고유의 또는 자문화 고유의 행동이 보여져야한다. 이 훈련의 목표들 중 무엇이 추구되어야 할 것인가는 나중의 목표 집단에서 먼저 확인되어야 할 것이다. 그러나 이런 가능성은 드물다. 이러한 연구로부터 배울 수 있는 것은 "국가전형적인" 행동이 반드시 원해진 목표로 인도하지는 않는다는 것이다. 오히려 환경에 의존하는 행동 맥락에서 고유한 개인의 권위가 존중되어야 한다.

3.2 현장 연구

이문화 맥락에서 가장 주목할 만한 연구 중 하나로 대니얼 킬리Daniel Kealey(1988)는 282 명의 캐나다 발전원조업무(CIDA) 직원 중 277명을 일의 시작 전, 현장에서, 복귀 후에 광범위한 테스트 도구를 사용하여 조사하였다. 평가도구는 자기평가, 동료, 상사, 초청자 평가를 포함한다. 과정의 진행과 문제는 직원과 가족과의 인터뷰를 통해 파악되었다. 준비훈련의 영향요인 파악은 다음 차원들에 대해 전체 298개 목록의 15개의 설문으로 이루어졌다.

(사전-사후-테스트: 집단 배치 수치 테스트; 자기점검 범위; 잭슨 성격목록; 사회적 바람직성, 출발 전의 태도와 기대; 대인 관계 기술 목록: 가치 조사; 배경

현장 테스트: 만족도; 문화 적응 스트레스; 교차문화 이해; 체류국 문화 범위와 접촉; 전체 조정과 효과성 범위; 생활 조건 범위; 직업 제약 범위)

많은 결과 중에서 여기서는 두 가지가 기술되어야겠다.

하나는 개인적 요인으로 보인다. 즉 현장-의존 정도(적응능력), 여성성(관계중심), 모험성(미지의 것과 새로운 것에 대한 흥미)에서 부담이 높게 나타나는 것은 자기 자신과 다른 사람에 의해 평가된 성공과 긍정적인 관계가 있다. 그러나 사전-훈련은 이러한 항목에, 사실 그 영향이 분명히 낮았던 사실-, 언어-, 정치-, 경제 정보에 보다는, 전통적으로 훨씬 가치를 두지 않았다. 현장직원들은 파견현장에서의 특별한 상황이 그 나라의 일반적, 정치적, 경제적인 상황보다 더 중요하다고 자주 인터뷰에서 강조했다.

두 번째 결과는 적응과정의 곡선에 주어질 것이다. 보통 U- 내지 W-진행에서 출발되는 데 킬리의 조사에서만 "전문가" 외국인의 10%에서 이것을 발견할 수 있었다. 그 진행은 다음의 그림에 나와 있다.

그에 따르면 약 35%는 낮은 기대치로 시작했으며, 이 기대치는 진행과정에서 높은 만족도로 발전되었고, 30%는 높은 상태, 10%는 중간 정도, 15%는 낮은 상태로 있었다. 성공과 자체평가 만족도 사이에는 분명한 관련성이 있다. 문제는 이 곡선이 회사의 직원들에게 해당될 수 있는지, 업무로 처음 외국에 나가는 기업 관리자에 해당되는지, 혹은 학생들의 경우 그렇게 답변될 수 없는지 이다. 여기에서 연구는 입증된 방법으로 새로운 지식획득에 근본적으로 기여했을 뿐 만 아니라, 특정한 경우 개인지향에 따라 다르게 설계되어야 한 체류의 실제적인 구현방법에 기여할 수 있었다.

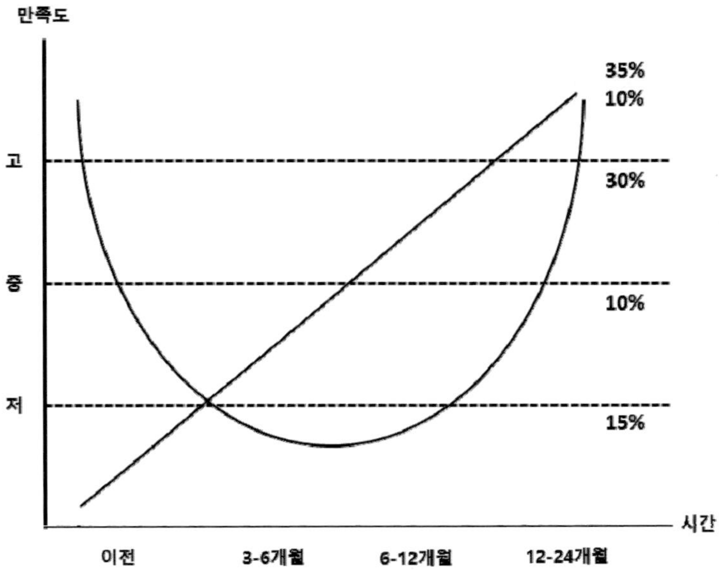

해외 체류에 대한 만족도

4. 해외 체류의 상승효과

앞 장에서는 우선 외국체류에 대한 설계와 지원의 시점이 제시되어야 했다. 다음으로 연구현안에 대한 중요한 몇 가지 우리의 소견을 모아본다.

4.1 이문화 파견 계획과 지원 조치 평가를 위한 범주체계

다음 구성은 체크리스트를 위한 제안이다. 이 리스트는 이문화 파견 계획과 지원 대책을 위한 평가 지침으로 이용할 수 있다.

1. *주변요인과 기본조건의 점검*

- 전체 프로젝트의 계획 (시간, 금전적 예산……)
- 영향을 줄 수 있는 사안의 설정 (건강, 경험, 경력루트……)
- 평가 계획의 설계 (형성평가, 총괄평가)
- 구체적인 대책 유도 (이정표, 책임……)

2. *개인적 요구사항 확인*

- 방법적, 사회적, 감성적, 위험관련, 개인적, 활동능력, 행위능력의 능력 스펙트럼으로서의 자격요건 프로필의 전문적인 정의

3. *개인적 요구사항 관리*

- 중요한 인물 범위 결정
- 방법선택의 확정(인터뷰, 설문조사……), 인물선정
- 훈련필요 분석, 우선순위 매김, 훈련 프로그램의 구상 (무엇이 훈련되는가?)
- 훈련시점 확정 (외국체류의 사전, 동반, 사후)
- 훈련환경 결정 (예: 코칭, 집단) (어떻게 훈련되는가?)
- 혼합방법의 구성 (지식전달, 비고정적인 방법)
- 수행, 모니터링, 필요시 조절
- 프로그램 평가

4.2 이문화 훈련의 핵심요소

이문화 능력 개발을 위한 수많은 훈련 프로그램과 훈련구상이 있다(Gudykunst et al. 1996, Thomas & Hagemann 1996, 이 책의 Bolten 참조). (이문화) 능력훈련에 대한 에르펜벡과 하이제의 능력모델에서 끌어낼 수 있는 종합적인 특성은 가치개념과 그와 관련된 기준체계의, 예컨대 자민족중심주의에서 민족상대주의 시각으로의 변화이다. 비트너Bittner (1996, 338)는 이와 관련하여 다음과 같이 기술한다.

"그것이(훈련이) 도움이 되어야 한다면, 훈련은 과정에서 정체성을 위협하는 인식이 무엇인지 교육하고, 위협도 파악하며, 최소한 부분적으로 교정된 자아개념을 위한 초석을 놓아야 한다." 이것은 얻고자 하는 가치변화에 대한 언급으로 이해될 수 있다. 그는 몇 단계의 프로그램을 제안한다.

- 학습욕구를 채운다.
- 관습적 가치를 상대화한다.
- 지역적 평가를 부분적으로 수용한다.
- 자신의 영향력을 상대화한다.

내면화 과정의 "방법"을 에르펜벡과 바인베르크Weinberg(1993)는 아주 상세히 기술한다. 마인하르트Meynhardt(1999a)는 에르펜벡 외Erpenbeck *et al.* (1995)의 이 방향에서 설계된 자아개념관리를 위한 훈련 프로그램을 이문화 훈련으로 전용하고자 하였다. 이때 네 단계가 구분된다.

1. 예열 단계와 성찰 단계
2. 자기 성찰 단계
3. 작용 단계
4. 자기 조직화 단계

여기서 투입된 방법은 인지적 개입 외에 특히 경험과 감정에 초점을 맞춘 방법이 포함된다(예: 집단토론, 역할극, 데이터와 마주하기, 영상피드백).

주제의 복합성을 올바로 판단하기 위해 체계적인 접근방법을 따라가는 프로그램이 유망하게 보인다. 괴츠Götz(1998a)는 후속세대 관리자를 향상시키는 훈련의 본보기로 전적으로 이문화 훈련에 전용될 수 있는 체계적인 교육디자인의 구체적 설계를 보여주었다.

문헌검토에서 발견된 것은 랜디스Landis와 바갓Bhagat(1996)의 가장 최근의 *이문화 훈련 편람*에서도 자기대립과 가치습득에 대한 아이디어는 전혀 추적되지 않는다는 것이다. 높아진 자기인식을 통한 자기비판 과정에 대한 가치를 재학습하거나 새롭게 학습하는 것은 이제 (이문화) 능력을 발전시키기 위해서 핵심 요소가 된다.

그것은 한 나라의 지역학적 지식을 더 이상 고려할 필요가 없다고 말하는 것은 아니다. 중요한 것은 이문화적 접촉을 위한 개인적, 사회적 능력의 훈련 쪽으로 분명히 무게중심이 이동하는 것이다. 따라서 장차 훈련구상은 더 많이 가치습득의 강조에 따라 평가되어야 할 것이다. 이 개념은 아직까지 논란의 여지가 있는 이문화 능력 훈련의 이론을 설계하는 데 적격인 것 같다. 아마 대단히 괴리 있는 경험적 결과를 가진 불충분한 연구현황은 행동 주도적 이론 토대가 없다는 것에 기인 할 수 있다.

4.3 훈련기초를 위한 제안

다음 영역들이 외국체류의 효과를 올리기 위한 출발점으로 판명되었고, 그래서 훈련에 포함되어야 할 것이다.

a. 인물 선발

여기서는 결정의 기준, 필요성, 전문능력, 동기, 사회능력을 조직적 배열을 고려하는 플로차트Flow Chart* 의사결정수형도(Tung 1988)가 제안된다. 텅은 자신의 연구에서, 만일 이것이 필수적이며, 또 전문능력이 확인되고, 강한 동기와 사회능력이 있다면, "국외에 거주하는" 자국인만을 선발한다고 밝히고 있다. 의사결정수형도는 각각의 부정적 답변의 경우 외국체류에 발을 내딛지 않도록 제안한다.

훈련연수생 프로그램의 교육 목적에는 당연히 그 이상의 기준이 부가된다. 슈프라이처 외Spreizer *et al.* (1997)는 국제적인 경영간부에 대한 전체 14가지 차원을 기술한다. 그들의 의견에 따르면, 이 차원이 대부분 불원간 필요하게 되었고, 게다가 많은 관리자들이 외국체류를 성공적으로 이끄는 그에 걸맞은 심리적 장비를 제대로 다루지 않았기 때문에, 이 차원들이 세계적이고 국제적인 기업의 관리자 모두

* 시스템 안에서 발생하는 원재료·문서(정보)·인간의 움직임 등에 관하여 그 문제해결의 순서를 나타내는 도표.

에게서 잘 정의되어야 한다는 것이다. 이 저자들은 사전 선택이 나중의 근본적인 훈련보다 더 낫다고 지지한다. 이 훈련은 미세한 조정을 위해 더 많이 이용되어야 한다는 것이다. 이러한 차원을 만족스럽게 충족시키는 사람은 국내외적으로 성공적인 행위를 기대하게 한다. 저자들이 말하는 핵심 차원은 다음과 같다. 즉, 문화적 감수성, 업무지식, 용기, 사람들에게서 최상을 끌어내기, 진실성, 통찰력 있음, 헌신, 모험경향, 피드백 추구, 피드백 이용, 문화적 모험성, 학습기회 탐색, 비판에 대한 개방성, 유연성.

바로 알 수 있는 것은 저자들이 대부분 개인적이고 사회적인 능력을 기술하고 있으며, 반면 전문능력은 (아마 전제되었기 때문에) 나타나 있지 않다.

여기서 이문화 적성검사에 대한 수많은 방법들은 더 이상 관여되어서는 안 된다(Deller 1996 참조). 그러나 반드시 언급되어야 할 것은 만일 능력을 여기서 옹호된 의미로 평가할 경우, 어떤 정도까지 기존의 도구에 의해 실제로 능력이 파악되는지 (예컨대 이문화 평가 센터에서) 조사되어야 하거나, 능력전기*방식과 같은 방법이 적용되어야 한다(Erpenbeck & Heyse 1999). 이 새로운 방법은, 삶에서 능력의 습득 또는 그것의 실현을 재구성하기 위해 자체 초점을 맞춘 인터뷰로서 수행된다. 성공한 기업의 능력습득에 대한 연구에서 이 방법은 성공적으로

---

* **Kompetenzbiographie**: 에르펜벡과 하이제에 따르면 이는 '전 생애에 걸친 능력 발달에 있어 언제나 독특하며, 복합적이고, 자기조직적인 －전문적 · 방법적 · 사회적 · 개성적－ 개인능력이 네트워크로서의 행위능력으로서 질적이고 양적으로 전개됨'을 말한다.

테스트되었다. 인터뷰 평가는 근거이론에 기초한 무어Muhr(1994)에 의해 발전된 소프트웨어 아틀라스*의 도움으로 이루어졌다(Meynhardt 1996b).

b. 준비 훈련

데쉬팡데Deshpandé(1992)는 메타분석에서 특히 다음의 주제들이 준비 훈련에 제공되는 것으로 본다. 문헌연구, 지식전달, 언어, 감수성 훈련, 스트레스 극복, 시뮬레이션, 전체 가족을 포함한 문화동화 훈련.

c. 직원과 가족을 위한 현장에서의 지원

킬리Kealey(1998)는 외국체류 동안 다음 주제들의 중요성을 언급한다.

- 초청자에 의한 집중적인 준비
- 직원과 가족의 사회적 통합
- 분명한 업무구조
- 명확한 성과기준
- 대안적 계획

d. 복귀 지원

퍼른햄Furnham(1997b)은 복귀에도 특별한 주의가 기울여져야 함을 강조한다. 여기에 다음의 주제들이 고려되어야 한다.

---

* **Atlas**: 텍스트, 오디오, 비디오 및 그래픽 데이터의 분석을 지원하는 고품질 데이터 분석 도구.

- 변화정보
- 재편입
- 실패의 경우 보완계획
- 가족을 위한 거처, 학교, 직장 찾기
- 조직화된 경험교류와 경험전파

4.4 방법적인 도전

평가방법에 대한 보고된 제안과 수행된 연구에도 불구하고 아직 많은 문제들이 미해결 상태이다. 이것을 끝으로 다루고자 한다. 이문화 심리학 또는 상호문화 심리학 연구에서 방법도구들이 대단히 빠르게 발달하고 있다(Van de Vijver & Leung, 1997). 가설의 검증이든, 연구 탐사이든 방법에 대한 요구는 무한하다. 거기에 이문화 맥락에서 개인의 내적 변화(Steyer 외 1997a, 1997b)를 평가하는 어려움을 주시해보면, 예컨대 평가기능의 문화의 본질에 대한 물음이나 친구, 상사 등의 개념에 대한 물음과 같은 근본문제들을 아주 쉽게 알 수 있다. 괴츠Götz(1998b,c,d)는 전체 문제의 포괄적인 전망을 제시하고 있다. 예컨대 이문화 능력의 평가도구로서 능력전기의 방법이 얼마나 사용될 수 있는지와 같은 물음이 그 하나이다. 또한 이문화 훈련연구가 전적으로 특수영역으로 취급되어야 하는가? 혹은 이 이문화 훈련연구가 이문화 연구와 동일한 기준의 대상에 되는가? 결과 측정의 몇 가지 방법이 다음과 같은 기준에 따라 정리될 수 있다.

	방법분류		
	조사연구방법 (예. 호프스테드 1980)	현장연구방법 (예. 킬리 1990)	실험 (예. 토마스 & 라블린 1995)
선별문제	• 인물, 상황과 조직 비교 결핍	• 설문지 답변에서 사회적 기대의 작용, 피질문자 편향성, 신뢰성의 문제	• 보편화, 인과성, 유효성, 운용 등가성의 문제
	• 참여자와 피질문자의 선택적 선발	• 인터뷰 데이터에서 개념들과 가치 이해에 대한 특별한 문제	• 실험실과 일상사이의 불분명한 연관성
	• 연구자의 개념속성 필터, 즉 아는 것이나 추측하는 것을 찾는다는 것	• 관찰 데이터에서 관찰자의 편향성, 비언어적 의사소통이나 동기 부여의 조직의 영향	• 서구 심리학의 방법적 보편성과 기본전제가 보증되지 않음

표 6: 평가 연구의 범주화

4.5 대안적 훈련방법과 도전

정규 훈련 외에 외국체류나 관련 업무수행은 달리 조직되고 구성된다. 기업 부서간의 접촉과 정보를 위한 워크숍은 신뢰형성과 문화적 중재가 필수적인 것으로 밝혀졌다. 그래서 개인적으로 서로 몰랐던 집단과 견주어보면, 개인적 만남 직후에 분명하게 개선된 전자상의 의사소통이 나타났다.

이런 형태 외에 예컨대 작업보호와 건강보호 등 특정한 주제에 있어 국제적 대응팀(TFT)이 아주 효과적인 것으로 판명되었다. 그래서 그런 팀들이 여러 많은 나라에서 실제 적용된 성공과 실패의 경험을 파악, 분석하고 또 다른 지사에서 시행할 수 있다. 특히 상황에 따른 가치와 문화특성은 그렇게 파악될 수 있다. 훈련연수생 또는 관리자도 그런 팀에 편입되어, 경험 풍부한 동료들과의 관계 안에서 적응과정에 보다 쉽게 대응할 수 있다.

어떤 기업도 파견에 앞서 수용자의 기대에 대해서나, 파견된 자와 수용자에 있어서 업무목표의 명시적인 조정에 대한 체계적인 이해가 없다. 소수의 기업이 외국에 있는 기업의 다른 부서에서 온 통상적인 방문객을 준비시키거나 정규적인 계속교육에 통합시키고 있다.

전체적으로 보아 반드시 추구해야 할 것은, 연구와 실습의 네트워크, 국가적 및 경제적 경험, 또 민간 및 공공 경험의 네트워크를 더 집중적으로 가속화하는 것이다. 왜냐하면 다양한 인식, 체험방식, 경험의 결합만이 외국체류의 복잡성을 바르게 판단하기 때문이다. 결론적으로 파견된 자를 이 모든 역할에서 재발견하고, 그 회사와 가족을 70% 대의 실패 확률로부터 보호하는 데 모든 후원이 필요하다.

달리 말하면 외국파견에 있어 그같이 낮은 성과의 원인을 파악하고 최적화된 방법을 위해 훨씬 더 많은 에너지가 투입되어야 한다는 것이다. 이것은 아주 짧은 시간 안에 회수될 수 있기 때문이다. 바로 이러한 중재개입이라는 목표가 있는 이문화 업무조건에 대한 과정중심적인 성과 연구는 사회학과 행동과학의 방법들로부터 대단한 도움을 받을 수 있다. 마찬가지로 그렇게 하여 이 연구는 자신의 개념과 방법의 유효성 검증을 달성할 수 있다. 이 영역에서도 "이문화" 교류가 알맞은 훈련방법과 더불어 전도유망하다.

참고문헌

Baran, P. (1991). "Werte". In *Enzyklopädie der philosophischen Wissenschaften. vol. 3,* Frankfurt/Main.

Bittner, A. (1996). Psychologische Aspekte der Vorbereitung und des Trainings von Fach und Führungskräften auf einen Auslandseinsatz. In A. Thomas (Hrsg.), *Psychologie interkulturellen Handelns* (S. 317-339). Göttingen: Hogrefe.

Black, J. H. & Gregerson, M. & Mendenhall, K. (1992). *Global Assignments.* San Francisco: Jossey-Bass.

Bochner, S. (1982). The social psychology of cross-cultural relations (pp. 5-44). In S. Bochner (Ed.), *Cultures in Contact: studies in cross-cultural interactions.* Oxford: Pergamon.

Bolten, J. (1999). *Interkultureller Trainingsbedarf aus der Perspektive der Problem-erfahrungen entsandter Führungskräfte* (in diesem Band).

Byrnes, F. (1966). Role shock: an occupational hazard of American technical assistants abroad. *Annals of the American Academy of Political and Social Science, 368,* 95-108.

Church, A. (1982). Sojourner Adjustment. *Psychological Bulletin, 91,* 540-572.

Csikszentmihalyi, M. (1975). *Beyond Boredom and Anxiety: The Experience of Play in Work and Games.* San Francisco: Jossey-Bass.

Burger, J. M. & Cooper, H. M. (1979). The Desirability of Control. *Motivation and Emotion 3,* 381-391.

Deller, J. (1996). Interkulturelle Eignungsdiagnostik. In A. Thomas (Hrsg.), *Psychologie interkulturellen Handelns* (S. 283-316). Göttingen: Hogrefe.

Erpenbeck, J. & Weinberg, J. (1993). *Menschenbild und Menschenbildung.* Münster: Waxmann.

Erpenbeck, J. & Heyse, V. & Schulze, A. & Pieper, R. (1995). Training zur Verbesserung des Selbstkonzeptmanagements. In V. Heyse & H. Meizler

(Hrsg.), *Die Veränderung managen, das Management verändern* (S. 73-143). Münster: Waxmann.

Erpenbeck, J. (1996). Interkulturalität, sozialer und individueller Wertewandel, Vorabdruck aus R. A. Mall & N. Schneider. *Ethik und Politik aus interkultureller Sicht. Studien zur interkulturellen Philosophie, Vol. 5.*, 233-250.

Erpenbeck, J. & Heyse, V. (1996). Berufliche Weiterbildung und berufliche Kompetenzentwicklung. In Arbeitsgemeinschaft Qualifikations-Entwicklungs-Management (Hrsg.), *Kompetenzentwicklung '96. Strukturwandel und Trends in der betrieblichen Weiterbildung* (S. 15-152). Münster: Waxmann.

Erpenbeck, J. (1998). Chaos, Selbstorganisation und Kompetenzentwicklung. In Arbeitsgemeinschaft Qualifikations-Entwicklungs-Management (Hrsg.), *Lernen im Chaos. Lernen und das Chaos, Schriften zur beruflichen Weiterblldung, Heft 52,* (S. 51-58). Berlin.

Erpenbeck, J. & Heyse V. (1999). (Eds.). *Die Kompetenzbiographie. Strategien der Kompetenzentwicklung durch selbstorganisiertes Lernen und multimediale Kommunikation.* Münster: Waxmann.

Fiske, S. T. (1989). Examining the role of intent: Toward understanding its role in stereotyping and prejudice. In S. U. James & J. A. Bargh (Eds.), *Unintended thought* (pp. 253-283). New York: Guilford Press.

Festinger, L. (1957). *A Theory of Cognitive Dissonance.* Evanston, III.: Row Peterson.

Furnham, A. (1997). *The psychology of behaviour at work.* Biddles.

Furnham, A. & Bochner, S. (1982). *Culture Shock.* London: Methuen.

Geyer, A. & Steyrer, J. (1998). Messung und Erfolgswirksamkeit transformationaler Führung. *Zeitschrift für Personalforschung, 12,* 376-401.

Götz, K. (1998a). Förderung von Führungskräftenachwuchs. Ein Beispiel für die Gestaltung von (systemischen) Instructional Designs (ID). In K. Götz (Hrsg), *Theoretische Zumutungen. Vom Nutzen der systemischen Theorie für die Managementpraxis.* Heidelberg: Auer.

Götz, K. (1998b). *Zur Evaluierung beruflicher Weiterbildung. Band 1. Theoretische*

Grundlagen. 2. Auflage. Weinheim: Deutscher Studien Verlag.

Götz, K. (1998c). *Zur Evaluierung beruflicher Weiterbildung. Band 2. Empirische Untersuchungen*. 2. Auflage. Weinheim: Deutscher Studien Verlag.

Götz, K. (1998d). *Zur Evaluierung beruflicher Weiterbildung. Band 3, Beispiele aus der Praxis*. 2. Auflage. Weinheim: Deutscher Studien Verlag.

Götz, K. & Häfner, M. (1999). Erfolgsgeheimnisse der Natur - Denkanstösse zur Führung von Organisationen? In K. Götz (Hrsg.), *Führungskultur. Teil 2: Die organisationale Perspektive*. München: Rainer Hampp Verlag.

Grossberg, S. & Gutowski, W. E. (1987). Neural dynamics of decision making under risk: Affective balance and cognitive-emotional interactions. *Psychological Review, 94*, 300-318.

Gudykunst, W. B & Guzley, R. M. & Hammer, M. R. (1996). Designing Intercultural Training. In D. Landis & R. S. Bhagat (1996), *Handbook of Intercultural Training*. 2nd ed. Thousand Oakes: Sage.

Heider, F. (1958). *The psychology of interpersonal relations*. New York: John Wiley & Sons.

Heyse, V. & Erpenbeck, J. (1997). *Der Sprung über die Kompetenzbarriere*. Bielefeld: Bertelsmann. wbv.

Hofstede, G. (1984). *Culture's consequences*. Beverly Hills: Sage

Hofstede (1994). The Business of International Business is Culture. In *International Business Review, Vol. 3*, No. 1, 114.

Inglehart, R. (1989). *Kultureller Umbruch: Wertewandel in der westlichen Welt*. Franfurt/M.: Campus.

Kealey, D. J. (1988). *Explaining and predicting cross-cultural adjustment and effectiveness: A study of Canadian technical advisors overseas*. PH. D. Thesis, Queen's University, Kingston, Ontario, Canada.

Kealey, D. J. (1989). A study of cross-cultural effectiveness: theoretical issues, practical applications, *International Journal of Intercultural Relations, 13*, 387-428.

Kelly, G. A. (1955). *The Psychology of Personal Constructs.* New York: Norton.

Landis, D. & Bhagat, R. S. (1996). *Handbook of Intercultural Training.* 2nd ed. Thousand Oakes: Sage.

Lazarus, R. S. (1966). *Psychological Stress and the coping process.* New York: McGraw Hill.

Likert, R. (1967). *The human organization: Its management and value.* New York: McGraw Hill.

Luzio-Lockett, A. (1998). The squeezing effect: the crosscultural experience of international students. In *British Journal of Guidance & Counselling, Vol. 26,* NO.2.

Lysgaard, S. (1955). Adjustment in a foreign society. Norwegian Fulbright gantees visiting the United States. *International Social Science Bulletin, 7,* 45-51.

Maurer, R. (1973). "Kultur". In H. Krings u. a. (Hrsg.), *Handbuch philosophischer Grundbegriffe Bd. 3,* München.

Meynhardt, T. (1999a). *Selbstkonzeptentwicklung und -erfassung im interkulturellen Kontext. Ein Vergleich britischer und chinesischer Führungskräfte.* Unveröff. Diplomarbeit, Friedrich-Schiller-Universität Jena.

Meynhardt, T. (1999b). Die Auswertung mittels der Software ATLA$/ti. Kompetenzmessung als Rekonstruktion von Entwicklungsverläufen. In J. Erpenbeck & V. Heyse (Hrsg.), *Die Kompetenzbiographie. Strategien der Kompetenzentwicklung durch selbstorganisiertes Lernen und multimediale Kommunikation* (S. 369-471). Münster: Waxmann.

Muhr, Th. (1994). *ATLA$/ti The Knowledge Workbench. Visual Qualitative Data Analysis Management & Theory Building. Short User's Manual. Guide and Reference.* Berlin: Scientific Software Development.

Oberg, K. (1960). Culture shock: adjustment to new cultural environments. *Practical Anthropology, 7,* 177-182.

Schein, E. H. (1985). *Organizational Culture and Leadership.* San Francisco: Jossey-Bass.

Solomon, R. (1980). The opponent-process theory of acquired motivation: The costs of pleasure and the benefits of pain. *American Psychologist, 8,* 691-712.

Steyer, R. & Eid, M. & Schwenkmezger, P. (1997). Modeling True Intraindividual Change: True Change as Latent Variable. *Methods of Psychological Research-Online, 2,* 21-33.

Steyer, R. & Hannöver, W. & Telser, Ch. (1997). Zur Evaluation intraindividueller Veränderung, *Zeitschrift für Klinische Psychologie.*

Thomas, A. (1993). Psychologie interkulturellen Lernens und Handelns. In A. Thomas (Hrsg.), *Kulturvergleichende Psychologie. Eine Einführung* (S. 377-424). Göttingen: Hogrefe.

Thomas, A. & Hagemann, K. (1996). Training interkultureller Kompetenz. In N. Bergemann & A. L. J. Sourisseaux (Hrsg.), *Interkulturelles Management* 2nd ed., Heidelberg: Physica.

Triandis, H. C. (1972). (Ed.). *The Analysis of Subjective culture.* New York: Wiley.

Trimpop, R. (1994). The Psychology of Risk-Taking Behavior. Textbook Series: Advances. *Psychology No. 107.*

Tung, R. (1981). Selection and training of personnel for overseas assignments. *Columbia Journal of World Business, 16,* 66-68.

Van de Vijver, F. & Leung, K. (1997). *Methods and Data Analysis for Cross Cultural Research.* Thousand Oaks: Sage.

Wilde, G. J. S. (1982). The theory of risk homeostasis: implications for safety and health. *Risk Analysis 2,* 209-258.

Wilde, G. J. S. (1994). *Target Risk.* Toronto: PDE Publications.

Zuckerman, M. (1979). *Sensation Seeking: Beyond the Optimal Level of Arousal.* Hillsdale: Lawrence Erlbaum.

문화와 교육

이문화 학습
상호 이해와 존중으로 향하는 길

도밍고 딜 (Domingo Diel)

1. 서론

제목을 통해 이미 짐작할 수 있듯이 이 논문은 이론적이지도 학문적이지도 않다. 오히려 인도, 독일, 필리핀과 같은 서로 다른 나라에서의 문화 경험과 장기간의 접촉을 기반으로 한 다문화적 관찰의 토대 위에서 이 논문이 작성되었다. 필자는 처음 2년 동안 신학, 종교, 선교를 전공하여 졸업했으며, 현재 필리핀의 대학에서 가르치면서 직장생활을 하고 있다. 이러한 공부, 관찰, 접촉, 경험, 생활, 실습의 맥락에서 상호 이해와 존중을 위한 과정에서의 이문화 학습에 관한 논문을 구상하였다.

이문화 문제들에 대한 연구 수행이 얼마나 중요한가? 이 연구는 경제와 무역의 세계화 시대에, 현대 정보기술의 도입과 빠른 수용의 시대에, 강대국들의 약소국들에 대한 글로벌 제재조치를 기반으로 하는 내전, 인종갈등, 새로운 전쟁 위협의 시대에 중요하다. 다른 선택의 여지가 있는가? 이러한 연구들은 보다 높은 이해를 돕고 세계에서의 도발적인 갈등과 전쟁을 줄이는 데 기여할 수 있다. 이러한 연구는 사회정치적인 현장에서 분위기를 조성할 수 있다. 영향력을 발휘할 수 있을 뿐만 아니라, 사회경제적인 분야에서 세계 속의 서로 다른 나라의 경제와 무역의 번영에도 기여하는 분위기를 조성할 수 있다. 여기서는 이문화 학습의 문제를 다음의 관점에서 다루고자 한다. 1. 문화에 대한 몇몇 논의들 2. 이문화간 접촉과 생활에서의 몇몇 경험들 3. 이문화간 이해와 상호 존중 과정에서의 몇 가지 강조 사항.

2. 문화에 대한 몇몇 논의들

먼저 세 가지 관점에서 '몇몇'이라는 제한에 대한 설명이 있어야한다. '문화'라는 주제에 대한 논의들은 다양하고 매우 넓은 영역을 포함하고 있으며, 이 주제와 관련된 개인적이고 실질적인 경험들은 넓게 퍼져있다. 그래서 이 논문에서도 아주 의식적인 '몇몇' 논점들을 선택해야 했다. 이러한 논점들은 그다음 특정한 강조점과 결론으로 이어진다.

2.1 개념으로서의 '문화'

다른 많은 학문적인 개념과 구상에서처럼 '문화'라는 개념에서 하나의 정확한 정의를 기대한다면 문제가 된다. 인류학자들의 시각에서 문화개념에는 수백 개의 상이한 개념 변이형이 있기 때문이다. 문화는 보다 복잡하고 보다 다층적인 개념이며, 한 국가, 한 사회 인간집단의 언어와 지식, 신념과 전통, 습성, 개체, 태도 모형, 입장, 도덕, 가치, 규범 등과 같은 개념을 포함한다. 오늘날 우리가 '문화'로 이해하는 이러한 완전히 복잡한 개념은 '문화'와 동일시되는 인류나 인간집단들 자체만큼 오래되었고 새롭다.

2.2 문화와 정체성

한 민족이나 인간 집단의 문화가 민족과 집단의 안정된 기반인 것은 사실이다. 민족과 집단이 그들의 언어, 제도, 행동방식, 입장, 일반적인 문화적 실행을 통해 그들의 문화를 다음 세대에 얼마나 지속적으로 그리고 충실하게 넘겨주느냐에 따라 문화는 한 민족 혹은 인간집단의 생존과 몰락을 의미할 수 있다. 행동규범으로서 문화는 집단의 일상을 위한 안정성을 제공하고, 이로써 그들의 안전에 기여한다. 게다가 문화를 통해 한 민족의 현재와 미래를 위한 '정체성'이 유지된다. 유감스럽게도 '문화'가 민족이나 인간집단을 위한 정체성 문제이기도 하다는 사실이 종종 간과된다. 그래도 이 점을 강조하는 것이 중요하다. 왜냐하면 그렇지 않을 경우 차이에 대해 무관심해질 뿐만 아니라 문화적 정체성을 진지하게 받아들이지 않을 위험에 빠지기 때문이다.

2.3 문화와 존엄성

한 민족의 문화적 정체성은 그들의 문화적 존엄성을 의미할 뿐만 아니라 그 민족 자체의 존엄성을 나타낸다. 한 민족이 고유한 문화를 가지면 –어느 민족이 문화가 없으랴?– 이 문화는 의식적이든 무의식적이든 그 민족의 정체성을 규정한다. 이와 같은 정체성은 그 인간 집단의 존엄성을 지켜준다. 한편으로는 그들의 지식과 언어를 통해, 그들의 전통과 도덕을 통해, 행동방식과 가치를 통해, 다른 한편으로는 그들의 문화를 후속 세대에게 전수하기 위해 그것들을 발전시킨 기제나 제도를 통해 유지되는 것이다. 이러한 아주 복잡한 특성을 무시하는 것은 정체성의 전달자인 한 민족의 '문화'를 존중하지 않는 것을 의미하며, 그 사람들로부터 존엄성을 빼앗는 것을 의미한다. 이론적으로 보자면, 아무도 누군가 다른 사람으로부터 문화를 강탈하거나 무시할 수 없다. 그러나 실제로는, 현재까지의 식민주의 역사를 통해, 이른바 '우월한' 문화들이 소위 '열등한' 문화들을 억압하는 것을 볼 수 있다. 과거에는 어설픈 방식으로, 오늘날에는 매끄러운 방식으로.

2.4 문화와 문명

문화에 대한 실제적인 논의를 위해서는 '열등한' 문화와 '우월한' 문화 혹은 '원시적인' 문화와 '개화된' 문화 등과 같은 범주들을 더 이상 사용하지 않는 것이 중요하다. 그러한 범주들이 이른바 '우월한' 혹은 '개화된' 문화에 속하는 사람들의 판단과 기준에 의해 생겨났다는 점을 인정해야한다. 이에 대한 예는 충분히 있으며, 특히 식민지의 민족과 집단에게 커다란 피해를 가한 식민역사에는 "문화"에 대한 그들의 그 같은 판단에 원인이 있다. 필리핀에서의 두 가지 사례가 이를 설명해준다. 첫 번째 사례로, 필리핀인 사제의 서품이 오랫동안 지체되었는데, 스페인 가톨릭의 고위층이 필리핀인에게 성직을 허용하기에는 아직 충분히 '개화되지' 못했다고 믿었기 때문이었다. 두 번째 사례로, 미국으로부터 필리핀의 독립과 필리핀 사람들의 손에 정부가 이양되는 것이 지체되었는데, 미국 정부가 필리핀 사람들은 통치권을 행사할 만큼 충분히 교육받지 못했고 개화되지 않았다고 확신했기 때문이었다. 그 당시에는 스페인과 미국이 옳았을 수도 있으나, 틀릴 수도 있었다. 스페인과 미국이 오기 전 오래전부터 이 나라에는 고유한 문화적 정체성이 있었고, 고유한 문화를 발전시킨 중국과 무슬림과 활발한 관계를 맺고 있었던 사람들이 이미 살고 있었다. 문제는 스페인과 미국 양쪽 모두 자신의 문화가 −문명도!− 필리핀의 것보다 우월하다고 확신했던 것이다.

3. 이문화 접촉과 생활에서의 경험들

오늘날 세계화 과정의 빠른 전개, 즉 이른바 '지구촌'의 형성은 민족과 민족 사이의 접촉뿐만 아니라 전 세계의 사람과 사람 사이의 접촉에까지 이르게 한다. 현대의 매우 빠른 내륙, 해양, 항공을 통과하는 교통수단과 특히 현대적인 정보기술을 통해 지구의 한쪽에서 다른 쪽으로 소식과 정보의 급속한 흐름과 같은 요인들은 세계를 작게 하는, 즉 국가와 민족이 이전보다 훨씬 더 가까워지는 과정을 가속화하는 데 기여하고 있다.

서로 다른 지역, 문화, 신앙에 속한 민족, 집단 혹은 개인들이 만나거나 접촉할 때, 한편으로는 국제적, 국가적 심지어 개인적 차원에서 이해와 우정에 대한 발전 가능성을 기대한다. 다른 한편으로 민족들과 사람들 사이의 동일한 접촉이 한 민족이나 한 개인에 대한 전제, 편견 혹은 증오를 강화하기도 한다. 달리 표현하자면, 자기 문화와 전통과의 유사성을 조화시키고 공감을 가지고 비교하는 과정이 있을 뿐만 아니라, 숨겨진 차별과 같은 폐쇄적인 가치부여와 '우리의 것은 다르며, 심지어 우월하지는 않더라도 더 낫다'는 통상적인 결론에 의한 '타자'의 것으로부터 '자신의' 것을 구분하는 것도 있을 수 있다. 민족들, 집단들 혹은 개인들 사이의 이러한 이문화의 과정이나 접촉은 점진적으로 일어나고, 때로는 갑자기 이루어지며, 그럴 경우 당사자들에게 충격을 안겨준다. 이문화 접촉과 삶 안에서 경험이라 말할 수 있는 이러한 과정을 이제 몇 가지 예를 들어 설명하고자 한다.

3.1 여행

많은 국가들에 있어서 매우 중요한 외환의 출처가 된 여행은 서로 다른 민족의 사람들을 자주 만나게 하고 있다. 그러나 일반화해서 말하자면, 여행자 혹은 여행자 그룹을 통한 특정 국가, 사람, 문화와의 이러한 접촉은 다른 출발점, 동기, 목표를 가지고 있다고 말할 수 있다. 예를 들어 사람들은 대개 여행의 매력을 제공할 수 있는 알려진 국가들만 방문한다. 긴장을 풀고 휴식하기 위한 휴가, 관광명소를 방문하여 즐기기 위한 휴가, 이 모든 것이 여행자의 동기와 목표일 수 있다. 국제적 이해 신장을 위해 사람들을 만나서 그들의 문화로부터 배우는 것, 이것은 부산물이거나 아니면 이차적인 동기이다. 여행자들은 자신들 여행이라는 모험을 감행하기 위해 충분한 재력이 있기 때문에 어떤 지역 집단이나 개인, 시설, 그리고 다른 편의에 대가를 지불하고, 이것들은 다시 외국 손님의 흥미와 즐거움에 사용된다는 것이다. 즉 아주 드물게 상호 간의 이해와 존중을 촉진시키고 다른 문화, 가치, 전통에 대한 학습에의 기여는 제한적이다. 아마도 같은 나라와 민족을 여행 목적으로 다시 방문한다면, 문화적 배경의 이해와 상호 존중의 과정에서 이문화 학습을 향상시킬 기회가 개선될 수 있으나, 여행 자체로는 이러한 기대를 충족시킬 수 없다.

3.2 무역과 경제

무역과 경제의 세계화는 지난 몇 년 사이에 어느 때보다 강화되었다. 이 과정에서의 중요한 요인은 많은 다국적 기업에서 수준 높은 자질을 갖춘 인력들이 한 나라에서 다른 나라로 옮겨가는 것이다. '세계화'는 새로운 현상은 아니지만, 점점 더 복잡해지고 있다. 한편으로는, 다국적 집단의 수, 생태 산업의 높아진 규모, *세계무역협회*(WTO) 국가들 사이의 생산품의 품질에서 글로벌 경쟁력, 다국적 협력 등의 측면에서 그러하다. 다른 한편으로는, 다국적 기업의 직원과 교류하는 방식이 무엇인지, 그들이 나머지 사람들과 관련하여, 또 호스트 국가의 천연자원과 관련하여 지불하는 방식이 무엇인지의 문제이다. 이러한 맥락에서 두 가지 문제영역이 확인되어야 한다.

3.2.1 근로자와 사무원의 권리

'산업국가'의 다국적 기업들이 아시아, 아프리카, 라틴아메리카에 있는 이른바 개발도상국에 투자하거나 생산품을 모두 혹은 부분적으로 이 나라들로 선적하는 것은 오늘날 보통이다. 이에 대한 이유는 분명한 것 같다. 외국인 투자자를 위한 정치적 안정과 자유로운 과세 패키지가 있는 곳에서 경제 분위기는 유리하다. 비전문가 관점에서 보자면, 이러한 경제조건들에 의해 *투자수익률*은 보장되고, 기업은 번창한다. 그러나 다른 측면도 있는 데, '어떻게/ 얼마나'라는 질문들이 부상하면 그렇다. 근로자와 사무원은 기업에 의해 얼마나 임금을 받는가? 그들의 일자리는 보장되어 있는가? 기업은 그러한 조직이 존재한다면, 조직화된 근로자와 사무원들을 어떻게 보고 다루어야 하는가? 그러한 조직이 없다면 왜 없는가? 그 기업이 제조회사라면 현지인과 미래 세대의 복지를 위해 환경을 보호하고 지키기 위해 해당국가 정부의 법률과 규정들을 엄격하게 따라야 하는가?

유감스럽게도 이런 나라에서 근로자와 사무원들은 대개 기간제로만 고용 계약서를 받는 경우가 허다하다. 이 때문에 고용보험은 보장되어 있지 않고 순전히 경영진에 의해 좌우된다. 많은 다국적 기업들은 값싼 노동력 때문에 이른바 개발도상국으로 회사를 옮기는 것이 사실이다. 그러나 이는 일자리 안정 문제뿐만 아니라 양로제도와 근로자의 사회보장의 문제들도 건드린다. 이러한 논증을 계속 추적해가면, 이러한 경제 전략은 보장된 일자리에 있는 근로자와 사무원의 권리를 손상시킬 뿐만 아니라 그들의 고유한 권리와 그들의 인간으로서의 '가치'를 손상시킨다. 회사를 이른바 –가난한 나라라고 불리는–

개발도상국으로 옮긴 이러한 기업들은 대개 자기 고국의 근로자와 사무원들을 대하는 방식으로 호스트 국가에 있는 직원들을 대하지 않는다. 이 나라들의 생활수준이 더 낮은 것이 사실이나, 이른바 개발도상국 근로자와 사무원들이 무의식적으로 덜 발전하고 덜 교육받고 덜 개화한 것으로 여겨지는 것도 사실이 아닌가? 이러한 사태를 더 복잡하게 만드는 것은 종종 호스트 국가 정부가 이 거대한 경제력이 자국에서 나가버릴까 불안하여 근로자들이 그들의 문제를 데모나 파업의 형식으로 공공연하게 알리는 것을 금지하는 법률과 규정을 만들어 이러한 다국적 기업들을 돕는다는 것이다.

3.2.2 생태학

이와 관련하여 언급하고 싶은 다른 문제는 생태계의 영역이다. 외국 회사들의 예를 들 수 있는 데, 외국계 회사들의 주요 관심은 이른바 개발도상국에서의 이윤 증대이다. 이 지역의 환경 보호를 위한 확약이 이루어지는 반면, 지역에서 그 지역 사람들의 안녕을 위해 생태적인 균형 보존을 위해 이 회사들이 보장해야하는 보증이 자주 문서상으로만 머물러 있으며, 실제는 아주 다르다. 그 결과 강과 호수가 오염되었고, 산은 민둥산이 되고, 골짜기와 평야는 범람하고 경작지와 생계형 농업소득은 주기적으로 파괴되었다. 그곳에서 살고 있는 사람들은 꼭 더 나빠지지 않았더라도, 그들은 거기서 여전히 비참한 가난 속에서 살고 있다. 이러한 상황에서 여전히 하나의 문화의 양상, 즉 빈곤의 문화를 볼 수 있을 것이며, 그러한 집단의 사람들을 위한 실제적인 존엄성에 대해 더 이상 이야기할 수 없다.

3.3 개인적인 경험

'문화'라는 복잡성에 대한 논의를 계속하기 위해 다음에서는 이문화 맥락에서의 개인적인 경험과 만남을 예시할 것이다.

3.3.1 두 조직의 협력

두 개의 조직이 필리핀의 가난한 아이들 중 극빈자를 위해 일하기로 결정한 것이 거의 20년이 되었다. 하나는 독일의 조직인데, 프로젝트에서 재정적인 주요 원천의 역할을 맡았고, 다른 하나는 필리핀 조직인데, 필리핀 사람에게 '컨버터' 역할을 맡았다. 두 조직은 그들의 각 나라에서 고유한 지도부와 직원이 있는 법인이다. 두 조직은 빈민층 어린이들과 함께 어떻게 일해야 하는지에 대해 계약상 체결된 지침에 서명하였다. 주로 상호 신뢰와 파트너 관계에 기반을 둔 그 계약은 양쪽 파트너의 관계, 자율권 행사, 소통의 방식, 동료들의 참여, 나아가 지도부의 상호 방문을 규정했다. 이 협력 과정에서 초기부터 약 70개의 센터를 구축했고 그 센터에서 전국의 7,000 내지 8,000 명의 어린이들을 보살폈다. 전체 기간에 양쪽 조직의 지도부 교류가 있었고, 분명히 해결되어야 할 크고 작은 문제들도 있었다. 얼마 전에, 거의 20년이 지난 후에야, 필리핀 조직과 독일 조직 사이의 협력에 커다란 위기가 있었는데, 이 분야의 협력이 중단될 수도 있는 중대한 위기였다. 이 위기는 아직 극복되지 않았지만, 그 위기에 대한 충분한 설명, 규명, 해명이 있었다. 그래서 이러한 대화와 논의들은 표면적으로 시사하는 바가 많은 것 같은 데, 문화적 충돌의 보다 깊은 문제에 도달할 정도까지 대화와 논의가 충분히 폭넓게 이루어지지 못했다.

이 충돌은 가치판단, 직업윤리, 태도와 관련되었으며, 또한 그러한 상황에서는 문화가 대부분 “숨겨진” 방식으로 작동하고 반응하기 때문에, 아주 신중하게 택해야했을, 그러나 그렇지 못한 단지 몇몇의 문화적 차원을 언급하기 위해 무엇을 의미하는지 또는 어떻게 이해되어야 하는지를 충분히 전달할 수 없었던 서로간의 의사소통 매체로서의 영어라는 언어의 뉘앙스의 중요성과 관련되었다.

3.3.2 우정

두 젊은 목사가 자신들의 고국 밖의 한 나라에서 친구가 되었다. 독일인 목사는 계속해서 자신의 활동을 준비하기 위해 독일로 돌아갔고, 필리핀 목사는 개신교 대학교의 신학부에서 가르치기 위해 자기 나라로 귀국했다. 일 년 후에 필리핀 목사는 독일 함부르크에서 신학으로 학위를 받기 위해 장학금을 받았다. 그가 다른 가치관과 생활방식을 가진 사람들과 사는 것, 특히 다른 언어를 배우고 말하는 것과 관련된 어려움을 알게 되기까지 오래 걸리지 않았다. 그는 어쩔 수 없이 문화적 전통들 사이에서 갈등하게 되었다. 내가 자랐던 문화적 전통과 내가 5년 동안 인도에서 깊게 몰두했던 그리고 그 순간 살았던 곳의 문화적 전통들 사이의 갈등에 이른 것이다. 그것은 나에게 어쩔 수 없다는 느낌, 사람들 사이에서와 다른 사람들을 거의 신경 쓰지 않거나 “아예 신경 쓰지 않는” 비인간적인 사회에서의 외로움과 방황의 느낌이었다. 학우들도 같은 문제들과 싸워야했을 것이다. 그래서 그러한 상황들에서 친구가 커다란 도움이 될 수 있을 것이라 생각했다. 내가 고향의 친구들로부터 기대할 수 있는 조언과 위안의 말을 듣기 위해, 내가 인도에서 만났던 이 목사 친구에게 편지를 썼을 때, 보통의 '전형적인 독일어'의 풍자를 듣게 되었다. 나는 지금은 이 것을 지인과 친구들 사이의 익숙한 반응 양식으로 견딜 수 있다. 그러나 그 당시에는 그것이 나에게 있어서 매우 심각한 모욕이었다. 매우 상처를 받았기에 내가 30년 후에 여전히 아직 고통과 '정상적인' 풍자의 답변을 기억하고 있을 정도이다. 효과적이고 지속적인 이문화 학습과정에 있다면 문화적 차이들을 가볍게 여겨서는 안 된다.

4. 이문화 이해와 상호 존중 과정에서의 몇 가지 확증

아프리카, 아시아, 발칸반도의 몇몇 나라들에서 대부분의 전쟁과 갈등, 특히 이러한 전쟁이 초래한 어린이, 청소년, 여성에 대한 인간적인 재앙은 인종이 근원이다. 따라서 한편으로는 우선 이문화 학습과 상호문화의 이해에 대한 논의가 의미 없다는 생각이다. 이 논문이 인종 전쟁이나 갈등의 요구를 막을 수 없다. 그러나 나는 만일 이 모든 것이 기록되면, 그와 같은 갈등들은 해결된다고 말하는 것이다. 이것은 최소한의 것을 말하기 위한 자만일 수 있다. 세계 여러 지역에서의 인종 전쟁과 갈등은 인간의 고통과 재앙에 대한 말해지지 않은 이야기들이며, 그러한 고통과 재앙은 전쟁에 의해 야기되었고 여전히 야기되고 있다. 전쟁이나 갈등 그리고 군사력과 현대적인 무기 투입에 의한 전쟁의 확대는 민족이나 집단의 문화에 대한 그 같은 연구를 훨씬 더 필요하게 만든다. 그러한 연구가 국제적인 이해의 향상에 기여한다는 목표에 의해서만 수행될지라도, 그 이해는 세계평화와 모든 민족들을 위한 정의와 안녕으로 가는 과정에서 하나의 진전을 의미한다.

4.1 국제기구들

국제연합조직(UNO)은 세계평화와 회원국들의 안전을 결정하는 안전보장이사회를 가지고 있을 뿐만 아니라, UNICEF와 UNESCO도 유엔의 하위 기구이다. UNICEF는 세계 어린이들의 복지를 위해 일하고, UNESCO는 회원국들의 문화적 유산과 전통을 보호하고 증진시킨다. 그러나 놀랍게도 문제가 있으면, 즉 회원국 사이에 갈등이나 전쟁이 발생하면, 유엔의 안전보장이사회가 항상 전면에 나선다. 그러한 경우에 이사회는 외교적인 수단을 통해, 결의안과 승인을 통해, 위기를 해결하려고 한다. UNESCO가 평화의 문제들을 규명하는 일은 거의 없다. 당연히 평화와 안보의 문제들을 협의하는 기구는 UNESCO가 아니라 안전보장이사회이다. 그렇게 이야기가 끝난 듯이 보인다. 이사회가 그것을 할까? 아니다. 왜냐하면 적지 않은 갈등이나 전쟁은 정치적 혹은 경제적 근원과는 다른 근원을 가지고 있다. 이러한 현실은 세계기구에 잘 알려져 있고, 안전보장이사회에서도 정치적 혹은 더 나쁘게는 군사적 문제에서와는 다르게 부담 지워진 해결책을 찾기가 쉽지 않고 완전히 처리하기는 더욱 어렵다. 그래서 일반적으로 그러한 문제는 그냥 정치가나 군에 넘겨진다. 게다가 식민지 시대에서처럼 오늘날 '우월한' 힘과 '강한' 문화들이 말을 더 많이 하고 사안을 결정할 수 있다.

유엔 사무총장 코피 아난이 사담 후세인과의 협상 후 인터뷰할 때, –내 기억으로는– 유엔 무기사찰 팀과 관련하여 이라크를 존중하는 것이 필요하고 이라크에게 이러한 존중을 보여주는 것이 중요할 것이라고 말했다. 이 말을 그 당시에 유엔의 해당 기구가 고려했는지는 의문이다. 다른 예로, 슬로도반 밀로소비치Slodoban Milosovic와 그의 언론 대변인은 코소보는 세르비아 민족의 탄생지이기 때문에, 유고슬라비아의 매우 중요한 지역이라고 반복해서 말했다. 달리 말하자면, 코소보는 하나의 지자체일 뿐만 아니라, 코소보라는 이름 자체가 세르비아의 문화적 유산의 중요한 구성요소인 것이다. 서구의 열강들이 이를 이해하려고 시도했는가? 재난이 일어나고 해결책으로 정치적·군사적 힘을 투입하기 전에 그들은 이 민족의 역사적인 유산을 존중하려고 했는가?

이 모든 사건들에 비추어 볼 때, 그러한 문제는 하나의 학술적인 문제가 된다. 아프리카와 발칸반도에서 민족 전쟁들이 계속되고 있고, 수십만 명의 피난민이 발생했다. 그 사람들은 그들의 문화, 신앙, 인종 때문에 쫓겨나고 추출당하고 유린당했다.

이른바 '강한 문화'의 사람들이나 집단들이 '우월한 힘'을 이해하려고 하지 않는 한, '다른 사람들'이 –그렇게 작거나 약할지도 모르지만– 한 민족으로서 그들의 정체성과 안정성을 형성하는 상이한 문화와 상이한 문화적 전통을 존중하려 하지 않고, 인종적 전쟁과 갈등이 있으며, 추방과 유린이 있는 한, 지속적인 평화와 세계 여러 지역에서의 정의는 존재하지 않을 것이다.

4.2 외교와 협상

정부 최상위 차원의 외교나 협상이 항상 성공적이지는 않다. 세계의 여러 나라에서 이러한 외교적인 노력은 인종 갈등과 종족 전쟁 혹은 폭력적인 종교전쟁도 지금까지 막을 수 없었다. 정치적 맥락에서 외교적 관계가 더 이상 중요하지 않다는 뜻이 아니다. 또는 유엔이나 안전보장이사회가 더 이상 필요 없다는 말도 아니다. 중요한 것은, 외교적 협상 파트너가 정부이든 유엔 안전보장이사회이든 통치권에는 한계가 있다는 점이다. 게다가 그들은 하나의 정해진 기준범위에서 일하고 협상하며, 그러한 기준이 세계평화라는 이름에 주로 경제적이고 군사적인 요인들만 내포하고 있다는 것이다.

정치 · 외교적 협상의 성공을 방해할 수 있는 다른 요인들이 있다. 미묘하게 작용해서 분명히 인식되지 않는 그러나 요구들이 준수되지 않으면 그 때 최후통첩과 제재가 가해지기 때문에 분명해지는 협상 테이블에서의 '경찰' 분위기가 그것이다. 유엔과 같은 국가들의 공동체에서 모든 나라가 우월하고 강하고 힘이 있지 않으며, 또한 협상에서 약소국은 –심지어 외교관 사이에서도– 불리하다는 것이 엄연한 현실이다. 다행인지 불행인지 이른바 덜 강하고 작은 국가들도 기댈 수 있고 자랑스러워 할 수 있는 자기들의 정체성과 존엄성이 있다. 문제는, 항상 평화와 정의의 이름으로 거행되는 국제적인 세력 정치의 장에서는 우위에 있는 열강들이 의제를 규정하고, 정치적 요구를 지시하고, 최후통첩을 공포하고, 제재를 가한다는 점이다. 이라크 갈등에서, 발칸 국가들에서, 아프리카 국가에서의 인종적 시민전쟁들에서 최고 수준에서의 평화와 협상에 있어 외교가 실패한 것은 놀랄 일이 아니다. 그들의 문화적 전통은 진지하게 고려되지 않았고, 그들의 인종적 정체성과 국가의 품위에 대한 요구는 무시되었고, 심지어 불경하게 취급되었다.

4.3 대화

예를 들어 유엔을 통해 구현되는 글로벌 사회에서나 경제와 무역의 세계화 과정에서는 봉건적이고 식민주의적인 사고는 파트너조직, 기관, 혹은 인간집단과의 행동에서 더 이상 계속해서 작동하지 않는다. 군사적으로, 이념적으로, 미소를 지으며 혹은 고상하게 교육되더라도 위로부터의 독재는 일반적으로 더 이상 수용되지 않으며, 그러한 독재는 심지어 혐오스럽다. 어떤 유형의 독재라도 협상이나 거래에서 더 이상 긍정적으로 반향을 일으키지 않으며, 그러한 거래가 국제적인 차원에서 일어날 때 특히 그러하다. 이미 설명되었듯이 외교가 국제 관계에서 중요하기는 하나 한계가 있다.

모든 나라, 모든 민족, 혹은 그 지역에 살고 있는 상이한 인종 집단들이 그들의 문화적 전통과 정체성에 대해 자부심을 가지고 있다는 사실을 부정하거나 무시하는 것은 의미가 없는 데, 이러한 요인들에 바탕을 두고 다소간에 그 사람들의 안정성이 생겨나고, 오히려 이러한 요인들에서 그들의 존엄성이 만들어지기 때문이다. 한 국가나 한 민족이 그들 정체성과 존엄성을 강탈당했기 때문에 전쟁과 피비린내 나는 갈등으로 생겨난 인간의 폭력과 괴로움을 우리는 충분히 경험했다. 국제적인 권력정치에서 한 민족과 한 국가의 근본이 아쉽게도 빨리 잊혀지고, 무시되고, 이해되지 않고, 진지하게 고려되지 않는다.

그래서 이제 제안하자면, 이러한 맥락에서 대화의 접근이 시도되어야 한다. 이러한 접근은 인간의 연구와 노력의 몇몇 다른 영역들에서, 예를 들어 종교의 영역에서 이미 시작되었다. 대화의 기준틀은 토론과 협상에 매우 유용하고 성과 있는 결과를 도출할 수 있다.

세부사항으로 들어가지 않고, 이러한 접근의 몇몇 요소를 열거하고자 한다. 모든 대화 참여자는 전체 과정에서 평등한 파트너로 여겨지는 것을 기대한다. 각자 문제에 대한 분명한 입장을 가져야 하고, 그 입장을 전달할 준비가 되어 있어야 한다. 거기에 병행하여 몇 가지 기본 규칙을 준수해야한다. 다음의 사항들이 있어야 한다. 1. 다른 사람들의 입장을 경청할 준비자세 2. 다른 사람들이 무엇을 말하는지 진지하게 고려하려는 의지 3. 자신의 의견을 다른 사람의 말에 비추어 새롭게 숙고하려는 준비성 4. 그들의 통찰력에 대한 개방성 5. 차이와 변이형들, 적어도 대화 상대들 사이에 실제로 존재하는 차이를 존중하고 이해하려는 의지.

이 모든 것이 간단하고 단순하게 들릴 수도 있다. 그러나 실제로는 더 어렵고 복잡하며, 전체 협상은 구체적인 성과 없이 정신적 활동이 될 수 있다. 그렇지만 이러한 과정과 연습 자체가 참여자들이 '다른 사람'을 진지하게 고려하고, 그 사람의 입장을 분명히 이해하고, 있을 수 있는 문화적 차이들을 존중하라고 항상 요청하는 데, 이 모든 것이 이미 가치 있는 성과이며, 이러한 성과는 이문화 이해와 상호 존중의 과정에 기여할 수 있다.

5. 결론

경제, 정치, 그리고 인간의 전체 사회적인 발전에서 떼어놓을 수 없는 사실은 평화, 정의 그리고 생태계의 보존이 제대로 작동하려면 '이문화적' 체험을 배워야 한다는 사실이다. 이는, 우리가 우리의 자원과 접촉하고 문화적 전통 안에서 살 때 다른 사람들을 그들의 맥락에서 이해하고 우리 사이에 존재하는 차이를 존중해야 한다는 것을 의미한다. 이를 행함으로써, 우리는 평화와 정의를 증진시키는 데 기여한다.

모든 것을 이해했다 –아무것도 파악하지 못했다?

문화와 갈등 사이에서 '글로벌 주역'

마르틴 오트 (Martin Ott)

"우리는 왜 부유한 북쪽으로부터 받은 적은 액수의 돈에 대해 여전히 해명해야 하는가?"

"근본적으로 누구도 아무도 신뢰하지 않는다. 그것이 우리의 문화이다."

기금 조성 워크숍에서 아프리카 대학 강사 두 사람의 말

인용문은 말라위 대학교의 아프리카 동료 두 사람이 한 말이다. 배경은 더 상세히 설명될 텐 데, 이 두 문장은 돈이라는 주제의 열띤 논쟁 과정에서 나왔다. 두 문장은 일상의 일에 존재하기는 해도 주제화되지 않은 차원에서 내 동료들이 벌인 논쟁의 전형과 사고방식을 엿볼 수 있는 흔치 않은 기회를 나에게 제공했다. 두 문장과 그와 관련된 토론은 내가 일상의 업무에서 관계해야 하는 말라위 사람들을 이해하기 위한 길잡이였고, 지금도 그렇다. 이와 같은 경험은 나에게 있어서 민족에 대한 상세 정보나 말라위에서의 사회문화적 요인들에 대한 전문지식보다 더 중요하다. 경험을 통해 내가 '파악'한 것은 이 문화간 의사소통의 차원이며, 그러한 의사소통 차원은 이론적인 개념으로 파악하기는 어렵지만 아프리카인과 유럽인의 공조를 위해서는 매우 유용하다. 그것은 이문화 협력에 참여하는 사람들의 태도, 판단, 가치를 보는 차별화된 인식에 대한 쇄신과 성찰에 관한 것이다.

이 논문의 중심 주제는 지역 정보, 인종의 이해, 사회문화적 요인들이 절대적으로 필요하며 중요하다는 것이다. 그러나 이러한 지식으로는 충분하지 않다. 이해의 지평에 대한 통찰, 논쟁의 틀, 관계자들의 표현되지 않은 목표기대치도 얻어야 한다. 다른 문화에서의 업무상 체류를 준비하기 위해서는 특정 사회에 대한 학습된 지식이 불가피하다. 그러나 그곳에서의 생활과 일들을 심층적으로 이해하고 '파악'하려면, 실제로 '관여'해야 한다. 지적으로 문화의 차이를 파악할 수 있고, 다음과 같은 경우에 문화 차이를 파악할 수 있다. 즉, 자신의 전 존재로 '관련'될 때, 다른 문화에 '잡힐' 때, 방향을 더 잘 설정할 수 있기 위해 바로 서두에 인용된 것과 같은 '계시 문장'을 듣는 것에 의존할 때이다. 또한 행위자로서 한 사회에 개입할 때, 오류를 범했을 때, 어쩌면 심지어 사람들에게 피해를 주거나, 접촉규칙을 무시했을 때이다. 차이가 상처가 되고, 돈, 친구, 관계를 잃거나 혹은 얻을 때, 문화의 차이를 '파악'한다. 방법적 도움 없이는 '파악 한다는 것'은 드문 행운의 순간에만 이루어진다. 예컨대 이문화적 예의라는 껍질을 넘어서 통찰할 수 있을 때, 오해, 문제, 갈등과 그것들의 처리가 보다 큰 가능성으로 '파악하는 것'을 증진시킨다. 따라서 이문화 접촉과 소통은 '어려운 일을 위한 부드러운 단어'이다.

나 자신은 말라위에 살고 있고 위에서 인용된 문장들이 나왔을 때 나는 대학에서 강사로 일하고 있었다. 급료는 독일로부터 받았으나, 그 외에는 온전히 지역의 기반 시설에 연루되어 있었다. 몇몇 예외를 제외하고 내 동료들은 말라위 사람들이었다. 오늘날 나는 연방정부로부터 지원을 받는 프로젝트의 책임을 맡고 있으며, 이 프로젝트의 주요 업무는 정치적인 대화의 촉진과 위기 방지를 위해 말라위 정부와 공조하는 것이다. 대학교와 유사하게, 비인종적이고 비종교적이고 보편적인 개발공조 지식은 지역의 문제들과 연결되어야 한다. 보편성이 지역에 전달되고 지역성은 보편적인 맥락으로 연결되어야 한다. 행동영역 혹은 '경기장'인 대학과 의 개발공조는 이문화 접촉을 위한 특별한 활동영역이다.

이 글에서는 이문화간 의사소통에서 '이해'의 필연성을 반영하고, 보다 더 큰 맥락과 연결시키고자 한다. '긴장완화의 혼란'(Götz 1997, 7 이하 참조)과 이문화간 갈등의 처리(Knapp 1998 참조)의 방법론에 의한 자극으로 인지적인 '이해'와 실용적인 '파악'을 위한 자극이, 개발원조기구, 국제적 기업, NGO에서 사용된 것처럼, 이문화 훈련 프로그램에서도 제공되어야 한다. 흑인 아프리카 상황에서 생겨났지만, 다른 대륙에서 나온 유사한 고려해야할 사항이 이문화간 협력에서 근본적인 성찰과 행동방향을 조합하는 중요성을 확인한다(Bergmann & Sourisseaux 2003 XVII 이하 참조).

*글로벌 활동가*를 위해 문화적 (지역) 정보가 어떤 의미를 지니는지 (1) 살펴본 후에, 사하라 남쪽 아프리카에서 상호문화 이해의 특별한 문제들이 조명된다(2). 자신의 (서구의) 전제조건에 관해 필요한 성찰 (3)이 이문화 소통의 기본 조건에 대한 논의에 이어지고, 그것들이 어떻게 민족학과 교육학의 오늘날 상태에 해당하는지(4) 알아보기로

한다.

1. 이문화 학습과 이문화 훈련: 역사 - 활동가 - 경향

경제와 정치에서의 세계적인 네트워크의 증가로 인해 현장에서 언어적, 인종적, 문화적으로 서로 다른 사람들의 집단과 연결되어 함께 일해야 하는 활동가에 대한 요구가 높다. 북쪽[=북반구]의 자유로운 교육받은 시민은 외국인들을 기껏 '알기는' 하지만 (그들과 '교제하는 않는') 이문화 대화, 다원적 사고, 서구적 가치의 상대성을 옹호하는 반면, 외국이나 '외국인들' 사이에서 사는 사람들은 보통 이러한 미사여구를 쉽사리 입에 올리지 않는다. 부분적으로 이문화적 생활을 시작할 때 생기는 엄청난 어려움과 부담이 있다. 그 이유는 언어나 문화 능력에만 있는 것이 아니다. 결국은 자신의 관용 한계에 대한 문제, 문화적 적응과 고유의 정체성 사이의 진퇴양난의 문제이며, 특히 가치의 보편화에 대한 문제이다. 문화적으로 소통하는 어려움의 정도는 예를 들어 미국-프랑스 경계 넘기에서보다는 아프리카에서 더 크다. 서양인들의 중국, 일본, 인도와 같은 아시아 나라에 대한 이해도 흑인 아프리카 파트너와의 이해보다는 더 쉽다.

민족학은 시작 단계에서부터 낯선 문화의 사람들, 그들의 문화와 일상 행동을 이해하고, 그들을 자신의 문화권에서 이해하며, 편견을 제거하려고 노력하는 것을 과제로 삼았다. 이러한 '응용 인류학'의 형태는 오늘날 충분하지 않다. 민족학의 과제는 문화들 사이의 소통에 기여하는 것이어야 한다.

민족학의 학술적 관심 중의 하나는 미개한 '원시' 민족에 대한 것이고, 다른 하나는 학자들이 피지배자들을 '이해하는 데' 부담을 덜기 위해 –후에 이것은 언제나 그들에게 비난거리였다– 식민지 정부의 일을 맡는 것이었다. 상당한 민족학자들이 독일 식민지를 주도한 것으로 유명한 '함부르크 남해 탐험'(1908-1910)은 대형보고서 형태의 30권의 학술적인 실적만 가져 온 것이 아니다. 그 여행은 토착민의 노동력이 유럽의 기업에서 어떻게 최상으로 이용될 수 있는지 알려주는 것이었다고 한다(Fischer 1981 참조). 아프리카에서 백인의 존재가 식민주의자에서 제공자로, 농장 소유자에서 개발 협조자와 전문가로 변했을 때, 민족학자들의 취재활동은 계속 요구되었다. 오늘날의 공식적인 독일 정부의 정책은 개발협력사업의 기획은 사회-문화적 기준에 따라 계획하고 실행하고 평가해야 한다는 입장이다("개발협력사업 기획을 위한 사회·문화적 기준들"에 대한 개념기구인 BMZ[= 연방정부 경제협력과 발전, 프레임 워크] aktuell 49, 1994년 12월 참조). 이와 관련된 연방주들의 분석은 연방 독일 개발정책의 일부이다(개발정책의 사회·문화적 문제, 1부, BMZ 자료 번호 83, 2부, BMZ 자료 번호 93 참조). BMZ(1992)의 사회문화적 프레임 워크는 오늘날 참여의 개념(1999)에 통합되었다. 거기서 요구된 수행 기관들의 사회·경제적 단기 분석은(대부분 독일기술협력기구[=GTZ]와 독일경제개발은행[=KfW]에 의해) 물론 오늘날 아직은 몇 나라들에서만 준비되었다. "선택된 양쪽 제공자들의 현재의 논의와 '최상의 실천'이라는 맥락에서 독일 EZ의 설계 및 계측에서의 문화적 요인들"이라는 제목으로 BMZ는 2004년에 문화를 다루기 위한 개발협력(EZ)의 상세한 입지를 규정 제시하였다. '독일기술협력기구'와 '개발협력스위스위원회(DEZA)'에 의해 발간된 용어집인 "문화와 개발"은 그 주제에 관심 있는 사람들에게 포괄적인 개관을 제공한다.

최근 개발정책 논의의 관점에서 현재 다음의 권장사항과 필요사항의 시급한 구현이 요구된다(BMZ, 2004, 5 참조).

- 지속적인 세계화로 인한 문화적 관점에서 강화된 통합 (*"문화 문제"*)
- 본질적인 문화개념으로부터 열린, 토론과 과정을 지향하는 문화개념으로의 전환, 그 개념에서 "활동가들은 유연하고 창의적인 실용주의를 수단으로 그들의 문화적 요구를 주장한다." (*"상황 문제"*)
- 문화, 참여기회의 조합
- 그러한 문제들에 동반된 딜레마를 해결하려는 노력

개발협력과 민족학 사이의 이러한 보다 개념적인 단면들과 더불어, 오늘날에는 개발 지원자나 전문가로서 해당 기관과 계약을 맺고 국외로 나가는 모든 사람은 준비에 있어 이문화 훈련이 필요하다. 이 기관은 독일기술협력기구(GTZ), 국제이주와 개발센터(CIM), 독일경제개발은행(KfW), 독일개발서비스협회(DED), 개신교개발서비스(EED), 가톨릭개발원조협회(AGEH), 오스트리아개발원조협회(Horizont 3000) 등이다.

국가적 개발협력의 측면에서 문화학자나 인류학자의 조언이 대단히 요구된다. 그러한 배경에는 기술을 통한 개발 과정, 재정, 노하우 전수만으로는 성공하지 못한다는 지식과 경험이 있다. 불과 몇 년 전에 민족학의 종말이 선언된 후(민족학자들은 끝없는 기본토론에서 학술적, 사회적, 정치적 정당성을 문제 삼는 일에만 전념하는 것으로 유명함. Valjavec 1992 참조), 오늘날에는 어느 정도의 실용주의가 주도권을 잡고 있다. 독일에서는 민족학자들이 "개발민족학 협회"(AGEE)로 통합되었다. 그들의 잡지 "개발민족학"의 과제는 개발과정을 위한 특정문화의 관련 지식을 논의하는 것이었다. 독일기술협력기구와 개발인류학 활동그룹(Working Group on Development Anthropology, 1991)의 공동 출판물인 "개발에서의 사회·문화적 차원"과 이미 언급된 "문화와 개발 용어사전"은 독일의 민족학자들과 개발협력의 실무자들의 공조에서 중요한 이정표이다. 1991년에는 국제적인 영역에서 "유럽-아프리카 사회적 변화와 개발인류학 협회"(Euro-African Association for the Anthropology of Social Change and Development; APAD)가 발족되었다. 이 협회의 목적은 개발 원조와 다문화적 네트워크를 위한 인류학의 이론-실습-단면을 학문적으로 규명하는 것이다(학술지: APAD-Bulletin).

민족학자들은 그 사이에 개발협력뿐만 아니라, 경제도 잠재적인 파트너라고 밝혔다. 1998년에 "아프리카와 세계화"라는 주제로 바이로이트에서 열린 독일 아프리카 협회(VAD)의 학술대회에서 여러 연구집단들이 경제적인 문제에 대한 단면을 다루었다. (튀빙엔 민족학자 Erica Dettmar에 의해 주도된) "조직 문화와 이문화 경영" 팀은 아프리카 여러 나라에서의 기업조직의 문화적 양상에 대한 개관을 제시하였다. 기업문화에서의 미시적 연구는 민족학자에게 연구 분야의 새로운 가능성을 제공했다. 그것은 신기할 수도, 슬플 수도, 별날 수도 있을 것이다. 민족학자들 내부에서 이러한 새로운 실용주의는 오래된 이상들에 대한 배신이다. 여전히 행동인류학의 원로인 칼 쉴레지어Karl Schlesier는 1980년에 다음과 같이 기술하였다.

> 새로운 문화인류학은 모든 학문들 중에서 가장 중요하다고 생각한다. 왜냐하면 문화인류학은 모든 시대의 사람들을 연구하기 때문이다. 문화인류학은 오늘날의 인간들에게 얼굴 앞에 거울을 들고 그 거울과 친숙해지라고 강요한다. 새로운 문화인류학은 작은 협회들의 학파로 진입하였으며, 거기서 행하는 교육을 자신과 오늘날의 지구촌 시민들에게 적용한다. (……) 문화인류학은 적을 알아차렸는데, 그 적은 수없이 불어나는 지구촌 시민에게 있어 유럽적 이데올로기 사상이다. 이러한 출발점은 문화인류학의 가장 큰 강점이다. 새로운 문화인류학이 권력에 대항하는 억압된 사람의 편에 있다는 사실은 이해된다. (……) 결국 인간은 인간이 누구인지를 아는 어떤 사람도 착취하지 못한다 (Schlesier 1980, 32 이하).

계급투쟁의 목소리가 오늘날 그쳤다하더라도, 민족학은 가치와 세계관과 무관한 학문분과는 아니다. 심오한 인문주의적인 유산과 소외받는 소수문화를 위한 헌신은 민족학의 기풍이다. 민족학과 협력하고자 하는 모두는 이것을 알아야 한다. 그러나 오늘날 서로 다른 문화출신의 동료나 고객과 함께 일하는 기업들이 문화의 의미와 실용으로 다져진 인류학의 서비스를 얼마나 필요한 것으로 인정하는가? 내가 아는 바로는 기업에는 아프리카에 대한 축적된 경험 자료들이 없다. 나라와 사람에 대한 감각을 가진 몇 안 되는 카리스마적인 기업인을 제외하고(Dettmar 참조, Engels 1994, 150-152), 내가 보기에는 흑인 아프리카에서 국제적인 회사들은 다른 문화 출신 동료들과 협력하도록 자기 직원을 준비시키기 위해 실제로 어떤 노력도 하지 않는 것 같다. 후커Hooker에 의해 잘 만들어진 서지학 "문화인류학과 경영"에서 아프리카는 주변 무대이다(http://ba.gsia.cmu.edu/jnh/culture/refs.html 참조). 특히 기관과 대학에서 수많은 이문화 훈련 프로그램을 제공하고 있는 북미 시장이 있다. 훈련은 대부분 일본과 지구촌의 매력적인 신흥국들, 이른바 *Big Five*로 불리는 브라질, 인도네시아, 중국, 인도, 러시아 등을 목표하고 있다.

2. 문화, 소통, 협력: 아프리카 - 상황에 따른 춤?

일본과 *Big Five* 국가에 대한 서구의 우선적인 지향은 이해할 만하다. 현재 아프리카는 세계경제의 미등에 불과하다. 세계 전체 수출에서 아프리카가 차지하는 몫은 1980년에 4.6%이고 1999년에 1.6%이다. 같은 시기에 사하라 남부 나라들의 수출 비율은 2.5%에서 0.9%로 떨어졌다. 아프리카에 대한 독일의 수출은 독일 전체에서 2001년에 1.9%이고, 아프리카에서 독일의 수입은 같은 해에 전체의 2.0% 비율이었다. 남아프리카와 마그레브[**역주**: 북아프리카의 모로코, 알제리, 튀니지에 걸친 지방] 국가들이 무역량의 약 80%를 차지하였다. 흑인 아프리카에서 독일 기업의 투자나 국가 간 협력은 미미하다. 2002년에 전체 대륙은 외국의 직접 투자(7.8 Mrd US-Dollar)를 조그마한 체코공화국(8.5 Mrd. US-Dollar)보다 더 못하게 유치할 수 있었다.

여기서 흥미로운 것은 한국과 카메룬의 비교이다. 1948년에 두 나라는 거의 같은 거시 경제 데이터를 가지고 있었다(인구수, 1인당 수입, 사회기반시설, 도시화의 비율, 교육, 의료, 천연자원 등). 1998년에 카메룬은 여전히 지구촌의 최빈국에 속했다. 반면에 한국은 같은 세계경제의 조건 하에서 같은 해에 OCED의 (수혜국가에서) 수여국가로 바뀌었다. 원인에 대한 토론에서 한국인의 공동체정신과 아시아인들의 전체를 위한 더 큰 희생정신과 같은 예들이 문화적인 요인으로 언급되었다. 그러나 "공동체정신"은 전형적인 아프리카적인 가치이기도 하지 않은가? 이때 이 "공동체"라는 개념의 사용에서 아프리카의 공동체정신은 유교·불교적 공동체정신보다 경제적으로 훨씬 덜 성공적이라는 서로 다른 이해가 중요하다. 여기서 잘못된 인상을 주고 싶지는 않다. 경제적인 성공에 끼친 본질적인 영향은 정부의 *좋은 통치구조*(Tetzlaff, Engels 1994, 154-169)와 *경제촉진구조*(Ferdowski, Engels 1994, 12-31에서)의 덕분이다. 모든 단일 인과적 설명은, 문화 영역에서라도 불충분하다. 그렇지만 문화라는 요인을 좀 더 상세히 다루면, 빈곤과 경제적 실패에 대한 원인만 흥미로운 것이 아니다. 오히려 문제는 이문화간 의사소통 영역에서 특별한 문제, 즉 정치적 경제적 결정에 앞서 드러나는 [문제를 천천히 다루는] 느린 모색이다.

이문화 논쟁에서 아프리카에서의 문제들은 종종 "정치적으로 바르지 않은" 아프리카인들이 책임을 진다. 카메룬 여성 카부Kabou는 아프리카의 위기는 일차적으로 이른바 문화적 요인들, 그러니까 아프리카 활동가들의 사고와 행동에 책임이 있다고 과감히 말하면서 다음과 같은 타부를 제시했다.

> 아프리카의 상황을 아프리카인들의 행동과 직접 관련시키는 암묵적인 금지가 있다고 생각 할 수도 있다. 이는 글로벌 위기의 아프리카인의 삶의 모든 영역에 얼핏 해로운 영향을 끝임 없이 만들어내는 [……] 아프리카의 불안 문제에 대한 국제 문헌들의 관점에서 보면 사실이다(Kabou 1993, 41).

실제로 아프리카인과의 대화에서 부담스러운 경험이 있는 비아프리카인 중의 한 명은 그 대륙의 비참함에 대해 다른 사람들의 책임을 계속해서 질책하고 있다. 노예무역, 식민주의, 세계경제질서, 북쪽에 대한 정치적, 경제적 의존, 수여국의 개발 전략들(수여자 결정 의제) 등에 관한 질책이다. 언제나 책임, 죄, 힘을 가진 "다른 이들"이 있는 반면에, 아프리카인에게는 영원히 희생자의 역할이 주어져 있다. 동정을 통해, 그리고 서구인들의 나쁜 양심을 들쑤시며 재정적인 지원을 요구하는 역할이 그것이다. 이것이 차별화된 대화, 문제의 합리적인 토론, 깊게 보기를 방해하는 요소이다. 게다가 글로벌화 된 세계로 인해 문화적, 사회적 붕괴가 깊이 일어나고 있다는 점을 간과하고 있다. 각 개별 문화가 자체 내에서도 층위가 있고, 아주 다름에도 불구하고 '지구촌'에서는 그들의 합리성이 조화를 이루지 못하거나 일부만 조화를 이루는 문화들이 서로 만난다. 모든 인간들이 동등하고 조화롭게 함께 사는 *지구촌*이라는 이상은 오해의 소지가 있다. 세계는 모든 주민이 하나의 비교될 수 있는 사회화를 경험한 마을이 아니다. 사회의 분화라는 관점에서 다만 생각할 수 있는 다른 삶의 세계와 합리성 안에서 사회화된 사람들이 지구상에 살면서 소통한다. 따라서 인간들의 공생과 상호 이해에는 현장, 즉 실제로 만나는 소우주에서 모든 것이 당연하다기 보다는 오히려 마찰, 논쟁, 갈등이 있다. 바로 이 점이 학문적 논쟁과 공공의 토론에서 거의 고려되지 않는다. 그래서 바로 여기에서 예를 들어 아프리카인들과의 이문화적 연구를 시작해야 한다(Staewen 1991 참조). 모든 문화의 동등권에 대한 요구는 그 문화들이 동등하지 않다는 사실을 감추고 있는 것이다. 하나는 평등을 도덕적이고 윤리적으로 요구하는 것이며, 다른 하나는 상이성을 사회적이고 문화학적으로 기술하는 것이다. 북미와 남미, 아시아와 호주에 살고 있는 사람들의 사회들도 발전사적으로 서구 문화로부터 멀리 떨어져 있으나, 흑인 아프리카는 이러한 '더 큰' 차이를 체감하고 있다. 이러한 간격이나 다름은 이문화 활동가들에게 아주 중요하고, 이문화 협력에서 충분히 자주 장애로 등장하는 차원인 아프리카에서의 권력의 정당화와 같은 예에서 설명될 수 있을 것이다.

공식적으로 현대 아프리카 국가들은 서구의 공공 통치 모델에 따라 형성되었다. 권력과 (국가)폭력에로의 접근과 집행은, 선거, 법률, 정권교체와는 무관한 객관적인 행정과 같은 "합리적-법제화된 권위"(M. Weber) 때문이다. 이러한 "사무적" 구조는 동등한 대우의 평등이라는 기본가치를 공공기관이 구현한다는 것을 보장해야 한다. 한 공직자가 다른 사람으로 대체될 때, 후임자는 자신의 업무를 전임자처럼 처리해야 한다. 시민은 −공직 세계의 정확성에 관해− 그러한 교체를 전혀 눈치 채서는 안 된다. 직원들의 일처리에 있어서 비슷한 구조적인 중립성 없이는 현대의 영리 기업도 운영하기 어려울 것이다(인간의 불확실성을 추상화를 통해 보안하는 계획). 그러나 흑인 아프리카에서 실제로 이러한 (서구에서도 일반적으로 인정하듯이 아무도 달성하지 못한) 이상은 아주 멀다. 정치와 경제에서 의사결정능력의 정당성을 막스 베버에 의해 기술된 권위의 다른 기본 유형으로 설명할 수 있는 데, 그것은 가산제Patrimonialismus이다. 여기서 이는 이름과 가깝게 공적인 권위, 자식에 대한 아버지의 권위와 유사하다. 손아래 사람들은 계급구조에서의 자기 위치에 근거한 명확히 정의된 권위를 가지지 않고, 그들의 행동에서와 각 단계에서 "아버지"에, 즉 상부에 의존한다. 이 시스템은 상호 충성에 의해 그리고 친족관계를 통해서 결속되며, 기능과 위계의 투명하면서 분업에 기초된 그물을 통해서는 응집되지 않는다. 근본적으로 "수호자"만 결정할 수 있기 때문에, 이 병목효과는 –아프리카 사회에서는 대통령의 직무를 흡사 종교적인 메시아나 구세주로 과도하게 높임으로써("Ngwazi"-구세주는 말라위 전 대통령, 헤이스팅스 반다 박사 Dr. Hastings Banda의 공식적인 칭호였다)– 대통령이 행동했을 때만, 무슨 일이 일어나는 것과 같은 알려진 현상에 이르게 한다. 이러한 구조의 더 나쁜 영향은 개인에게 해당한다. 개인에게는 자기책임(소유권)의 느낌이 전혀 생기지 않거나 자기 결정에 대한 준비성이 없다. 가산제는 내면화되고 가산제와 더불어 두려움이 있는 데, 이는 수호자가 정치적 협의를 하지 않을 때 수호자와 자기 자신의 사회적 위치에 의문을 제기해서 공적으로 체면 손상을 선동하는 데 대한 두려움이다. 공적인 갈등과 그 갈등의 해결(동등 위치이거나 하위이거나)은 수호자에 대한 깨진 관계의 표시일 것이다. 그 때문에 공적인 갈등은 어떤 경우에도 피해야 한다(*대립하지 않는 태도*).

아프리카 사회와 그 속에서 행동하는 사람들을 이해하는 데 중요한 것은 공존과 뒤섞임이라는 두 사회 논리인데, 이는 정치학에서

"신가산제"라는 개념으로 표현하는 혼종상태이다(Engel & Erdmann 2002 참조). 신가산제의 혼종시스템에 있는 사람들은 필요와 가능성에 따라 각각 사적이고 공적인, 생태적이고 이타적인, 보수적이고 진보적인, 가산제적이고 현대기술주의적인 논증 모형의 혼합을 그들의 공적이고 사적인 목표들을 추구하기 위해 사용한다. 이는 "상황에 따른 춤"을 만들어 내는 데, 이 춤은 "아웃사이더"에게는 열려있더라도 아주 제약적이다.

이러한 문화학적인 고려들이 직원 훈련의 문제에 있어 왜 그렇게 중요한가? 흑인 아프리카의 비극과 외상은 권위에 대한 상이한 두 유형의 합법성이 병존하는 데 있다. 결정 맥락과 소통 맥락에 따라 아프리카인들은 이 논리 혹은 저 논리에 따라 행동하거나, 이 "문화교체"를 의식적으로 도입한다. 개인으로 세분화하면 사회적이거나 정치적인 "이중생활"이 언급될 수도 있을 것이다. 왜냐하면 자주 조정되지 않은 채, 갈등 안에서 그리고 아프리카 활동가들에게는 상황에 따라 부담을 주든지 면제하든지 간에 이러한 상이한 사고논리와 행동논리는 사람들로 하여금 그때그때 달리 행동하도록 부추기기 때문이다. 개발원조 기관들, 정부기관, 기업, 교회, NGO에서의 파트너와 동료로서 서구의 활동가들과 마주하고 앉는 사람들이 있다. 쟁점이 되는 문제들에 대해서는 이문화간 의사소통에서 그들과 서로 양해해야한다. 하나는 아프리카에서의 신가산제에 대한 지식이고 다른 하나는 이러한 지식을 성공적인 이문화간 의사소통으로 전환하는 것이다. 이를 위해 인종적이고 정치학적인 통찰과 더불어 보다 폭넓은 능력들이 필요하다.

3. 널빤지와 파편 [= 들보와 티]

모두를 결합시키고 효과적인 커뮤니케이션과 협력이 이런 시작에서 어떻게 작용할 수 있는지의 문제를 다루기 전에, 몇몇 예들에서 내적 성향의 (모든 참여자들에게 중요한) 차원이 서구 파트너를 위해 어떻게 개발될 수 있고 되어야 하는지를 제시하고자 한다. 그 차원에 대한 관찰은 이문화적 대화에 들어가기 위한 필수적인 조건이다. 고유한 세계관의 전제에 대해서 아는 것과 평가와 결정이 내려지는 데 바탕이 되는 암시적이고 명시적인 가치체계에 대해 아는 것이 중요하다. 호프스테드는 이를 위해 *마음의 소프트웨어* *Software of the mind*라는 개념을 제시한다(Hofstede 1991 참조). 준비하는 (그리고 항상 수반하는) 자기성찰 없이는 다른 문화에서 온 사람과의 대화는 실패하게 마련이다. 즉, 대화는 순전히 표면적인 수준에 머물러 있을 것이다. 나는 내가 있는 그대로, 나에게 내면화된 가치와 개념에 따라 방향을 설정하는 바로 그 식으로 나 자신을 각 소통상황에서 제시한다. 자기인식과 자기성찰 없이는, 내 자신의 고유한 한계성과 몫을 알아차려 받아들이지 못한 채 성급하게 다른 사람의 실수와 결함을 비판할 위험이 있다. 바로 갈등상황과 문화적으로 불확실한 상황에 있어서 내가 어떤 기준에 따라 행동하고 결정하는지를 성찰했는지가 중요하다. 이문화적인 일들이 일반적인 문화적 불확실성 때문에 쉽게 실패할 우려가 있는 그런 비판적 상황에 수없이 나를 직면하게 했다. 모든 것을 사전에 아는 것은 중요하지 않다. 내가 하는 바로 그 실수가 중요한 학습의 원천일 수 있다. 그러나 바로 아프리카인과의 접촉이 대단한 문화적 차이를 극복해내는 것이 필요하기 때문에, 잘못 준비하며, 참을성이 없거나 무감각한 사람의 경우 쉽게 문화충격과 인종주의의 문턱으로 넘어간다(Thomas & Hagenmann & Stumpf 2003, 241 이하 참조). 자신의 경험들은 무비판적으로 일반화된다. 특히 좋지 않은 경험이나 문화적 차이로 인한 경험은 심리적으로 부담되기 때문에 표면화된다. 그러한 태도는 대부분 부족한 자기성찰의 결과이고 유혹에의 굴복이다. 즉 대개의 경우 다른 사람에게 있는 티를 먼저 보고, 나중에야 자신의 들보를 –그것도 가능할 경우에– 알아차리게 된다. 한 국제 원조기관의 동료는 "문화충격"을 "자신의 위치와 연봉에서는 감당할 수 없다"고 말했다. 좋게 보아 이문화간 의사소통의 실패에서 전기적이고biographisch 제도적인 억압메커니즘은 파악될 수 없다.

자기성찰은 나의 현존에 대한 동기부여 또는 나의 이문화 활동의 전기적 뿌리로 시작한다. 이 문제는 "전근" 때문에 다른 문화권으로 다시 들어가는 국제적 기업의 직원들 역시 피할 수 없다. 언젠가는 누구나 "세계관의" 소신을 표명해야한다. 낯선 문화에 드러나게(노출)될 때 이것은 곧바로 요구된다. 보다 깊은 심층의 자기 동기를 분명히 하는 것은 좋으며, 경제적 효율성의 관점에서도 중요하다. 여기에 지구의 가장 가난한 나라들 중의 한 나라에 파견된 경우라도 명예훼손 없이 이익을 얻고자하거나, 자신의 경력을 염두에 둔다는 고백이 있다. 예를 들어 이윤지향에 대한 공개된 고백은 의사소통을 쉽게 해주고, 이타주의, 제3세계-낭만주의 그리고 *높은 도덕수준 기반*에서 나온 많은 "개발자들"의 기발한 일련의 동기보다 더 투명하게 접촉하게(아프리카인들에게 더 수용 가능하게) 해준다. 고유한 가치의 다른 문화 가치와의 관계에 대한 문제가 중요한 차원이다. 나중에 더 보겠지만, 설사 한 문화에서의 단일한 가치세계의 표상이 단 하나의 지적인 구조이고, 한 문화 내에서의 차이가 이해하는 것을 얼마쯤 돕는다할지라도, 북쪽 출신 활동가들은 흑인 아프리카와의 접촉에서 예를 들어 다음의 질문을 제기하고 답해야 한다. 즉, 나는 특히 갈등의 상황에서 수평에 대한 주장보다 개인을 드러내는 데 우선권을 부여하는가? 나는 발생한 이익을 자본축적을 통해 재투자할 수 있기 위해 비축하는가? 혹은 나는 가능한 빠른 이윤 투기라는 소위 "아프리카식" 원칙을 따르는가? 아래로부터의 저축과 자본축적이 외부로부터의 자본비축보다 장기적으로 더 중요한가? 보편적인 가치(책무)를 위해 돈 문제에서 나는 투명성을 유지하는가? 권력을 민주적으로 통제하는 것이 –전체로 보아– 가산제적인 권력 독점보다 더 공정한가? 나는 부패에 대해 어떤 태도를 취하는가? 아프리카에서 사회보장 안전망에 편입되지 않은 종업원을 위해 나는 어떤 책임을 지는가? 예를 들어 업무 중에 기도하는 종교에 대해 나는 어떤 입장인가? 마법(주술)에 대한 널리 퍼진 믿음에 어떻게 반응할 것인가? 1998년 다른 사람들과 더불어 이얀다Iyanda(짐바브웨이) 교수가 독일 아프리카 협회 학회에 제시한 개념 예컨대 합리적 족벌주의와 같은 소위 "동화된" 개념에 나는 어떤 입장인가? 그리고 이로 인해 "기업문화의 아프리카화"에 어떤 기여를 하고자 하는가? 사람들은 원하는 대로 방향 전환할 수 있고, 뒤집을 수 있다. 결국 이문화 활동가는 자신의 가치결정을 회피할 수 없다. 자신의 문화와 가치에 대한 특성을 확인하는 것이 모든 이문화 훈련의 본질적인 구성요소이고 이문화간 의사소통의 성공을 위해 포기할 수 없는 전제조건이다. 누구이고 무엇인지 아는 사람만이 이문화 상황에서 자신의 입장을 실현할 수 있다. 그리고 정치적으로 옳을 수도 있는 지지 이데올로기라는 미사여구 뒤에 위치, 개념, 가치에 대한 자신의 부족함을 숨길 필요는 없다.

4. 공조무대에서의 갈등

우리 학부는 기금 조성이라는 주제에 대해 경험 있는 전문가를 캐나다에서 초빙하였다. 우리가 알고자했던 것은 다음과 같다. 수단들이 점차 부족한 상황에서 어떻게 우리가 가능하면 전문적인 방식으로 우리의 일을 수행할 수 있을 것인가? 연구, 교육, 출판에 대한 우리의 프로젝트를 위해 자기 나라로부터 부족한 자금을 어떻게 얻어낼 것인가? 그 전문가는 자신의 목표(*비전과 미션*)에 대한 면밀한 성찰이 각 프로젝트 신청을 위해서는 필수적인 전제조건이라는 점을 분명히 했다. 우선은 자신에 대한 자기이해가 중요하고 그리고 나서야 비로소 돈이 문제가 된다는 것이다. 게다가 아프리카인들이 다른 사람들보다 돈을 더 적게 받는다고 놀랄 필요가 없다는 것이다. 러시아, 인도, 인도네시아에 대한 상담문의는 며칠 이내에 팩스로 답변을 받을 수 있는 반면에, 아프리카인들은 소식 전하는 데 몇 주와 몇 달의 시간이 걸린다는 것이다. "우리가 부유한 북쪽에서 받은 적은 돈에 대해 왜 우리가 더 설명을 해야 합니까?"라고 한 동료가 반박했다. 그의 말과 그 말에 이어진 토론은 나에게 다음의 사실을 분명하게 해주었다. 내 동료들에게는 프로젝트 신청은 행정적인 과정이 아니라 흑인 아프리카가 노예무역, 식민주의, 신식민주의의 고통스러운 경험들 때문에 도덕적으로 부과된 큰 보상의 일부 인 것이다. 북쪽과 남쪽 사이의 송금은 재정과 관련된 일이 아니라, 고도의 도덕적인 문제이다. 이미 이러한 (원래 권한이 있는) 돈을 신청해야 하는 조건 자체가 책임에 대한 굴욕적인 요구임은 물론 아프리카인의 자의식에 대한 모욕인 것이다.

나에게 분명해진 것이 더 있다. 우리 연구계획의 우선순위 목록 작성에서 투명성에 최고치를 둘 필요가 있다고 내가 학부에서 지적했을 때, 한 다른 동료는 체념조로 다음과 같이 일축하였다. "근본적으로 어느 누구도 아무도 신뢰하지 않는다. 그것이 우리의 문화이다". 이것도 말라위에서의 행동방식과 결정논리에 접근하도록 나를 도와준 그러한 "계시문구" 중의 하나였고 하나가 되었다.

이와 같은 개인적인 경험이 이러한 맥락에서 왜 그토록 중요한가? 한편으로는 개인적인 경험이 일상적인 협력을 위해 독일-아프리카 공동 작업을 위한 효과적인 행동에 대해 어떤 책에서도 읽을 수 없는 주요한 차원을 설명해 주기 때문이다. 다른 한편으로 개인 경험은 이문화 훈련의 지금까지의 계획을 심화하고 확대하도록 요구하는 이문화적 접촉 차원을 지지하기 때문이다. 이러한 형식의 상호 이해로 나아가기 위해서는 하나의 방법이 필요한 데, 이는 문화들 사이의 아주 객관화될 수 있는 차이로부터 출발하지 않고, 참여자들의 미시적 세계를 반영하고 실제적인 접촉형식을 출발점으로 삼는 방법이다. 그것이 보다 정확히 무엇을 의미하는지는 다음에서 계속하고자 한다.

이문화 훈련 프로그램에 있어 오랫동안 권위를 인정받은 책은 호프스테드의 "문화의 결과들Culture's Consequences"(1980)이다. 호프스테드의 책은 50개 이상의 나라에서 15년간 지속된 연구에 바탕을 두고 있다. 그의 기본 테제는 다음과 같다. 문화들 사이의 차이는 4개의 기본적인 가치-차원의 존재에 의해 설명될 수 있다. 각 문화, 사회, 국가, 민족은 다른 우선순위를 설정하며, 비교될 수 있는 기본 문제들에 대해 상이한 답을 제공한다. 자신의 이른바 "네 가지 차원 모델"에서 호프스테드는 다음의 차원을 구분한다. 즉, 1) 큰 권력거리 대 작은 권력거리, 2) 불확실성의 강한 회피 대 약한 회피, 3) 개인주의 대 집단주의, 4) 남성 대 여성 문화주도 이다. 특정한 문화에서 한 차원의 각 특징은 1부터 100까지의 수치표시로 확인될 수 있다. 이러한 데이터를 도표로 옮기면 문화들 사이의 차이의 정도를 시각화할 수 있다. 이문화 훈련은 이러한 차이와 그 차이의 특징을 인식하는 것이고 그에 상응하게 자신의 행동을 특정문화에 적응시키는 것이다.

이후 네 가지 차원 모델은 더 세분화 되었고(Hofstede 1991, Waisfisz 1988 참조) 특히 토마스에 의해 도입된 표준문화이라는 개념(Thomas 1991 참조)에 의해 보완되었다. 오늘날 우리는 다음의 사실에서 출발한다. 즉 사람들이 "서로 다른 –또한 다른 언어의– 의사소통 네트워크"와 문화에 대해서 "개인은 실제로 다양한 소속의 정체성"에서부터 시작한다고 할 때만(Knapp 2003, 111) 이문화 상황에 있는 활동가를 올바르게 판단할 수 있다는 것이다. 바로 그래서 이문화 소통의 이론과 개념이 매우 중요하며, 결국 이문화적 업무 상황에서 어려움이 있는 활동가는 종종 혼자 남게 되고, 그에게 필요한 특정 요구사항을 해결해주는 지원을 필요로 한다. 이 목적을 위해 우리의 제안은 인류학적, 방법론적-교육학적 고려사항에서 동일하게 형성된다.

인류학과 관련하여 프랑스 사회학자인 장-피에르 올리비에 드 자르당Jean-Pierre Olivier de Sardan의 1995년에 출간된 책 "인류학과 발달. 사회변화의 사회-인류학론"은 우리 논의에 가장 중요하다. 민족학의 내부에서 그 책은 활발하게 수용되었다(Bierschenk & Olivier de Sardan 1995, Bierschenk & Elwert 1997, Hutter 1998, Heinrich 1998). 올리비에 드 자르당은 문화 조작화에 대한 현재의 방법을 비판하고 있다. 문화적 제약조건에 대한 정치문서나 이문화 행동을 위한 정보는 사업계획에 단지 "금테"를 제공하고 나중에는 더 이상 나타나지 않는다는 것이다. 이러한 공식적이고 "조작화된" 문화와 더불어 하나의 다른 문화가 존재한다는 것인데, 그것은 모든 이문화 상황에 참여하는 사람들, 개발자와 수혜자, 유럽인과 아프리카인의 머릿속에 있는, 스스로 만들어지는 "비공식적인" 문화라는 것이다. 이문화 접촉의 고유한 장소는 이제 고유한 하위문화들이 있는 이러한 서로 다른 개인과 집단의 쌍방 간의 만남이다. 공동의 언어, 역사, 사회구조에도 불구하고 한 집단(마을, 지역, 인종, 소득계층 등) 내의 문화적 차이가 클 수 있다는 사실이 밝혀진다. 사람들의 나이, 성별, 사회적 배경이 문화라는 개념을 지속적인 변형과정과 적응과정 아래 놓인 지적 구조로 만든다. 상이한 하위문화 배경의 사람들 상호작용의 이러한 형태의 중심에는 갈등이 존재한다. 올리비에 드 자르당은 자신의 관심사를 설명하기 위해 *경기장Arena*이라는 개념을 도입한다. 그리하여 스포츠 경기장처럼 단지 주민의 한 (대표적인) 부분만이 경쟁에 참여하고, 활동가들은 그 경기장에서 흡사 대변하듯이 싸우며, 그처럼 이문화 접촉에서도 전체로서의 문화가 서로 마주치는 것이 아니라 문화의 파편들이, 그것도 개인의 적응과정에서 효과적인 형태로 마주친다. 이러한 활동가들의 사고, 결정, 행동은 이문화 이해의 실제적인 진행을 결정한다. 그리고 이미 다음날에는 다른 활동가들이 (다음 프로젝트에서, 다음 제안에서) 대면한다.

경기장이라는 미시적 세계에서 참여자들의 비공식적인 하위문화가 서로 만나는 것이 자주 인용되는 "문명의 충돌"(C.S.P. Huntington)을 의미하지는 않는다. 경기장에서 참여자들은 단순하게 서로 다른 합리적인 행위로 처신한다. 그들의 논리와 전략이 대결의 형식과 내용을 결정한다. 한쪽에서는 자명한 예컨대 공간, 시간, 부, 돈, 직업윤리, 기본욕구, 자연, 물, 영양섭취, 참여, 보상 등과 같은 특정한 생각이 다른 쪽에서는 공유되지 않는다. 논쟁과 싸움은 얼마쯤 정상적이다. 더 나아가 다양한 방식의 다른 합리성을 따르는 사람들이 서로 만나게 되면, 분배의 투쟁과 갈등이 발생되는 것으로 출발하는 것은 아주 현실적이다. 더구나 이러한 분쟁의 과정에서는 정치(권력), 경제(돈), 사회구조(위치)에서의 변화가 보인다.

오해(Giordano 1996)와 갈등(Nicklas 1991)을 받아들이는 이런 진지함이 장애를 개선하고 참여자의 특별한 논리들, 하위문화들, 관심들을 이해할 수 있게 하는 데 도움이 될 수 있다. "경기장"에서의 이문화적 갈등의 개선은 민족학적이고 문화학적인 능력을 요구한다(Ott & Pöschke 2003 참조). 그 능력은 전문가들과 트레이너들도 특별한 전문지식을 교육학적, 경우에 따라서는 심리학적인 전문지식과 결합시킬 것을 요구한다(Dettmar 1993 참조). 특별한 변형은 이 책에 소개된 우테와 울리히 클레멘트Ute & Ulrich Clement의 "이문화 코칭"이다(Bahrmeyer 2000도 참조). 훈련과 코칭이라는 보호된 공간(*safe space*)에서야 비로소 권장되는 행동("아무런 감정을 표시하지 않음")이나 갈등 관리("행동의 간접적 교정")에 통용되는 기준을 해체하고, 의사소통의 다양한 차원에서 비판적으로 성찰하는 것이 정상적으로 가능하다(Wasfisz 1988, 19 이하 참조). 그래야 비로소 -아프리카에서의 문화적 역동성과 참여자들의 구체적인 하위문화의 측면에서- 내실 있고 투명한 그리고 효과적인 의사소통 문화가 전개될 수 있다. 이것은 모든 참여자의 입장에서 문제의 관심을 가지고 심리적인 성향을 토론에 부치는 고도의 동기부여를 요구한다. 기존의 장애를 해결하는 방법에 고전적인 집단 감독이 사용될 수 있다. 비즈니스게임과 체험 교육학의 방법은 직원들을 갈등상황에 투입하는 데 적절하다(Losche 2005). 여기서 "고유의 몫"에서의 업무가 주제화될 수 있으며, 3장에서 요약하였듯이, 그것은 바로 이문화적 갈등은 자기성찰 없이는, 즉 널빤지와 파편에 대한 주의 깊은 명상 없이는, 또한 마음의 소프트웨어의 프로그램밍 없이는 대항해 싸울 수 없다는 통찰이다. 그렇지만 우리 제안의 핵심은 구체적인 이문화 상황에서 생기는 갈등의 적극적인 개선에 목표를 둔다.

5. 이해와 파악

이 글은 이문화 훈련을 동반하고 이후의 평가 발전을 위한 고려사항의 연속선상에 있다. 그러한 훈련에는 이문화적 업무와 생활을 깊이 이해하기 위해서 문화학(민족학과 인류학), 교육학, 감독, 코칭이 서로 연결되어 있다(Thomas & Haggenna & Stumpf 2003, 237-272). 이러한 방법은 보통 경기장경험의 처리에서 준비하는 훈련의 일부가 아니다. 이러한 생각은 사람들이 이문화적 업무상황, 예를 들어 개발정책기관, 다국적기업, 대학, 교회, NGO 등에 이미 투입되어 있을 때 의미가 있다. 특히 서로 다른 문화적 배경, 다른 역할과 책임을 가진 참여자들에게 알맞다. 경험이 증명하듯이, 이문화적 상황에 참여하는 사람들의 중요한 문제, 장해나 내적 태도는 "활동무대", 즉 협력무대에서, 그리고 특히 갈등이 모습을 나타내는 동안에 비로소 드러난다는 점이다. 이문화 훈련/코칭의 이러한 특수한 형식에서 구체적인 경험을 처리하는 것이 중요하며, 이와 더불어 자신의 경험에 대한 성찰과 깊이 있는 이해도 중요하다. 약간 강하게 표현하자면, 인식의 성장은 실제적인 생활경험을 통해 이루어진다. 이로부터 인류학적 관심이 큰 사회적-문화적 사실들("도금된 사진틀")에서 참여자들의 하위 문화적 미시적 세계로 옮겨간다. 이러한 접근은 갈등의 문화를 옹호하는 것이 아니며, 바로 예컨대 아프리카 문화 고유의 배경 때문에 갈등을 공공연하게 직접적으로 다루지 않는 것이다(*비대립적 태도*). 반대로 중요한 것은 이러한 문화적 맥락을 성찰하고 건설적인 갈등의 변화를 재촉하는 것이다.

우리의 제안은 문제 중심적이며 *또한* 사람 중심적인 직원 모니터링 형식이다. 인류학적 데이터들이 다른 분야에 수용될 수 있기도 전에 바래져버린 급속한 문화적 역동성의 시대에 개인을 위한 노력의 증가는 정당화 된다. 활동무대에서의 활동가들의 전기Biographie에서 문화는 파악될 수 있고 문화의 하위체계들이 다루어질 수 있다. 자신의 고유한 경험과 갈등으로 활동가들은, 다른 참여자들에게 있어 '실제로' 무엇이 문제인지, 그들의 장벽, 문제, 의도가 어디에 있는지 이해하고 파악한다. 그래서 이러한 갈등상황의 처리는 트레이너의 입장에서 고도의 전문성과 감수성을, 모든 참여자 입장에서 갈등해결능력과 민감성을 위해 준비된 상태를 요구한다.

이 제안의 요약은 이문화간 의사소통의 성공에 있어 중요 지점은 서로 다른 개발정책적인 문제(저개발의 투쟁, 경제적 생산량의 구축 등)와 국제적인 기업 무역에 있다는 데서 출발한다는 것이다. 경제적인 협력사업이나 개발협력사업의 맥락에서 이 제안은 "함께"라는 음절의 소위 실제내용을 경험 지향적으로 성찰하는 데 도움을 준다. 물론 여기서 만병통치약의 처방은 없다. 이문화적 맥락에서 실수도 해야 하고, 해도 되어야 한다. 그것은 해방시키는 실제주의의 한 부분, 즉 우선은 오해, 문제, 갈등에 대한 잠재적인 근원으로서의 이문화적인 것으로 인식될 수 있으며, 그러고 나서 비로소 성공적인 의사소통을 위한 기회로 지각될 수 있다. 이문화적 상황에서의 생활과 일은 새로운 것에 대한 자극에 의해 그리고 풍부한 인간경험으로 보상된다. 그렇지만 너무 높은 기대는 조심해야 한다. 특히 참여자들의 문화와 하위문화에 빠른 변화가 있으리라는 (어쩌면) 무의식적인 기대는 경계해야 한다. 인간은 다른 문화에서 많은 것을 이해하지도 파악하지도 못한다. 이해하지 못하는 것과 갈등이 남아 있더라도 적극적으로 행위 하는 자가 있어야 하고 있을 수 있다는 사실이 여기에 제시된 고려의 목표이다.

참고문헌

Bahrmeyer, C. I. (2000). Wege zeigen - Wege gehen. Interkulturelles Coaching als Form beratender Intervention, in: *Personal, Heft 9,* S. 464-468.

Bergemann, N. & Sourisseaux, A. L. J. (Hg.). (2003). *Interkulturelles Management* (3. vollst. überarb. u. erw. Auflage). Berlin/ Heidelberg/ New York: Springer.

Bierschenk, T. & Olivier de Sardan, J.-P. (1995). ECRIS: Eine kollektive Erhebungsmethode zur schnellen Identifizierung von sozialen Konflikten und strategischen Gruppen, in: *Entwicklungsethnologie 4,* Nr. 1, S. 43-55.

Bierschenk, T. & Elwert, G. (1997). *Entwicklungshilfe und ihre Folgen. Ergebnisse empirischer Untersuchungen in Afrika,* (2. Aufl.), Frankfurt/New York: Campus.

BMZ (2004). *Kulturelle Faktoren in Konzeption und Instrumentarium der Deutschen EZ im Kontext der aktuellen Diskussion und 'best practices' ausgewählter bilateraler Geber.*

Dettmar, E. (1993). Konflikte in der afrikanisch-europäischen Zusammenarbeit und Möglichkeiten der institutionellen Einwirkung, in: *Entwicklungs-ethnologie* 2 (1993), Nr. 1, S. 106-114.

Engels, B. (Hg.). (1994). D*ie sozio-kulturelle Dimension wirtschaftlicher Entwicklung in der Dritten Welt* (Schriften des Deutschen Übersee-Instituts Hamburg, Nr. 19). Hamburg: Deutsches Übersee-Institut.

Engel, U. & G. Erdmann. (2002). *Neopatrimonialism reconsidered - Critical review and elaboration of an elusive concept. Paper prepared for the 45th annual meeting of the African Studies Association,* Washington DC, December 4-8, 2002, 24 S.

Fischer, H. (1981). *Die Hamburger Südsee-Expedition: Über Ethnographie und Kolonialismus,* Frankfurt am Main: Syndikat.

Giordano, C. (1996). Die Rolle von Mißverständnissen bei Prozessen der interkulturellen Kommunikation, in: Roth, K. (Hg.): *Mit der Differenz leben. Europäische Ethnologie und interkulturelle Kommunikation,* Münster:

Waxmann, S. 31-42.

Götz, K. (1997). *Management und Weiterbildung* (Reihe "Grundlagen der Berufs- und Erwachsenenbildung", hg. von R. Arnold, Bd. 9). Baltmannsweiler: Schneider.

GTZ & Working Group on Development Anthropology (AGEE) (1991). The Socio-cultural Dimension in Development: The Contribution of Sociologists and Social Anthropologists to the Work of Development Agencies. Ed. by M. Schönhut in cooperation with A. Steiner, Eschborn: *Gesellschaft für Technische Zusammenarbeit* (GTZ).

GTZ & DEZA (Hg.). (2005). in Zusammenarbeit mit der Universität Trier - *Fach Ethnologie, Glossar Kultur und Entwicklung* (Trierer Materialien zur Ethnologie, Ausgabe 4).

Heinrich, W. (1998). Konfliktforschung, Entwicklungszusammenarbeit und Konfliktbearbeitung - und die Rolle der Ethnologie. Ein paar Überlegungen aus der Praxis, in: *Entwicklungsethnologie 7,* Nr. 2, S. 49-63.

Hofstede, G. (1980). *Culture's consequences. International Differences in work-related Values,* Beverly Hills/London: Sage.

Hofstede, G. (1991). *Cultures and organizations. Software of the mind. Intercultural cooperation and its importance for survival,* Maidenhead: McGraw.

Hutter, A. (1998). Die Projekt "arena" aus entwicklungsethnologischer Sicht. Erfahrungen und Erklärungen aus einem Aktionsforschungsprojekt in Niger, in: *Entwicklungsethnologie 7,* Nr. 1, S. 75-80.

Kabou, A. (1993). *Weder arm noch ohnmächtig,* Basel: Lenos.

Knapp, F. (1998). Cultural, organizational or linguistic causes of intercultural conflicts? - A case study, in: J. Beneke (Hg.), *Thriving on Diversity,* Bonn: Dümmler, S. 173-190.

Knapp, K. (2003). Interpersonale und interkulturelle Kommunikation, in: Bergemann, N. & Sourisseaux, A. L. J. (Hg.). *Interkulturelles Management,* 3. vollst. überar. u. erw. Aufl., Berlin/ Heidelberg/ New York: Springer, S. 110 - 135.

Losche, H. (2005). *Interkulturelle Kommunikation. Sammlung praktischer Spiele und Übungen*. Augsburg: Ziel.

Nicklas, H. (1991). Kulturkonflikt und interkulturelles Lernen, in: Thomas, Alexander (Hg.). *Kulturstandards in der internationalen Begegnung*, Saarbrücken: Breitenbach, S. 124-140.

Olivier de Sardan, J.-P. (1995). *Anthropologie et développement: Essai en socio-anthropologie du changement social* (Association euro-africaine pour l''anthropologie du changement social et du développement), Paris: Karthala.

Ott, M. & Pöschke, R. (2003). Mtendere - Peace - Frieden. Friedensentwicklung und Kulturarbeit in Malawi, in: U. Kievelitz & R. Poeschke (Hg.), *Entwicklungsethnologie 12* (1+2) 2003 "Friedens- und Konfliktarbeit in Forschung und EZ Praxis und der Beitrag der Entwicklungsethnologie", S. 266-283.

Schlesier, K.H. (1989). Zum Weltbild einer neuen Kulturanthropologie. Erkenntnis und Praxis: Die Rolle der Action Anthropology. Vier Beispiele. *Zeitschrift für Ethnologie 105*, S. 32-54.

Staewen, C. (1991). *Kulturelle und psychologische Bedingungen der Zusammenarbeit mit Afrikanern. Ansatzpunkte für eine komplementäre Partnerschaft*, München/ Köln/ London 1991.

Thomas, A. (Hg.) (1991). *Kulturstandards in der internationalen Begegnung*, Saarbrücken: Breitenbach.

Thomas, A. & K. Hagemann & S. Stumpf (2003). Training interkultureller Kompetenz, in: Bergemann, N. & Sourisseaux, A. L. J. (Hg.) *Interkulturelles Management*, 3. vollst. überar. u. erw. Aufl., Berlin/ Heidelberg/ New York: Springer, S. 237-272.

Valjavec, F. (1992). Zeugnis und Zeugen. Selbstverständnis und Ausblicke einer reflexiven Ethnologie. *Anthropos 87*, S. 489-509.

Waisfisz, B. (1988). *Guidelines for German Experts to increase their effectiveness in Africa* (IDEAS. Institutional Development Advisory Services), typescript for the use of training GTZ-experts, 32 S.

글로벌 상황에서의 계속교육

에른스트 프로코프 (Ernst Prokop)

계속교육은 개인적인 논쟁에서나 관심 있는 참여자들 사이의 담론으로 계속교육의 가치에 대한 상황과 입장으로부터 이루어진다. 계속교육은 매일의 행위와 행동을 위한 방향 데이터를 얻기 위해 현재의 문제를 다루는 능력을 목표로 삼는다. 평생 계속교육의 체험공간과 학습장소는 사람들과 그 사회성 안에서 사회적 관계만을 인식하고 알아가는 것만을 자극하는 것이 아니다. 오히려 계속교육은 그러한 체험 상황들을 공감하고, 그 처리에 대한 자신감을 얻을 수 있는 기회를 제공한다.

전체 인생행로가 교육행로라는 점, 성인교육이 그래서 교육과 학교에 이어진다는 점은 다양한 이름의 모든 교육문화에 대한 신념목록의 일부이다. 이러한 현상을 각 개별적 교육문화의 특수한 경계를 넘어서서 세계화 상황 안에서 가치를 부여하고자 하면, 평생에 걸친 자기교육이 나타난다. 마찬가지로 이 자기교육은 수많은 밀접하게 구성된 특정문화의 동기들에 의해 또 지속적인 계속교육의 익숙한 사고방식을 뛰어넘는 충격에 의해 자극된다. 이렇게 자극되어 성인들은 결국 전형적인 행위과정과 그들의 생활문화와 교육문화 안에서 조화된 습관을 얻게 된다.

낯선 문화의 생활습관이 개인행동의 척도로 다가갈 수 있을 뿐 아니라, 감성적으로 공감할 수 있고 일상에서 활용될 수 있는 것이 되면, 세계화 과정에서 학습된 행동방식은 상대화된다. 이 점에서 미래에는 일상의 행위와 태도를 위해 특수한 하나의 교육문화 모형만 사용되지 않는다. 이문화적 연결 면에서 학습자 경험은, 넓은 범위로부터 출발하여 다양하게 구별되는 생활양상과 일상의 양식에 이르기까지 익숙하지 않은 특징으로 나타날 수 있다.

계속교육의 익숙한 운영형태와 자극방식은 그와 같은 학습을 지원하는 데는 지극히 일부만 유용하다. 이는 운영형태와 자극방식이 주로 기본개념과 일치를 특징으로 한 지역의 문화적 맥락에 기반을 두기 때문이다. 물론 생활지원과 시민교육, 성인교육과 직업교육은 원래 그러한 상황에서만 입증된다. 이러한 단일 문화적 방식에 대한 대안은 광범위한 개요에서 두드러진다. 서로 다른 세계문화에서 온 동시대인 사이의 공동 학습경험에 근거해서야 비로소 대안은 계속교육 안에서, 상이한 출신맥락과 삶의 영역에서 나온 행동양식을 결합할 수 있는 이문화 학습과 훈련의 모델로 응축될 수 있다.

1. 원리들

계속교육은 학습자에게 익숙한 생활공간과 일상적인 상황이 만들어지는 곳 어디서나 이루어진다. 만남, 훈련, 지금까지 알려지지 않은 경험이 이에 속한다. 이것들은 호기심에 여지를 주고, 문제의 해결을 촉진시키며, 상호대화와 공동행위를 위한 기회를 열어준다. 그래서 자기활동과 기존의 시간적 활동의 여지에 따라 다양한 정도로 참여하는 환경이 만들어진다. 그러한 학습상황에서 보다 장기적으로 묶이는 것은 누구도 동의하지 않는다. 많은 계속교육은 도움이 되는 것으로 경험되고 수행되는 만큼, 그만큼 넓고 길게 삶의 지평을 확장하는 데 기여한다.

그러나 학습활동은 선택에 맡겨질 수 없고 어느 정도의 지속성을 필요로 한다. 이를 위해 고정적인 "틀"로서 평생의 학습기회를 제공하는 공간이 있는 교육기관이 적절하다. 또한 정보와 행동기준에 대한 비교할 수 있는 축적된 관심을 가진 학습자의 집단화가 이를 입증한다. 여러 문화적 전통과 종교적 전통으로 표현되는 세계에서 두 전통 모두 학습활동의 연속성 뿐 만 아니라, 문명화의 다원성에 대한 "안전한 무대마루"*를 위해서도 도움이 되는 것으로 나타난다. 이런 방식으로 학습경험과 또 일상적 행위의 지침으로서 학습경험의 강조가 이뤄지도록 배려한다. 이것이 교육 및 훈련을 위한 독일위원회의 근본적인 정의이다. 이에 따르면 성인교육의 의미에서 교육이 이루어진다.

---

* 간단하게 한 마디로 표현 할 수 없으나 국제경영에서 관리자들이 이문화 접촉 과정에서 가지는 좋은 매너 등으로 인해 자신감을 가지는 전문적인 균형감 정도로 이해할 수 있다.

… 사회와 세계를 이해하고 이러한 이해에 맞게 행동하려고 스스로 꾸준히 노력하는 사람 (독일 위원회 1960, 19)

그러한 질적 과정은 우선 문제영역에 열중할 준비가 된 성격에서 이루어진다. 이문화 학습과 훈련의 집중적 형태는 인류문화의 공존 문제를 중요하게 여기는 엘리트를 위한 것이다. 여기서 학습활동은, 정보 수단을 제시하는 과정에서부터, 서로 다른 차이에서 온 세계관을 거쳐, 다른 문화 사람들과의 공동의 작업과 학습에 이르기까지 조언으로 자극을 받는다. 이 같은 상태에서 학습동기를 위한 치밀한 구성이 배려된다. 이때 계속교육의 여러 단계가 현대 세계의 이문화 문제들에 대한 가까움과 생소함 사이의 대조를 나타난다.

산업국가들과 "제3세계"의 접촉에서 생기는 일상적 사건의 우려는 모든 곳에서 발견된다. 바로 여기에 해당되는 것이 거의 발전되지 않은 세계지역에서의 인구폭발에 대한 불편함, 굶주림과 궁핍, 일상의 어려움, 도처로부터의 이민 홍수에 대처하는 것이다. 그러한 뉴스들은 불확실성과 경악을 가져다준다. 그러나 많은 사람이 모든 불안한 사태에 대한 근거 있는 판단에 도달 하지 못했다. 그러나 다른 세계지역의 발전을 위한 원조의 의미와 필요성에 대한 주관적 견해는 "명약관화"하나, 산업국가의 가난한 사람들의 돈으로 개발도상국의 부자들을 지원해도 되는가라는 생각과는 대립된다. 그러나 이러한 일시적인 풍문의 단계에서 확증된 통찰까지는 아직 이르지 못했다. 여기서 근본적인 것은 문제 상황에 대한 지식과 문제를 처리하는 제안에 대한 개방성이다.

그대로 내버려 두지 않고, 정확한 관찰과 정보수집 및 그 정보의 신중한 평가를 통해 폭넓은 의견들을 검증하는 곳에서, 이문화 능력은 또 다른 단계에 도달했다. 주장된 불합리성은 면밀히 검토되고, 우선 사태가 설명되고, 그 다음 판단이 내려진다. 적절한 토론과 인상, 뉴스, 사실에 대한 문제 중심의 처리를 위한 기회가 있는 상황이 찾아내진다. 그리하여 점차 복잡해지는 세계 안에서 사람들의 다양한 생활과 관련하여 타당한 판단을 위한 실마리들이 얻어진다. 그러한 현실적인 "세계상"이 기부를 통해, 그 나라 특산품의 의도적인 구매를 통해, 자신의 생활에서 자제하는 또 의도적인 제한을 통해 다른 문화 사람들의 생존을 지원하는 의사결정을 조성한다. 오늘날과 미래의 세계에서 모순에 대한 지식의 기본토대가 이를 지원한다.

그러한 기본지식에서 출발하여 글로벌 변화에 직면하여 확장된 참여와 지속적인 행동훈련을 위한 준비가 마련될 수 있다. 사람들은 단순한 문제의식을 넘어서서 사람들이나 기관들과의 직접적인 접촉에 이를 수 있고, 동시대 문화의 다양성에 적극적인 참여에 도달한다. 그 결과 고유성이 인정되고, 친숙하지 않은 생활방식과 식사습관에 대한 관용과 존중이 생기고, 존재와 일상의 구성양식의 의미부여가 설명된다. 이러한 세 번째 단계는 그것의 직접성과 효과에서 공동의 활동을 준비하고, 의사소통의 문제를 확인하고 처리하며, 협력의 건설적인 형식을 위해 수단을 강구하는 기회를 만든다.

계속교육 방책들은 결과적으로 세계화의 시대에 산업국가들이 그들의 문제를 다른 문화권에서 온 이주자들을 끌어들이지 않고는 해결할 수 없다는 통찰을 얻는다. 학습과 훈련의 참여자들은 공생과 공조의 행동공간을 시험하고, 매우 상이한 출신의 동시대인들을 글로벌 네트워크 세계의 생활맥락으로 통합하는 데 기여할 뿐만 아니라 아주 다양한 지역에 있는 문화적이고 이데올로기적 전통의 보존과 계승에도 기여한다.

성인은 학습상황의 충격과 자극을 받아들여야하고 자신의 고유한 삶을 영위하는 데 사고전환의 출발점으로 삼아야 한다. 그러면 바뀐 행동은 자신이 책임지는 모든 영역에 영향이 미친다(Prokop 1980, 168).

2. 상황

폭넓은 시민 사회의 학습활동으로서 또 관심 있는 엘리트 훈련으로서 계속교육은 오늘날 또 미래에 삶을 위한 기본적인 자질을 보증한다. 계속교육 기관은 잠재적 자극으로 꽉 찬 적절한 학습상황을 만든다. 공적인 제안으로 일시적으로 확장된 그리고 실제로 집중적인 교육활동을 할 수 있고 그것을 지향하는, 언급할 만한 참여자집단을 얻는 것이 필요하다. 이에 대한 준비는 특히 이미 근본적인 문제의식을 다루며, 전제조건의 통찰과 사실 인식에 적합하게 행동하기 위해 불가피한 전제조건을 획득한 인물에서 찾을 수 있다.

> 개인화와 차별화의 기준들을 충족시키고 전통적인 계속교육 학습기관의 확인된 약점들을 커버하는 학습시스템은 성공한다(Hüber 2002, 315).

다른 문화와의 접촉에서 나온 경험은 출신이 다른 사람과의 직접적인 접촉에서 낯선 것에 대한 관련 정보를 수집하는 틀을 제공한다. 그러면 자신의 행동에 대해 질문을 할 수 있다. 게다가 이러한 자신의 행동이 다른 문화의 시각에서 어떻게 작용하는지에 대한 단서를 얻을 수 있다. 그래서 상이성에 대한 경험을 얻을 뿐만이 아니라, 그 경험을 화제로 삼을 수 있다.

갈등은 상호 경험된다. 그러나 갈등이 새로운 경험으로부터 내적 거리두기로 이어지는 것도 아니며, 삶에 대한 익숙한 자신의 시각으로 복귀하도록 이끄는 것도 아니다. 오히려 대화로 서로 다른 행동습관을 설명하여 공존을 가능하게 한다. 참여한 누구나 자기에게 당연한 것이 무엇인지를 생각한다.

이는 직접적인 행동에서 불확실성이 적다는 의미가 아니다. 무엇이 "전형적으로 독일적인" 반응인가 혹은 "아시아식 머리"에 무엇이 떠오르는가는 국가적이고 문화일반적인 원인에 따라 간파할 수 있다. 드러나는 사전 결정과 여론은 "미리-" 판단하는 것으로 드러난다. 자신의 생각과 타인의 생각을 구분하는 데 있어 사람들은 민감하고 그 생각에 각각 특색을 부여할 수 있다. 그래서 원칙적으로 서로 다른 생활습관에 대한 이해를 하게 된다. 경험이 논의되지 않거나, 인상이 개선되지 않거나, 갈등이 설명되지 않은 채 남아 있는 곳에 불신과 오만이 생기고 민족적이고 사회문화적 고정관념이 고착되는 일이 흔하다.

의심할 여지없이, 잘 알려진 것을 보호하는 환경으로부터 낯선 환경으로 나가려는 용기는 친숙한 문화구조에서는 요구되지 않거나 단지 적은 활동 공간만이 있는 곳에서는 지원될 필요가 없는 특성이다. 주목할 만한 학습자극은 이문화적 접촉에서 표현되는 상이한 기대에 대한 놀라움에 이미 있는지도 모른다. 그래서 "정상적"으로 평가되는 행동도 다른 눈으로 바라보게 되고, 어떻게 "행동하는지"를 배운 것에 대한 타당한 대안이 있는지 인지할 수 있다.

> 낯선 것은 교육을 위해 하나의 도전인데, 낯선 것이 개방성과 경계구분의 통합과 균형을 요구하기 때문이다. 이때 이러한 활동은 낯선 경험의 일반성과 편재성의 차원에서 역사적으로 유례없는 복잡하고 어려운 일이다(Meilhammer 2002, 43).

다양한 지역에서 온 성인들의 이문화 계속교육에서 중요한 것은 생활습관과 사고방식의 상호 공동체험에서 인류의 다양하고 대조적인 계발전망이 있다는 점을 잘 안다는 것이다. 그래서 생활지평은 우선 익숙한 경계를 넘어 확장된다. 또한 바람직한 개선의 개념은 흐려지고, 전통적인 삶의 양식의 악화를 우려한다.

산업국가의 플라스틱 문명과 소비재 제품 공급이 매력적으로 보이는 개발도상국에서 온 방문자들은, 그들이 일차적으로 쇼핑에 관심이 있으면, 초대자의 오해에 부딪친다. 다른 한편으로 모든 방문자에게 이해되지 않는 것은 왜 산업국가에서 근원과 자연에 대한 친밀감의 상실, 생명의 위험과 생과 사의 일상적인 접촉의 상실, 고난과 경축의 상실에 대하여 전적으로 회의가 있는지, 또 어떻게 그러한 상실이 지역적인 정착을 감소시키고 세계적인 네트워크의 증가를 동반하는지 이다. 다른 한편 산업국가에서의 성인들이 산업화가 덜 된 세계 지역과의 접촉에서 비로소 알게 되는 것은, 익명성이 사람들의 즉각적이고 폭넓은 인식을 조정하지 않은 곳에서 인간의 삶의 형태가 더 다양하고 더 믿을 만하게 보인다는 것이다.

서로 다른 사회문화에서 온 사람의 행위공간은, 동시에 해당 문화의 연관성에 대한 지식이 가르쳐지지 않으면, 적절하게 지각될 수 없고 훨씬 덜 안전하게 판단될 수 있다. 그것은 구속성이 없는 우연한 지식에 맡기는 것이 아니라, –다양한 세대, 생활측면, 문화의 구성원들에서 개별 교육의 각 고유 프로필에 따라– 행위 하는 것을 촉구하는 상황이다.

이문화 계속교육의 중요한 학습의 위치는 이점에서 전형적인 삶의 상황에서 파트너들 간의 강한 상호작용을 경험하는 것이다. "협회들"은 20세기 초에 경제적, 사회적, 이념적인 또 생활 개혁적인 그러한 변화과정에서 "시민교육"에서 나온 일관성이 있는 소득이다. 모든 변화에 내재된 교육가능성은 전혀 탐구되지 않았다.

> 협회의 본질에 속하는 것은, 가장 내적인 본질에 따라 평화와 일치를 위해 다양한 사람들이 한 테이블에 앉는 것이다 (Rosenstock 1926, 163).

현재와 미래의 글로벌 상황에서 이문화 계속교육보다 더 중요한 것은 없다.

3. 교수법

일차적으로 정보수집을 목표하거나 지식결손을 막기 위한 과정은 청소년기에 개인적인 경험으로 알려져 있다. 따라서 그 같은 기대에 근접하는 한, 성인시기에도 교육기회는 부여되는 것으로 본다. 그러나 계속교육 과정이 예외 없이 그 지평 내에서 이루어지는 것은 아니다. 성인은 그밖에도 자신의 행위에 대한 한계를 다루는 능력도 필요하다. 방향설정 데이터에 대한 지식만으로는 올바른 삶과 적절한 행동에 대한 일상적인 문제들이 해결되지 않는다. 직업 활동과 공적인 일의 갈등영역, 레저습관과 소비자서비스의 갈등영역에서의 행동학습은 사회적이고 정치적인 공생을 위한 능력의 습득에까지 이른다.

전 생애에 걸친 교육 활동으로서의 행동방향설정은 서로 다른 문화의 구성원 사이에서의 미래의 공존 형성에 대한 기대에서 이루어진다. 경쟁의식과 배타주의는 생산시스템에 의해 점차 통합된 세계를 건설하는 기본 설정으로 간주될 수 없다. 대립적인 이해관계를 균형 잡는 능력과 가장 다른 주민들 사이의 친교가 존재하는, 보다 인간다운 사회를 위한 기회가 증가한다. 거시적 및 미시적 사회의 연결 공간 내에서 또한 공적 의견토론 및 정치적 의사결정에서 개인적인 참여 기회를 남겨두기 위해, 성인들은 조작이라는 불투명한 회색지대에서 나온 예측할 수 없는 위험에 직면하여, 그들의 일상적인 업무를 소통하고 인지하기 위해서 대단한 확신이 필요하다.

행동양식의 학습은 서로 다른 여러 시민집단의 학습 전제조건과의 밀접한 결합에서 이루어진다. 여기서 사회적인, 종파적인, 지역적인 집단 내에서 특별한 학습필요를 충족시키는 조직구조가 개발되어야 한다. 성인교육의 다원적이며 협력적 시스템은 행동방향을 설정하는 학습에서 보장된다. 그러한 학습을 제공하는 것이 다음을 돕는 것이다.

> … 자신과 세계를 더 낫게 완성하는 데, 자신의 시대에 자신의 위치에서 의미 있게 사는 데 도움이 된다. 특히 성인교육은 일상의 생존을 위한 투쟁 안에 있는 사람에게 이러한 투쟁을 보다 더 잘 극복하고 이해하는 데 도움을 주고자 한다(독일위원회 1960, 44).

계속교육은 노화의 삶에서 각 개인의 학습과정에 동기를 부여한다. 그 점에서 모든 이문화 교육과정은 행동을 위한 방향데이터를 보여준다. 이문화 교육 프로그램은 성인 학습대상자의 전체 행동가능성을 포함한다. 계속교육의 학습과정에서 이루어지는 것은 전적으로 교육충동의 성과에서부터 일상생활의 구성에 이르기까지 감지되는 것을 확인하는 행동훈련에 중점을 두는 것이다.

행동은 단순한 지식습득이라기보다는 오히려 꾸준히 얻어지는 경험에 근거한다. 그렇기 때문에 사태가 적극적으로 개선될 수 있다. 경험과 탐색에 대한 호기심은 활동의 여지를 열망한다. 평생의 학습은 전체적으로 생활과 떨어져 있지 않다. 방향설정 욕구가 있는 성인들은 자신들의 일을 지정한다.

계속교육은 다양한 준비를 위한 개방성에 의해 두드러진다. 수업계획서는 없다. 목표는 학습상황과 참여자에서 나타나는 심적 상태에서 발생한다. 따라서 교수자와 학습자 사이의 서열은 거의 나타나지 않는다. 그래서 학습자들의 관심과 학습상황에서 그들의 경험이 많은 비중을 차지한다. 만남, 시도, 지평확장에서의 공동체험이 접근할 수 있게 하는 모든 것과 마찬가지로 학습자들 사이의 대화에서 이루어진 것이 학습행위를 결정한다.

계속교육 안에서 학습활동의 교수법적인 지원은 거기로 지향해야 한다. 낯선 것 앞에서의 경계심을 없애고, 글로벌 사고의 지평을 강화하며, 특별한 일상성의 수용을 선도하는 것 등은 다른 문화권에서 온 사람들과 살아있는 접촉이며, 서로 다른 문화적 속성을 이해하려는 목표를 가진 관심 있는 사람들 사이의 연대적인 활동이다. 결과적으로 삶의 상황을 시뮬레이션 해보고, 학습자들 사이의 경험을 공유하고, 다양하게 일상적인 일을 극화해보는 개인의 학습행위는 모순되지 않고, 평생 학습의 성공을 위해 중요하다.

개인적인 행동에서 시작하는 것은 자신의 –완성 자체를 위한 것일 뿐 만 아니라, 공동의 행위를 위한– 노력이다. 학습은 참여자들에게 수업상황을 넘어 다다르는 지속 가능한 과정으로 경험할 수 있다. 이때 자극을 얻게 되는 데, 이는 서로 다른 생활의 단면들을 받아들일 뿐만 아니라, 그것들을 관용하고 아예 그것을 겨냥하는 자극이다. 참여자들은 여러 생활공간을 경험하는 것뿐만 아니라 그러한 생활공간을 만드는 데 공동으로 활동하기에 이른다.

사람들은 문화의 틀 안에서 생활의 단면과 미래에 대한 기대가 포괄적으로 규정된 특정문화의 구속성을 알게 된다. 동시에 낯선 것에 대한 인상이 각각 서로 연결되어 있음을 알 수 있다. 낯 설어서 불확실한 것으로 보이는 익숙하지 않은 생활방식과 낯선 세계상이 있는 경우가 흔하다. 그것들의 강점 및 약점과 관련하여 편견 없는 지각을 위해 특별한 주의가 필요하다. 이를 위한 여지를 지식습득, 지식갱신, 정보가공, 행동방향에서의 이문화적 학습 구성이 개발한다.

트레이너, "코치", 중재자는 참여자들 사이의 학습활동을 궤도에 올려놓기 위해 필요한 만큼 학습과정에 개입한다. 평생의 계속교육 상황에는 이러한 특성의 수많은 배움의 기회가 포함된다. 적절한 학습과정이 얼마나 개발되느냐는 주로 모든 당사자의 참여로 결정한다.

> 종종 오래된 미디어들의 조합으로 생겨난 새로운 기술의 투입으로부터 필연적으로 교육과 학습의 새로운 질적 특성이 나타나는지는 기술의 문제가 아니라 오히려 교수-학습-과정에서 만들어진 개념, 이론, 모델의 문제이다(Schäfer 2001, 69).

삶의 상황은 꾸준히 학습에 활기를 준다. 서로 다른 권위의 문화에서 특징적인 것은, 일상의 생활에서 평정과 열정으로서 경험될 수 있다는 점이다. 상이한 세대에서 그 구성원들에 대한 가족의 구속력, 혹은 청소년이 얼마나 통제를 감수하는지 또는 전적으로 바람직한 것으로 여기는지 스스로 아는 행동공간, 이 모든 것이 한 문화공간을 다른 문화공간과 구분한다.

여기서 경험과 이에 대한 자극은 일상생활 안에서의 서로 다른 세대 간의 접촉을 가져다준다. 어떻게 서로 교류하는지는 문화와 생활공간이 지속적으로 구분한다. 고국의 생활권에서 습득한 교류형식과 구분되는, 그에 해당되는 습관, 성숙한 행동의 부분, 일탈 행동의 부분이 눈에 띄게 지각된다. 바로 이것이 이문화 계속교육의 추진력으로서의 유인성을 증대시킨다. 이런 요소들이 인간의 삶의 스타일의 표현으로 생생하게 나타날수록, 이것은 더 계속하여 자신의 생활습관에 대해 질문하도록 한다.

4. 실습

경험은 사회적인 학습과정의 작동을 위해 중요하다. 일상생활 영위의 상태, 의사결정에서 윤리적 여지, 익숙한 생활습관의 선택이 시작점이다. 분명하게 낯선 행동방식과 접촉관습을 알게 되는 곳은 소비습관, 거주형태, 혹은 공동생활에서 서로 구분되는 문화권들에서의 일상적인 삶과 일 그리고 축제를 함께 경험하는 곳이다. 그러한 경험은 지속적인 교육충동으로 나타나는 호기심을 일깨운다. 성인은 자신의 행동습관을 기껏해야 국한된 것으로 또 어디까지나 변할 수 있는 것으로 평가하는 것을 배운다.

인간의 생활은 풍부한 사회적인 배려와 의무에 이르게 한다. 이때 책임져야하는 것은 배울 수 있다. 사회적인 존재가 되기 위해 갖추는 것이 모든 삶의 연령에서 학습충동에 의하여 계속교육을 활기차게 만든다. 계속교육의 대상자는 사회적인 행동규칙에 익숙해지고, 시민으로서 정치적인 책임을 지각하도록 고무되어야한다. 정치적인 계속교육은 상이한 사회적인 조직시스템과 국가 혹은 국제적 차원에서 정책을 만들고 대변하는 그러한 기관과 사람을 알게 해준다. 이것은 폭넓은 시민권역에서는 부분적으로 정보 확산을 통해, 일부는 정치적 지식의 집중적인 심화를 통해, 그리고 서로 다른 공공성의 영역에서는 개인적, 정치적 행동범위의 탐사를 통해 이루어진다.

시민의 정치교육은, 부분적으로 아직도 그 어떤 당국에 대한 복종이라는 여러 세대로부터 물려받은 행동기준에 의해 성장한 그런 공동체에서는 필수적이다. 그러한 성찰되지 않은 습관은 현재와 미래의 민주주의 안에서 인권을 보장하는 안전한 행동과 연결되지 않는다. 이 점에서 모든 시민집단에 대한 정치적 계속교육의 복잡한 과제는 경제적이고 사회적인 성공적인 변화를 위해 글로벌 세계의 전제인 도덕적 용기, 관용, 유대를 자극하는 데 있다.

> 전통적으로 문화와 변화는 인간 외부에 자리 잡고 있다. 사람들은 조직문화가 주어져 있다는 데서 출발했다. 오늘날에는 개인들이 구조를 만들고 계속 재생산한다는 견해가 지지된다. 우리가 일하는 조직은 인간의 행동을 가능하게하고 동시에 제한한다. 조직은 규칙, 규범, 가치, 자원으로 구성되어 있다(Götz 1999, 11).

평생의 학습은 그러한 것을 관리할 수 있다. 그래서 학습은 정당이나, 그 정당의 재단에 의해서와 마찬가지로 계속교육의 후원조직에 의해 고무된다. 그 기관들 모두는 유권자로서 자기 책임에 대처하기 위해, 공공, 사회, 미래의 문제를 사안으로 파악하기 위해 시민들이 이용할 수 있어야 하는 그러한 기본적인 지식을 배려한다. 이는 세계의 산업화된 지역을 넘어서서 글로벌 시대에 해당하는 것이다. 정당과 사회집단 사이의 경계 구분과 무관하게 사회적인 공생의 기본적 가치와 규범과 관련하여 –지구상의 모든 과정과 연관성의 증가하는 네트워크에 대한 널리 알려진 문제의식에 이르기까지– 폭넓은 합의가 요구된다.

글로벌 변화에서 계속교육은 서로 다른 문화의 사람들 속에서 인상에 의해 자극된다. 부수적인 학습에 대한 자극에서 중요한 것은 우선 정서적이고 인지적인 작업이다. 다른 문화에서 온 사람들과의 장기간의 접촉에서 상대방의 낯선 생활환경에 대해 높은 관심으로부터 나온 경험이 하나하나 얻어진다.

세계화의 기회와 위기에 대한 지식에 있어 이러한 요구사항은 대부분 문화와 사람의 글로벌 연대에 대해 개방적인 청소년과 성인에게서 나타난다. 그 외에 사회적 활동을 통해 두드러지거나, 사전 지식을 이용하는 인물도 여기에 들어간다. 그 모든 사람에게는 어떤 세계지역의 문화, 기술, 비즈니스 자료에 대한 사실적인 정보를 파악하려는 눈에 띄는 특별한 준비자세가 있다.

글로벌 네트워크가 이뤄진 세계에 대한 인식은 전시회에서 일용품과 문화상품이 전달한다. 그에 대한 해석학은 멀리 떨어져 있는 것 같으나, 세계화의 여파로 전적으로 가까워진 시간과 공간에서 고객에게 전달된다. 상품의 의미에 대한 자극이 게시판에 표시된 관련 맥락에서 이루어지는 사회생활을 이해하는 데 도움을 준다. 그래서 전시회의 자료들이 다른 문화의 생활상에서 얻을 수 있는 이미지에 대한 단서를 제공한다.

가공된 제작물질이 플라스틱인 곳에서는, 일상적인 삶을 위한 도움을 거주하는 지역에서 얻고, 천연물질에서 영양소를 생성하는 곳에서와는 다른 일상습관을 결정한다. 결국 그것은 그 안에서 나타나는 인간 모습 안에서 삶과의 관계가 분명해지는 의류제품이다. 이러한 다양성을 말해주는 재료들이 이 나라에서는 골동품에 속하나 다른 곳에서는 그것들이 일상용품이다. 독특한 원천이 있는 문화의 그런 증거들이 산업화된 문명과 그 문명의 생활습관에 전 지구적으로 동화됨으로써 희생될 우려가 있다. 자주적인 문화로 이해되는 모두 것은 문화적 다원성이 하나의 글로벌 평준화로 넘겨져서는 안 된다는 생각을 수용한다.

이러한 발전은 지역특유의 문화경관 보존에 위협일 수 있다. 우선 주목할 만한 것은, 이것이 일상적인 상황에 의해 유지되고, 삶의 영역을 묶어주는 삶의 기쁨을 동요시킴으로써 이뤄지는 것이다. 기계적인 수작업이 자동화된 생산방식으로 이행하는 과정에서 그들의 여태까지의 직장생활이 더 이상 필요 없게 된 많은 인간집단의 빈곤을 확인할 수 있다. 특정 지역 문화공간에 정착하는 것만이 개별적인 업적을 통해 인정받는 것이 가능해진다. 모든 출신지역으로부터 서로 다른 인구집단에 속하는 사람들이 세계경제 중심지로 이민을 가는 것이 그 결과였고, 지금도 그렇다. 먼저 부분적으로 해방으로 체험된 것이 새로운 종속이 되는 경우가 흔하다. 소비요구의 형태에서, 혹은 의견조작의 형태에서, 혹은 정치적이고 종교적으로 미화된, 생활고를 의도적으로 외면하는 구원론의 형태에서 그러하다.

제3세계의 문화전통에 산업적 글로벌 생활습관이 더 지속적으로 스며들수록, 거기에 정착하고 있는 사람들에게 그들 삶의 의미에 대한 물음을 새롭게 하거나, 그 문제를 극복한 해답에 만족하는 것이 더 어려워진다. 동등 서열의 익명 사회는 본래 친족관계에서 알던 것과는 다른 사회성과 개인의 프로필을 요구한다. 그러나 여기서 주로 문제는 일상 업무를 통해, 자녀양육을 통해, 가족적, 정신적, 물질적 유산의 보존, "믿음"의 보존, 미래 세대를 위해 전해진 해석체계의 보존을 통해, 생존 보장에 대한 다양한 노력에 기꺼이 동참하는 것이다. 연대성, 신뢰성, 탄력성이 여기서 높이 평가된 덕목들이었다. 많은 동시대인들은 모호성 때문에 어떤 정신이 장래에 나타날지, 인생의 의미를 어디에서 찾을 수 있을지 불안해한다.

5. 전망

계속교육은 –사실정보와 대화가능성의 맥락에서– 참여자가 정서적으로 자기 고유문화에 그렇듯 낯선 문화에 대응하도록 자극한다. 무역에서 주고받음의 배경이 문제가 될 수 있다. 다른 곳에서 어린이를 노동력으로 활용하지 않는다는 인식이, 이곳에서는 삶의 단면을 이해하는 통로가 전혀 되지 않는다. 세계를 균일한 것으로 이해하는 조치가 서로 다른 문화들 가운데에서 접합점을 찾고 있다. 산업문명도 제3세계의 문화로 이동해야 한다. 산업화의 생활방식의 척도만으로는 가장 다른 세계의 문화들을 서로 이해할 수도 있는 미래비전으로는 적합하지 않은 것 같다.

생활방식의 다원성은 포괄적인 학습과제가 된다. 이때 각 문화의 고유성은, 서로 다른 세계가 가능한 한 평등하게 공존하는 것으로 존중되어야 한다. 오늘날 인류의 생존을 위한 영양수단 공급에 대한 가장 시급한 문제들이 거의 해결되지 않고 있다. 이에 직면하여 계속교육을 통한 관용과 균형을 위한 단호한 "위업"이 필요하다.

현재에, 아무리 옛 전통 문화를 지키려는 노력이라고는 하지만 – 모든 낯선 것에 대해 전적으로 경계를 구분하려는 것이든, 다른 세계의 지역에서 유럽-미주식 생활습관으로부터 거리를 두려는 것이든– 급진주의부터 편협을 넘어 인종주의의 확산과 더불어 근본주의적인 물결이 확산되고 있다. 이슬람 국가에서는 강요된 전통으로부터의 자칭 해방이 자국민 중 산업국가와 접촉을 맘대로 하는 극소수에 의해서만 해방으로 지각된다. 반대로 광범위한 무리는 완전한 불신 상태에서, 간신히 발걸음하는 정도의 변화를 유지하거나 부분적으로는 그 변화로부터도 도피하려고 한다.

계속교육은 통찰력을 추구하며, 상호 주고 받는 것을 인식 할 수 있는 접촉 습관을 목표한다. 우리의 산업 제작관습에서는 더 이상 생산될 수 없는 일상용품은 단순한 삶의 일상과 존재의 근본적인 경험을 나타낸다. 공예품을 위해 제시된 경쟁력 없는 가격은 서로 다른 삶의 관계를 생각하게 한다. 그러나 –이 나라의 상황을 고려해보면 – 지독히도 낮은 구입가가 제3세계에 있는 전 가족의 생계를 보장한다. 여기서 미디어가 –그 기능의 가장 원천적인 이해로 보면– 세계화의 불합리성을 생생히 나타낸다.

전 세계 산업상품들의 교역로는 많은 사람들에게 자신의 삶의 과정에서 획득한 업무자질로 인해 더 이상 자신들의 고향지역에서 살게 하지 않는다. 이는 제3세계의 대도시에 일자리 없는 빈민들이 엄청나게 몰리게 할 뿐만 아니라 산업화 지역에서는 높은 실업률을 초래하고 있다. 양쪽 인구는 수송력에 의해 좌우된다. 계속교육 대책은 그러한 관련성을 내다보게 한다.

> 모든 연령대의 수취인에게 정보전송을 하는 것이 우선 깊이있는 전문능력을 필요로 한다는 것은 합의되어 있다. 이러한 전문능력은 성인의 주관적인 인식지평의 문제를 해석하고 평생동안 자기 주도적 학습을 뒷받침하는 능력과 결부되어야 한다(Prokop 2003, 11).

서로 다른 문화 구성원 사이의 대립은 앞으로 일상에서 점점 더 경험하게 될 것이다. 이 나라에서도. 성공적인 공존과 협력의 이해관계에서 서로에 관한 잘 훈련된 사고모형과 서로 간의 생활모형은 없어서는 안 된다. 보다 교육친화적인 인구집단에서는 오래 전부터 박물관을 의사소통의 토대로 삼았다. 낯선 세계들은 인식되고 그려지게 되는 데, 이때 공간적인 거리뿐만 아니라 사고의 차이도 조정될 수 있었다. 이와 유사하게, 외국어 습득이 공간적으로 먼 곳에서 가능하게 되었으며, 문학과 대화를 통해서 생활단면을 파악할 수 있었다.

유럽에서 인생의 시작과 평생 동안 방향설정 과정으로서의 교육은 그래도 일차적으로 인간 존재의 현세적인 삶을 넘어서는 해석으로부터 발달되었다. 이러한 교육은 종교적, 역사적으로 그리스도교의 서로 다른 특성으로부터 생겨났다. 인간의 이성에 대한 증대된 믿음의 결과로 또 세상에서 인간의 위치를 밝히려는 노력과 합리적인 설명과 인간사의 이성적인 모델을 적용하려는 노력에서 평생의 교육에 대한 자극은 세속화되었다.

계기는 유럽 언어들로의 전환이었다. 학교와 교육은 점차 국가언어의 지역 문화에 달려있다. 더불어 교육받은 사람들의 선명한 프로필 유형들이 개발되었다. 이 유형들은 전국적이기보다는 지역적으로 네트워크를 형성하였다. 이 유형들의 발생 맥락은 전적으로 단일문화성이 두드러진다.

역사적으로 그러한 발전에 유리하게 나타난 것은 합리적인 세계에 대한 이해에서, 인문주의적 생활단면에서, 그리고 주도하는 개인의 민족국가적 야망에서, 또 유럽에서 계몽주의와 신인문주의 시대에 권위적인 인구집단에 그 기원이 있다.

그러한 측면에서 -국가언어적인 교육문화에서 생긴- 계속교육으로부터는 제한적으로만 글로벌 문화적 통합서비스가 기대될 수 있다. 유럽 전역에서 타당성이 입증된 계속교육 기관들의 네트워크와 초국가적인 협력의 교육정책이 보다 더 강력하고 더 광범위한 전망들을 열어주고 있다(OECD 2005 참조).

참고문헌

Deutscher Ausschuss für das Erziehungs- und Bildungswesen (Hrsg.) (1969). *Zur Situation und Aufgabe der deutschen Erwachsenenbildung* (Empfehlungen und Gutachten des deutschen Ausschusses für das Erziehungs- und Bildungswesen, Folge 4). Stuttgart: Klett.

Götz, K. u. a. (Hrsg.) (1999). *Cultural Change* (Managementkonzepte, Band 4). Mering: Rainer Hampp.

Hübner, U. (2002). Schlüsselbegriff Multimedia. In M. Cordes & J. Dikau & E. Schäfer (Hrsg.), *Hochschule als Raum lebensumspannender Bildung - Auf dem Weg zu einer neuen Lernkultur*(S.306-317). Regensburg: AUE.

Jütte, W. (Hrsg.) (2005). *Forschungsbedarf in der wissenschaftlichen Weiterbildung* (Studies in Lifelong Learning 5). Krems: Donau-Universität.

Meilhammer, E. (2002). Lernen am Fremden. In M. Cordes & J. Dikau & E. Schäfer (Hrsg.), *Hochschule als Raum lebensumspannender Bildung - Auf dem Weg zu einer neuen Lernkultur*(S. 31-57). Regensburg: AUE.

Organisation für Entwicklung und Zusammenarbeit in Europa (Hrsg.) (2005). *Promoting Adult Learning.* Paris: OECD.

Prokop, E. (1980). Informationsvermittlung und Verhaltensorientierung. In F. Henrich & H. Kaiser (Hrsg.), *Erwachsenenbildung*(S. 166-176). Düsseldorf: Patmos.

Prokop. E. (1991). *Interkulturelles Lernen.* München: Profil.

Prokop, E. (2003). Wissenschaftliche Weiterbildung - Zugänge zur Forschung. In W. Fröhlich (Hrsg.), *Weiterbildungsforschung*(S.9-20). Krems: Donau-Universität.

Rosenstock-Huessy, E. (1926). Die Ausbildung des Volksbildners. In W. Picht & E. Rosenstock (1926). *Im Kampf um die Erwachsenenbildung 1912-1926*(S.150-163). (Schriften für Erwachsenenbildung im Auftrag der Deutschen Schule für Volksforschung und Volksbildung, hrsg. von Dr. R. von Erdberg, Erster Band). Leipzig: Quelle und Meyer.

Schäfer, E. (2001). Auf dem Weg zum Edutainment? Medien und Erwachsenenbildung - historische und aktuelle Entwicklungen. In M. Friedenthal-Haase (Hrsg.), *Erwachsenenbildung im 20 Jahrhundert - was war wesentlich?* (S.57-81). (Managementkonzepte, Band 20). Mering: Rainer Hampp.

집필진

위르겐 볼텐(Jürgen Bolten), 1955년생, 교수, 철학박사. 뒤셀도르프와 아헨에서 독어독문학, 철학 및 역사를 전공하고, 1984년에 박사학위를 1989년에는 대학교수 자격을 취득하였다. 그 후 뒤셀도르프 대학의 국제의사소통연구소Institut für Internationale Kommunikation의 소장으로 재직하였고, 1992년 이후 예나 대학 이문화간 경제의사소통Interkulturelle Wirtschaftskommunikation 학과에 교수로 재직 중이다. 주요 연구 분야는 의사소통 이론, 문화 이론, 이문화 무역 이론, 독일 경제 관련 문화사이다.

나디네 블레어(Nadine Bleher), 자유 베를린 대학에서 정치학을 전공하고, 2001년 학위를 취득하였으며, 2003년 스탠포드 대학에서 국제 경제법으로 석사학위를 취득하였다. 또한 바르셀로나 폼페우 파브라 대학에서 2006년 경제학 석사학위를 취득하였다. 1997년 다임러-벤츠 회사에서 인턴 생활을 했으며, 이 때 "유럽 기업의 경영개념" 및 "기업문화와 이문화 학습" 프로젝트에 참여하였다. 스탠포드 대학에서 "다국적 기업의 정체성을 향해"라는 제목 하에 연구 프로젝트를 담당하였다. 현재는 베를린에 있는 '연방정부 환경, 자연보호, 원자력안전부'에서 활동하고 있다.

우테 클레멘트(Ute Clement), 1958년생. 심리학자. AG 독일 은행에서 은행 사무원 교육을 받았다. 하이델베르크, 뉘른베르크와 에어랑엔에서 심리학, 경제 교육학, 연극학 등을 전공하고, 이탈리아, 영국, 인도에 체류한 바 있다. 1990-1995년 슈투트가르트에 소재한 다임러-벤츠 회사에서 리더십 개발 프로그램/이문화 경영 부분의 감독관을 지냈으며, 현재는 하이델베르크의 시스템연구 및 컨설팅센터Zentrum für systemische Forschung und Beratung에서 활동하고 있다. 주요 작업으로는 이문화 경영, 컨설팅, 코칭, 체계적인 개인 및 조직 발전을 위한 지속 교육 활동과 계속 교육 활동 등이 있다. (www.systemiker.com/email: uteclement@aol.com)

울리히 클레멘트(Ulrich Clement), 1950년생. 교수, 철학박사, 심리학자. 만하임, 함부르크, 하노버에서 심리학, 교육학, 민족학, 경제사 및 사회사를 전공하였다. 1986년 박사학위를 취득하고 1992년 대학교수 자격을 획득하였다. 1975년 이래 함부르

크, 하이델베르크, 프라이부르크 대학에서 교수, 연구, 심리상담, 관리 등을 역할을 직업으로 하고 있다. 그리스와 미국에 체류한 적이 있으며, 뉴욕 컬럼비아 대학에서 연구원을 역임한 바 있다. 현재는 하이델베르크 시스템연구 및 컨설팅센터에서 활동하면서 하이델베르크 대학의 의료심리학과 교수로 재직 중이다. 주요 작업으로는 컨설팅, 코칭, 관리, 심리치료, 체계적인 컨설팅과 치료 부분에 대한 교육, 지속교육, 평생교육 활동이 있다. (www.systemiker.com/ email: ulclement@aol.com)

도밍고 딜 주니어(Domingo Diel Jr.), 교수, 철학박사. 필리핀, 인도, 독일에서 신학을 전공하였다. 필리핀 로하스 시 필라머 크리스티앙 대학 총장을 역임하였다. 국내외 차원에서 교회와 대학 관련 다양한 임원과 위원회의 회원을 역임하였다(일로일로, 마닐라, 홍콩, 웨스트 버지니아 및 마닐라).

클라우스 괴츠(Klaus Götz), 대학 교수, 철학박사, 교육학자. 아이히슈테트, 울버햄프턴, 빈, 레겐스부르크에서 교육학, 심리학, 철학을 전공하였다. 1982-2002년까지 직원, 교육, 경영 등의 경제 분야에서 주로 활동하였다. 2002년 이래로 코블렌츠-란다우 대학에서 평생교육 연구 및 경영 분야의 강의를 맡고 있다. 클라겐푸르트, 취리히, 그라츠, 워싱턴 D.C., 러시아 무르만스크, 도쿄, 발렌시아에서 객원교수를 하고 있으며, 브레멘 대학에서는 명예교수로 재직 중이다.

미하엘 야겐라우프(Michael Jagenlauf), 명예교수. 보훔에서 교육학, 성인교육, 사회학 및 심리학을 전공하였다. 은퇴할 때까지 함부르크 연방 국방 대학에서 성인교육 / 평생교육의 전문분야에서 교수로 활동하였고, GdWZ 신문의 공동편집자를 역임하였다. GdWZ는 평생교육과 e&I을 근간으로 하는 경험과 학습을 다루는 신문으로 상당수의 발행물이 평생교육 분야의 경험과 행위의 방향 설정을 다루고 있다.

에파-울리케 키나스트(Eva-Ulrike Kinast 우르바네크 출생), 1967년생, 철학박사. 란츠후트의 한스-카로사-김나지움에서 1987년 아비투어를 통과하였다. 1988-1995년 레겐스부르크 대학에서 심리학을 전공하고, 심리학 디플롬을 취득하였다. 1995-1997년 레겐스부르크 대학에서 박사학위 과정을 수행하였고, 바이에른 주정부와 레겐스부르크 대학으로부터 박사학위 장학금을 받았다. "이문화 훈련의 평가"란 주제로 박사학위 논문을 썼다. 레겐스부르크 대학에서 이문화 훈련의 개발, 구현, 평가에 대해 강의하였다. 1998년 4월 이래 로르 암 마인Rohr am Main에 있는 만네스만 렉스로트 (주식)회사의 개인 역량 강화에 대한 담당가로서 국제 이문화 직원 역량 강화 분야에서 활동하고 있다.

우도 콘라트(Udo Konradt), 대학교수, 철학박사. 대학 교수 자격을 취득하였다. 킬 대학에서 노동심리, 조직심리, 시장심리 등에 대해 강의를 담당하고 있으며, 멀티미디어-실험실과 심리연구소에서 소장으로 근무하고 있다.

데트레프 크란(Detlev Kran), 1960년생. 함부르크 연방 국방대학에서 교육학을 전공하고, 미국 해이워드 캘리포니아 주립 대학 IMADEC에서 MBA를 전공하였다. 1993년까지 연방군대의 장교로 복무하였고, 그 후 독일 연방 고용주협회의 연구원으로서 경영자 교육과정에서 활동하고 있다. 국제 경영 인증 재단(FIBAA)에서 11년간 MBA 컨설팅 및 섭외 분야 감독으로 활동하였고, MBA 프로그램 평가와 직원 개발을 위한 분석 보고서 작성 분야의 책임을 맡았다. 독일, 유럽, 미국에서 석사 학위 프로그램 주제인 BMBF의 연구 프로젝트를 2년간 관리하였다. 또한 독일 상공협회-계속교육-유한회사를 위한 "조직-/직원 개발" 교육과정을 개편하였다. 개별 직원과 기업을 위해 평생교육 및 직원에 대한 컨설팅을 하고 있다.

티모 마인하르트(Timo Meynhardt), 1972년생, 심리학자. 1993-1999년 예나 프리드리히-실러-대학에서 심리학을 전공하였다. 독일 민속학 장학 재단의 장학금을 받아 영국 옥스퍼드 대학에서 1995/1996년 1년간 수학하였다. 베이징 북경대학에서 1996/1997년 연구를 위해 체류한 바 있다. 1999년에는 영국과 중국 매니저의 자기 이미지개념Selbstbildkonzept에 대한 논문을 발표하였다. 2000-2003년 스위스 성 갈렌 대학에서 박사과정 학위를 받았으며, "가치에 대한 지식: 무엇이 실제로 조직을 움직이는가"라는 논문의 주제로 2003년 "페터 베르한 기념상Peter Werhahn Gedächtnispreis"을 수상하였다. 2001년 10월부터 성 갈렌 대학에서 "행위 능력" 분야에서 강사를, 코치 프로그램에서 코치를 담당하였다. 2004년부터 에어푸르트 대학에서 ESPP의 강사로서 "경영에서의 리더십과 심리학"을 담당하였다. 2007년부터는 성 갈렌 대학의 교수 자격 취득 지원자가 되었다. 주요 연구 분야는 이문화 리더십 행동, 직업 역량 개발, 자아개념 등이다.

마르틴 오트(Martin Ott), 철학박사, 신학 석사. 아이히슈테트, 프라이부르크, 뮌헨에서 철학, 신학, 독어독문학, 민족학, 종교학 등을 전공하였다. 1983-1987년 직업학교와 전문학교에서 교사를 역임하였고, 1984-1994년엔 아이히슈테트 가톨릭 대학에서 감독과 멘토로서 강사직을 수행하였다. 1988-1994년에는 '미시오 뮌헨Missio München' 담당관을 맡았으며, 1995-1997년에는 정의 평화 독일위원회Deutsche Kommission Justitia et Pax의 담당관을 그리고 교회와 발전을 위한 공동회의Gemeinsame Konferenz Kirche und Entwicklung의 대표이사를 역임하였다. 1997년부터 말라위 대학의

조교수로 일하고 있다. 2002년 이래 GTZ(기술협력협회)의 프로젝트 관리자를 역임하여 말라위에서 "대화와 평화를 위한 포럼"을 연방정부를 대표하여 진행하고 있다. 아프리카 신학, 개발정책, 평화 구축 및 이문화 만남을 주제로 상당수의 간행물을 발표하였다.

에른스트 프로코프(Ernst Prokop), 1935년생, 명예교수, 철학박사. 1970년부터 칼스루에, 뮌헨, 아이히슈테트, 레겐스부르크에서 교육학, 학교 밖 교육과 성인교육 분야에서 대학 교수로, 뮌헨 철학 대학에서 객원교수로 활동하였다. 크렘스 도나우 대학에서 평생교육 분야 방문교수를 지낸 바 있다. 1998-2002년에는 '독일 계속교육 및 원격교육 학회'(구 직장협회 대학 성인교육 등록 협회 - 대학 및 평생교육)의 회장을 역임하였다.

실비아 슈롤-마흘(Sylvia Schroll-Machl), 심리학자. 레겐스부르크에서 심리학을 전공하였다. 다양한 회사, 정부, 기관에서 이문화 트레이너를 맡았고, 레겐스부르크 전문학교, 빈 경영대학에서 강사를 맡고 있으며, 연구 프로젝트에 동참하고 있다.

율리아나 로트(Juliana Roth), 불가리아 태생, 교수. 프라이부르크에서 동유럽사와 슬라브학을 전공하였다. 뮌헨 루트비히 막시밀리안 대학에서 이문화간 의사소통학과 교수로 재직 중이다. 북미와 동유럽, 비영리 단체 및 협회에 기업의 이문화 컨설턴트 및 트레이너로서 활동한다. 바이에른 민속 고등학교협회 이문화 학습 프로그램 개발과 러시아 연방의 이문화간 의사소통 대학 교육과정 개발에 참여하였다. 이문화 연구 국제 아카데미(IAIR)의 회원이며, 국제 프로젝트와 연구 분야, 간행물을 통해 상세한 정보를 제공하고 있다. (www.ikk.lmu.de)

알렉산더 토마스(Alexander Thomas), 1939년생, 교수, 철학박사. 쾰른, 본, 뮌헨 대학에서 심리학, 사회학, 정치학을 전공하였다. 1974-1979년 동안 자유 베를린 대학 심리학과 교수를 지냈으며, 1979년부터 레겐스부르크 대학 심리학과 명예교수로 재직 중이다. 주요 연구 분야는 행동심리학, 이문화 행동 심리학, 비교문화 심리학과 조직 심리학이다.

뤼디거 트림포프(Rüdiger Trimpop), 1958년생, 교수, 심리학박사. 1979-1985년 동안 뒤셀도르프, 보훔 대학에서 심리학, 철학, 법학을 전공하였다. 1985-1990년에는 캐나다 킹스턴 퀸스 대학에서 박사학위 장학금을 받아 수학하였고, 1990년에 '위험동기부여'라는 주제로 박사학위를 취득하였다. 1991-1995년 보훔 루르 대학에서 연

구조교로 노동심리 및 조직심리 분야의 강의를 담당하였다. 1995-1999년 예나 프리드리히-실러-대학에서 노동·기업·조직심리 학과의 대체교수직에 있었다. 1997년 보훔 루르 대학에서 노동안전 및 건강보호에서의 조직의 변화란 주제로 대학 교수 자격을 취득하였다. 2000년 3월부터 예나 프리드리히-실러-대학에서 노동·기업·조직심리학과의 교수로 재직하고 있다. 예컨대 우주, 바다, 북극, 재난지역, 슬럼가와 같은 극한 조건 하에서 고용창출 및 일자리 창출 마련을 위한 학제적, 전 세계적 조직인 IDEEA(극한 환경 국제 디자인 협회) 독일 지역그룹의 의장으로 1991년부터 활동하고 있다. 1999년부터는 노동, 건강, 교통에 대한 국제 연구 및 컨설팅 기관 설립을 주도하였다. 주요 연구 분야는 노동안전, 교통안전, 건강보호, 위험연구, 교차 문화 심리학, 조직의 변화 등이다. 2004년부터 현재까지 독일 심리학 협회(DGPS)의 노동 및 조직 심리학의 전문가 그룹 대변인으로 활동하고 있다.

역자약력

김 순 임

전남대학교 사범대학 외국어교육과
전남대학교 대학원
오스트리아 인스부르크 대학교 박사
전남대학교 기초교육원장 역임
한국독어독문학교육학회장 역임
현 한국교양교육학회장
  전남대학교 인문대학 독일언어문학과 교수

■ 관심분야

DaF (외국어로서의 독일어)
이문화간 의사소통

이문화 학습 이문화 훈련

인쇄 | 2014년 4월 20일
발행 | 2014년 4월 30일

지은이 | 클라우스 괴츠 외 16인
옮긴이 | 김순임
발행인 | 지병문
발행처 | 전남대학교출판부

등록 | 1981. 5. 21. 제53호
주소 | 500-757 광주광역시 북구 용봉로 77
전화 | (062) 530-0571~2 **마케팅** 530-0573
팩스 | (062) 530-0579
홈페이지 | http://www.cnup.co.kr
이메일 | cnup0571@hanmail.net

값 17,000원

ISBN 978-89-6849-104-7 (93700)

이 도서의 국립중앙도서관 출판예정도서목록(CIP)은 서지정보유통지원시스템 홈페이지(http://seoji.nl.go.kr)와 국가자료공동목록시스템(http://www.nl.go.kr/kolisnet)에서 이용하실 수 있습니다.
(CIP제어번호 : CIP2014016569)